Eberhard Mühlan
mit dem Shelter-Team

# Gefangen in Kabul

Die dramatischen Erlebnisse
der »Shelter Now«-Mitarbeiter
in Afghanistan

Schulte & Gerth

© 2002 Gerth Medien GmbH, Asslar
Best.-Nr. 815 779
ISBN 3-89437-779-8
7. Auflage 2004
Umschlaggestaltung: Hanni Plato
Titelphoto: dpa/keystone
Photos im Bildteil: Falls nicht anders vermerkt,
liegen die Rechte bei Shelter Germany
Satz: Die Feder GmbH, Wetzlar
Druck und Verarbeitung: Schönbach Druck
Printed in Germany

# Inhalt

Dank .................................................... 7

Vorwort von Eberhard Mühlan................................ 9

Als Geiseln entführt ........................................ 11

In der Schlinge der Religions- und Sittenpolizei ................ 27

Hinter Gefängnismauern ..................................... 51

Nach der Scharia verurteilt! ................................... 83

Bomben und Gebete ......................................... 105

In letzter Minute befreit! ..................................... 151

Wir machen weiter! .......................................... 170

105 Tage gefangen in Afghanistan – eine Chronologie ............. 183

# Dank

Während der Zeit unserer Inhaftierung in den Kabuler Gefängnissen haben wir zwar geahnt, dass sich viele Menschen um unsere Freilassung bemühten und in vielen Kirchen weltweit für uns gebetet wurde, aber erst als wir frei waren, erfassten wir das ganze Ausmaß dieses pausenlosen Einsatzes. Dafür möchten wir uns bei allen Beteiligten von ganzem Herzen bedanken.

Wir werden nicht alle Namen aufzählen können, aber einige möchten wir an dieser Stelle doch nennen.

Da sind die Mitarbeiter der amerikanischen und der australischen Botschaft in Islamabad und, was uns Deutsche betrifft, insbesondere der deutsche Botschafter Dr. Brümmer und der Legationsrat Herr Landes mit ihren Frauen, denen unser großer Dank gilt. Herr und Frau Brümmer, Sie haben uns gleich nach unserer Befreiung so liebevoll in Ihrem Haus in Islamabad aufgenommen, und Herr Landes, Sie haben um unsretwillen so lange Zeit in Kabul ausgeharrt. Vielen Dank!

Frau Salimi von der deutschen Botschaft in Kabul, herzlichen Dank für Ihr Engagement und Ihre Besuche im Kabuler Gefängnis. Wir wurden dadurch sehr ermutigt.

Ein ganz besonderer Dank und unsere tiefe Hochachtung gilt den Männern des Spezialkommandos der US-Armee, die uns befreit haben und den Bürgern von Ghasni für ihre Unterstützung.

Unser Dank gilt dem Auswärtigen Amt in Berlin, insbesondere dem Krisenreaktionszentrum. Herr Stolte sagte uns, dass gerade Sie, Herr Winkler und Herr Fahrenholtz, stets ansprechbar waren und sich unermüdlich um unsere Freilassung bemüht haben.

Das Shelter Germany-Team in Braunschweig leistete nahezu Übermenschliches. Monatelang waren sie Tag und Nacht im Einsatz für uns: Sie haben die Medien und die Christen in aller Welt mobilisiert und auf dem Laufenden gehalten – und hatten daraufhin keine ruhige Minute mehr! Danke, Udo und Siggi, danke, Joe und dem ganzen Team in Braunschweig.

Danke an das Christuszentrum mit ihrem Pastor Horst Werner. Danke an alle Kirchen, Freikirchen und christlichen Vereinigungen und an die Christen weltweit, die für uns gebetet haben.

Herzlichen Dank an Erik und Jeltje Spruyt und allen Mitarbeitern von Le Rucher, die uns unmittelbar nach unserer Befreiung so gut betreut haben.

Dann gilt unser Dank noch so vielen persönlichen Freunden, die wir gar nicht alle aufzählen können: Chris und Antoine van den Assem, Greg und Shelvi Gilmore, Lenn und Diana Stitt und allen Shelter Teammitgliedern in Pakistan und Afghanistan. Dank an die afghanischen Angestellten, besonders an die, die mit uns inhaftiert waren, und an Hakim und Randall. Auch dem Autor dieses Buches Eberhard Mühlan mit seiner Familie sind wir sehr dankbar.

Unser Dank gilt unseren Eltern, Geschwistern und Verwandten, die mit uns gebangt und für uns gebetet haben – und besonders euch, Marianne, Dani und Benni, dass ihr nicht aufgehört habt daran zu glauben, dass ihr wieder als Familie vereint sein werdet.

Georg Taubmann mit seinen Mitarbeitern

## Vorwort von Eberhard Mühlan

Länger als drei Monate war die Gefangenschaft der acht Shelter Now-Entwicklungshelfer – der vier Deutschen, zwei Amerikanerinnen und zwei Australier – das Thema der Weltpresse. Das Interesse an ihrem Schicksal wurde durch den schrecklichen Terroranschlag auf das World Trade Center in New York am 11. September 2001 nur kurz unterbrochen, rückte dann aber schnell wieder in den Mittelpunkt. Denn es zeigte sich, dass die Entwicklungshelfer von den Taliban von vornherein als Geiseln für mögliche Verhandlungen mit den US-Streitkräften eingeplant worden waren.

Mit dem Beginn der militärischen Angriffe gegen Bin Laden und seine El Kaida-Terroristen in Afghanistan brach der ohnehin spärliche Kontakt zu den Gefangenen ganz ab und sie befanden sich in höchster Lebensgefahr. Die westlichen Diplomaten, die sich um ihre Freilassung bemühten, und ihre Verwandten und Freunde, die um sie bangten und für sie beteten, mussten damit rechnen, sie nicht lebend wieder zu sehen.

Die Befreiung der Shelter Now-Mitarbeiter durch amerikanische Spezialkräfte kam für uns so überraschend und unerwartet, dass wir es kaum glauben konnten. Am Mittwochabend, dem 14. November 2001, während wir in unserer Kirche für sie beteten, sickerten die ersten unbestätigten Informationen über ihre Befreiung durch. Aber erst am Donnerstagmorgen wussten wir es mit Sicherheit. Die Zeitspanne zwischen den ersten Andeutungen und der letztendlichen Gewissheit ihrer Befreiung schien endlos lang und war extrem nervenaufreibend.

Als Erste schloss ich Margrit Stebner von Freude überwältigt in meine Arme. Sie war früher für einige Jahre meine Sekretärin gewesen. Georg

Taubmann, den Direktor von Shelter Now, kenne ich seit über 20 Jahren. Wir sind enge Freunde, ich besuchte ihn mit meiner Familie in Pakistan und lernte sein Team und die verschiedenen Flüchtlingscamps bei Peschawar kennen. Silke Dürrkopf ist Mitglied unserer Kirchengemeinde und Katrin Jelinek gehört zur Verwandtschaft meiner Schwiegertochter. Wenn man Menschen so persönlich kennt, nimmt man ganz anders Anteil an ihrem Schicksal, als wenn man von ihnen nur in der Zeitung liest.

Und doch war ich überrascht, als sie mich baten, mit ihnen ein Buch über ihre Gefangenschaft und Befreiung zu schreiben. »Eberhard, du kennst uns, unsere Flüchtlingslager und die Kultur in Asien. Über manche der dramatischen Erfahrungen wird es uns schwer fallen zu sprechen und wir möchten sie nicht irgendeinem Autor erzählen. Dir vertrauen wir! Du verstehst uns!«, bemühten sie sich, mich zu überzeugen.

Ich sagte zu und wurde von ihnen in eine Erfahrungswelt geführt, die mich erschütterte und gleichzeitig faszinierte: Die Brutalität, aber auch die Freundschaft mancher Taliban-Wächter, Entbehrungen in der Gefangenschaft, stundenlange Verhöre, Begegnungen mit beeindruckenden Persönlichkeiten unter den afghanischen Mitgefangenen, das Bangen, Beten und Hoffen, die Ängste in den Bombennächten, die atemberaubende Spannung während der Entführung und das Wunder der Befreiung in Ghasni.

Stundenlang saß ich mit meinen Freunden zusammen und sie erzählten und erzählten. Mehr als 25 Stunden Diktatband tippten meine Frau und meine Töchter für mich ab, oftmals die halbe Nacht hindurch. »Ich kann einfach nicht aufhören zu schreiben, es ist zu spannend!«, hörte ich sie dabei seufzen.

In dem vorliegenden Buch habe ich mich sehr zurückgehalten und die Shelter Now-Mitarbeiter selbst berichten lassen. Sie als Leser müssen sie unbedingt persönlich hören mit ihren Erlebnissen, Beobachtungen, Empfindungen, Ängsten, Hoffnungen und Glaubenserfahrungen. Bei all den Büchern, die ich bisher veröffentlicht habe, hat es noch keines gegeben, bei dem ich beim Schreiben von Ergriffenheit geweint habe. Bei diesem ist es mir jedoch so gegangen.

Die Shelter Now-Mitarbeiter würden sich nie als Helden bezeichnen, aber für mich sind sie es und gleichzeitig wunderbare Persönlichkeiten, die uns in den Entbehrungen und Gefahren ihrer Gefangenschaft überzeugend vorgelebt haben, dass Gott gerade in den schwersten Stunden des Lebens Halt und Trost sein kann.

## Als Geiseln entführt

Der Flugzeuglärm drang durch die Gefängniswände. Die Geschütze schlugen immer näher und wesentlich häufiger ein als in den letzten Tagen. Die Wände bebten, Scheiben klirrten, der Fußboden vibrierte und die Spannung war kaum noch auszuhalten. Aufgeregt liefen die afghanischen Gefangenen im Flur zwischen den Zellen hin und her.

In den letzten Tagen hatten Georg Taubmann und Peter Bunch, beide Mitarbeiter der Hilfsorganisation Shelter Now, ständig das heimlich in ihre Zelle geschmuggelte Radio gehört und mitverfolgen können, wie die Truppen der Nordallianz immer näher kamen. Es war schneller gegangen, als sie es für möglich gehalten hatten. Denn innerhalb nur weniger Tage war fast der ganze Norden bis nach Herat erobert worden. Fast pausenlos hatte die amerikanische Luftwaffe die Frontlinie im Norden von Kabul in der Gegend von Schamalie bombardiert. Und eigentlich brauchte man kein Radio, um zu erraten, dass die Eroberung nahe bevorstand. Immer wieder stellten sie sich die Frage, wie viele Tage wohl noch vergehen mochten, bis die Kämpfer der Nordallianz Kabul erobern und alle acht inhaftierten Mitarbeiter von Shelter Now befreien würden. Oder würden die Wächter der Taliban sie vorher verschleppen oder gar umbringen?

...

GEORG TAUBMANN: »Mr. George«, so wurde ich im Gefängnis von den mit mir inhaftierten Afghanen genannt, »hast du was Neues gehört? Wie nahe ist die Nordallianz jetzt an Kabul herangerückt? Zehn Kilometer oder weniger?«

Aufgeregt diskutierten unsere afghanischen Mitgefangenen die verschiedenen Möglichkeiten. Es gab unter ihnen etwa zehn Leute, die ihr

Todesurteil bereits in der Hand hielten. Einige warteten als Strafe auf eine Amputation – sie wären die Ersten gewesen, die vor einer Kapitulation von den Wärtern umgebracht worden wären. Und trotzdem nahmen sie Anteil an unserem ungewissen Schicksal: an meinem Mitarbeiter Peter, der mit mir eine Zelle teilte, und den sechs Frauen, die ein Stockwerk höher inhaftiert waren.

»Wenn die Taliban euch Ausländern etwas antun wollen, werden wir euch verteidigen«, sagte Mustafa, der sich schon in den letzten Wochen rührend um uns gekümmert hatte und mir ein Freund geworden war. Immer wieder hatte er Pläne geschmiedet, wie er uns aus dem fürchterlichen Gefängnis befreien könnte. Einmal hatte er sich sogar auf dem Basar spezielle Sägeblätter besorgen und in unseren Gefängnistrakt schmuggeln lassen.

»Hier, hab ich für euch besorgt. Damit sägen wir die Gitterstäbe durch und bringen euch raus.«

»Danke, dass du dir so viele Gedanken um uns machst, Mustafa. Aber ich kann nicht zustimmen. Ich will nicht, dass irgendjemand bei einer Flucht gefährdet wird oder gar Menschen erschossen werden!«, erwiderte ich.

Jetzt nahm er mich wieder zur Seite und redete beschwörend auf mich ein: »Du, wir rechnen fest damit, dass die Taliban kommen und euch entführen. Wer weiß, was sie dann mit euch machen werden? Die bringen euch um oder verschleppen euch nach Kandahar.«

»Aber was können wir nur tun?«, fragte ich verzweifelt.

»Pass auf, wir haben schon einen Plan. Ich habe oben mit einigen Wächtern gesprochen und ihnen Geld zugesteckt. Sie werden sich uns nicht in den Weg stellen. Die wissen ohnehin, dass bald alles vorbei ist. In einer Kammer haben wir drei Kalaschnikows (Maschinenpistolen sowjetischer Bauart) versteckt. Um elf Uhr gehen wir nach oben und bleiben die ganze Nacht dort. Wenn die Taliban dann kommen, überwältigen wir sie und hauen in ihren Autos ab.«

»Oh nein«, dachte ich, »das kann auf keinen Fall gut gehen!«

Doch mit noch so viel gutem Zureden konnte ich meinen Freund von seinem Plan nicht abbringen. Also schwieg ich erst einmal.

Als es dann gegen acht Uhr abends war, wurde ich wirklich unruhig, weil mir beim besten Willen kein Ausweg aus unserer immer gefährlicher werdenden Situation einfallen wollte. Was sollte ich nur machen? Das

Durcheinander und die Spannung zerrten so sehr an meinen Nerven, dass ich kaum noch klar denken konnte. Und dennoch war ich derjenige, der in diesem Augenblick die richtigen Entscheidungen treffen musste. Mich packte die Angst. Wenn so kurz vor einer Befreiung doch noch jemand von uns acht zu Schaden kommen sollte!? Daran mochte ich nicht denken.

Die Decke über mir bebte unter dem Geschützfeuer, obwohl unser Gefängnistrakt fast zwei Meter unter der Erde lag. Der Druck und die Panik trieben mir die Schweißperlen auf die Stirn. Um doch noch irgendwie Ruhe zu finden, verkroch ich mich in eine kleine Abstellkammer und stöhnte: »Oh Gott, verhindere, dass sie uns umbringen oder verschleppen ... und bitte, bloß nicht nach Kandahar!« Langsam wurde ich ruhiger.

Die Stadt Kandahar im Süden Afghanistans war
für alle Gefangenen der Inbegriff des Schreckens.
Als die Taliban 1996 die Hauptstadt Kabul
eroberten, wählte Mullah Mohammed Omar diese
Stadt am Rande der Wüste Registan als sein
Machtzentrum, von dem aus er als „Oberster Führer
der Gläubigen" über Afghanistan herrschte.
Die Gefängnisse Kandahars galten als die
schlimmsten. Jeder, der dorthin gebracht wurde,
musste damit rechnen, nicht mehr lebend herauszukommen. Einer der Gefängnisaufseher in Kabul,
der die acht ausländischen Häftlinge in sein Herz
geschlossen hatte, äußerte sich immer wieder
besorgt darüber, dass sie von Taliban oder El
Kaida-Kämpfern nach Kandahar entführt werden
könnten - in die Hände derer, die am 11. September das World Trade Center in New York zum
Einsturz gebracht hatten. Die Shelter Now-
Entwicklungshelfer dachten nur mit Schrecken
an die grausamen Kerker in Kandahar.

Draußen auf dem Gefängnishof wurde es auf einmal hektisch. Ich hörte, wie Befehle gebrüllt wurden, Autos kamen und wieder wegfuhren. Wahrscheinlich wurden Wertgegenstände und wichtige Dokumente abtransportiert.

»Da braut sich etwas zusammen! Ich muss unbedingt mit den Mitarbeiterinnen sprechen. Aber wie?«, kreiste es immer wieder in meinem Kopf herum.

Ich ging zu den Wärtern und sagte: »Ich muss zu den Frauen und mir ein paar Medikamente holen. Diana ist Krankenschwester.«

Einer von ihnen führte mich nach oben. Ich klopfte an ihre Zellentür und gab den Frauen schnell meine Anweisungen: »Die Nordallianz befindet sich nur wenige Kilometer vor Kabul. Irgendetwas wird in den nächsten Stunden passieren und das kann dramatisch werden.« Dabei bemühte ich mich, meine Besorgnis nicht zu sehr zu zeigen.

»Verrammelt die Zelle. Was auch passiert, macht erst auf, wenn ihr mich hört. Wir müssen alles tun, damit wir zusammenbleiben!«

Ich sprach auf Deutsch, damit der Wärter nichts verstehen konnte. Dann nahm ich den Packen Medikamente entgegen und schlenderte so gelassen wie möglich wieder nach unten.

· · ·

Ich hatte gerade noch rechtzeitig die Frauen warnen können, denn gegen zehn Uhr fuhren plötzlich einige Wagen vor. Schritte hallten durch den Eingang, Schlüssel klirrten an der Hauptpforte. Eine lärmende Gruppe von Taliban rannte durch die Flure und hämmerte an die Zellentür der sechs Frauen: »Aufmachen, aufmachen! Raus hier, raus hier!«

»Nein«, erwiderte Diana entschieden. »Wir kommen erst raus, wenn Georg kommt.«

Die wütenden Männer hämmerten weiter an die Tür.

»Holt Georg und Peter und wir machen auf!«

Es war Diana sehr wohl bewusst, dass es für die Taliban nur ein Klacks war, die Tür gewaltsam zu öffnen, aber sie blieb standhaft. Und die Männer ließen sich tatsächlich auf ihre Weigerung ein und stürmten zu Peters und meiner Zelle nach unten.

Wir hatten derweil die aufgeregten Männerstimmen über uns gehört und wahnsinnige Angst um unsere Mitarbeiterinnen bekommen. Als wir dann auf die entsicherten Kalaschnikows und die angespannten Gesichts-

züge der Taliban starrten, packten wir schnell ein paar unserer Habseligkeiten zusammen und eilten nach oben.

»Diana, Diana, mach schnell auf. Die meinen es wirklich ernst. Sie werden schießen!«, rief ich aufgeregt, als wir vor der Zelle der Frauen angekommen waren.

Schnell öffneten die Frauen die Tür.

»Raus hier! Ihr braucht nichts mitzunehmen. Wir bringen euch nur für
die Nacht an einen sicheren Ort«, lautete der Befehl unserer Wärter.

Die Frauen gingen jedoch nicht darauf ein. Denn zu oft waren sie schon
angelogen worden. Deshalb packten sie schnell ihre Decken und ihre wenigen Kleidungsstücke zusammen. Dann wurden wir acht nach draußen
getrieben, wo bereits zwei Wagen bereitstanden. Die Taliban wollten uns
also in zwei Gruppen aufteilen.

»Was auch passiert, wir müssen zusammenbleiben!«, war unser ständi-
ger Gedanke.

In den vergangenen Wochen war ich stets voller Sorge gewesen, dass
den Frauen etwas angetan werden könnte, wenn sie ohne uns Männer in
die Hände rachsüchtiger Taliban fielen.

»Wir lassen uns nicht trennen«, erwiderte ich deshalb entschieden.

Da die Zeit wirklich drängte, ließen sich die Wächter darauf ein. Wir stolperten mitsamt unserem kargen Gepäck hinten auf die zwei Bänke des
Toyota Landcruiser. Ein Wächter mit Gewehr hockte sich dazu. Erst in diesem Moment merkte ich, dass auf dem Boden des Wagens einige Granat-
werfer lagen. Als der Wagen schließlich losraste, saßen wir deshalb mehr
übereinander als nebeneinander. Der zweite Wagen, voll mit noch mehr
bewaffneten Taliban, fuhr als Begleitung hinterher.

•••

MARGRIT STEBNER: Als sie uns aus der Zelle herausholten, war das für
mich ein ziemlicher Schock. Plötzlich diese aggressiven Männer mit ihren
entsicherten Kalaschnikows! Man sah ihnen sofort an, dass sie nicht viel
Rücksicht nehmen würden. So einen Anblick vergisst man nicht. Schon
Stunden vorher hatte ich intuitiv gespürt: Da kommt irgendwas Schlimmes
auf uns zu. Innerlich war ich ziemlich aufgewühlt.

Ich war die Erste, die in den Landcruiser kletterte und landete ganz vorn
in einer Ecke auf den Koffern der Taliban. Dann kam noch unser Gepäck
dazu, sodass ich darunter halb begraben wurde. Ich konnte mich kaum rüh-

ren, bekam nur wenig Luft und hatte richtige Angstzustände. Und dann realisierte ich sehr schnell, dass es nach Kandahar ging, auch wenn Georg dieser Frage auswich. Das Ganze war so unwirklich, so unheimlich. Da konnte ich nur noch beten. Worte fand ich keine mehr. Ich hab nur ganz tief in meinem Innern die Angst niedergerungen. Dabei machte ich in diesem ganzen Durcheinander eine unvergessliche Erfahrung. Mir war, als würde jemand in mir lachen. »Du bist auf dem Weg in die Freiheit!«, sagte mir eine innere Stimme.

»Das kann doch nicht wahr sein«, dachte ich. Und trotzdem: Ich spürte Gott ganz nah. Die Bedrückung und die Panik war weg.

· · ·

Georg Taubmann: »Wo mögen die uns nur hinbringen? In ein anderes Gefängnis oder etwa nach Kandahar?«, waren meine ersten Gedanken.

Zunächst ging es in die Innenstadt. Die Gegend kannte ich gut. Der Fahrer raste die Straßen entlang und beinahe bauten wir deshalb einen Unfall. Die hatten es wirklich eilig!

Zunächst ging es am Hotel Intercontinental vorbei, dann die Straße hinunter zu diesem großen Silo und ich ahnte schon: Jetzt geht es auf die Straße, die nach Wardak führt, von dort nach Ghasni und dann weiter nach Kandahar.

Die Frauen wurden nervös, verhielten sich aber bewundernswert ruhig.

»Georg, weißt du, wo wir sind? Sag uns, wo geht es lang?«, fragte eine von ihnen.

Ich mochte diese angsteinflößende Stadt Kandahar einfach nicht nennen und antwortete: »Ich glaub, hier geht es Richtung Wardak.«

»Und wo liegt Wardak? Ist das Richtung pakistanische Grenze?«

»Nein, nicht ganz.«

Dann ging es raus aus der Stadt und tatsächlich Richtung Kandahar. Die Ausfallstraße war voll mit Fahrzeugen flüchtender Taliban. Doch in halsbrecherischer Fahrt überholten unsere zwei Jeeps die vor uns liegende Autoschlange. Auf allen Wagen drängten sich bewaffnete Männer. Unglaublich, wie viele Menschen Hals über Kopf die Stadt verließen! Ich beobachtete einige Panzer, die Richtung Süden fuhren. Die pausenlosen Bombenangriffe hatten die Kämpfer wohl so sehr zermürbt, dass sie panikartig das Weite suchten.

In rasender Fahrt überholten wir sie alle und bogen nach etwa einer Stunde von der Straße auf eine Piste zu einem Dorf ab, wo uns Mullah Hassan Jashim begrüßte. Er war ein sehr hoher Beamter des Taliban-Regimes und für unser Gefängnis zuständig.

»So, so, dir war es wohl zu heiß in Kabul, dass du dich schon vor uns abgesetzt hast«, dachte ich bei mir.

Mullah Hassan Jashim setzte sich in den zweiten Wagen und mir wurde ganz unwohl, vielmehr, mich packte die Angst. Diesem Mann war alles zuzutrauen. Dass er sich persönlich unserer annahm, war kein gutes Zeichen. Im Gefängnis galt er als besonders grausam, denn er schlug und folterte eigenhändig und vollkommen willkürlich die Gefangenen. Uns hatte er zwar nicht geschlagen, aber er war immer unfreundlich und grob gewesen.

Weiter ging's für zwei bis drei Stunden in rasender Fahrt vorbei an finsteren Dörfern. Immer wieder hielten uns Checkposts, Straßenposten, auf, an denen wir kontrolliert wurden. Und jedes Mal hoffte ich, dass man uns als Ausländer erkennen und vielleicht sogar befreien würde.

Nach der Befreiung wurde Georg Taubmann mitgeteilt, dass „wohlgesonnene" Afghanen das Gefängnis in Kabul und auch ihre Verlegungen beobachtet hatten. Auch auf der Fahrt nach Kandahar waren die Shelter Now-Entwicklungshelfer von ihnen gesichtet worden. Eine Gruppe von 20 bis 30 dieser Männer hatte sogar einen Checkpost eingerichtet, um sie, wenn möglich, freizuschießen. Das klappte jedoch nicht. Entweder war der Posten zu spät eingerichtet worden, das heißt, sie waren schon vorbeigefahren, oder sie waren nicht erkannt worden, denn die sechs Frauen waren wie Einheimische gekleidet gewesen. Nachträglich waren die Mitarbeiter froh darüber, denn so eine Befreiung hätte ein schreckliches Blutvergießen bedeutet. Schließlich befanden sie sich in zwei mit bewaffneten Männern voll gestopften Fahrzeugen.

Ich hockte vollkommen erschöpft, enttäuscht und entmutigt hinten in dem Landcruiser. Ausgerechnet wenige Stunden vor der Befreiung Kabuls befanden wir uns als Geiseln auf dem Weg an den schrecklichsten Ort Afghanistans! Dabei hatten wir davon geträumt, zusammen mit den anderen befreiten Häftlingen auf den Straßen Kabuls zu tanzen und das Ende der Herrschaft der Taliban zu feiern.

Ich verstand gar nichts mehr. Panik kroch in meine Glieder. Meine schlimmsten Befürchtungen wurden wahr. Auch Peter neben mir wirkte wie unter Schock, er sprach während der ganzen Fahrt kein einziges Wort.

Ich konnte mich auf der schmalen Sitzbank kaum bewegen, meine Gliedmaßen starben langsam ab. Außerdem wurden wir ständig fürchterlich durchgeschüttelt. Es war einfach schrecklich!

Da kramte Heather auf einmal ihre kleine Taschenlampe hervor und begann in dem schwankenden Wagen Bibelverse vorzulesen. Immer wieder aus Psalm 118: »Ich werde nicht sterben, sondern leben und die Taten Gottes erzählen« und weitere Bibelstellen. Wir ließen diese Worte auf uns wirken und langsam breitete sich in dem rollenden Gefängnis Frieden aus.

***

KATI JELINEK: Zuerst dachte ich, wir würden nur in ein anderes Gefängnis verlegt. Als jedoch der Landcruiser tatsächlich aus der Stadt herausfuhr, bekam ich es mit der Angst zu tun: »Wenn wir jetzt zwischen die Fronten geraten und mitten in eine wilde Schießerei?«

Als dann Heather anfing Bibelverse vorzulesen und wir unsere selbst gedichteten Lieder sangen, war ich ganz baff, dass kein Talib dazwischenfuhr und es uns verbot. Ich kann es jetzt noch richtig nachempfinden, wie meine Panik in eine innere Ruhe umschwenkte. Die war so intensiv, wie ich es vorher noch nie erlebt hatte. Im Prinzip steht es ja auch so in der Bibel: ein Friede, der höher ist als alle Vernunft! Aber das war so spürbar extrem! Plötzlich wurde mir klar: Gott ist immer noch da! Ich muss mir keine Sorgen machen. Er wird schon irgendeine Lösung haben.

***

GEORG TAUBMANN: Gegen ein Uhr morgens bog der Konvoi von der Hauptstraße in ein Dorf ab. Kleine Lehmhäuser verbargen sich hinter hohen Mauern.

»Endlich ist Pause und wir können in den Häusern übernachten«, dachte ich bei mir.

Also streckte ich meine Beine und machte mich zum Aussteigen bereit.

Aber nein, der Wagen schaukelte zu einem rostigen zerbeulten Stahlcontainer auf ein freies Feld. Diese Container werden normalerweise als Transportmittel für große Güter genutzt und auf Lastwagen zu Überseeschiffen transportiert. Wir jedoch erstarrten vor Schreck, als wir ihn erblickten.

»Unmöglich, da gehen wir nicht rein. Das werden wir nicht überleben!«, protestierten einige von uns voller Panik.

Ich redete auf die Wächter ein: »Bringt uns bitte in die Häuser! Tut uns das nicht an! Habt ihr denn gar kein Erbarmen?«

Doch sie ließen sich nicht erweichen. Ich verhandelte mit ihnen, wenigstens die Tür offen zu lassen. Jetzt lenkten sie glücklicherweise ein, aber wir trauten ihnen nicht. Deshalb setzte Heather sich in den Eingang des Containers und ließ sich weder durch Zureden noch Gewalt dazu bewegen, auch nur einen Zentimeter nach innen zu rücken.

Drinnen lagen ein paar verdreckte Matratzen und zerlumpte Decken. Nur gut, dass wir noch eigene Decken dabei hatten. Denn diese Nacht sollte kalt werden.

Die gesamte Szenerie war wirklich gespenstisch. An der Tür debattierte Heather mit dem bewaffneten Wächter, um ja nicht einzuschlafen. Und draußen lungerten wüste Gestalten herum.

»Wo können wir zur Toilette gehen?«, erkundigte sich Margrit. Wortlos deuteten die Wächter mit der Hand aufs freie Feld. Was bedeutete, dass die Frauen unter den neugierigen Blicken dieser Männer ihre Notdurft verrichten mussten. Es war einfach menschenunwürdig!

Die Nacht war für die meisten von uns grauenvoll und an Schlaf war nicht zu denken. Die Temperaturen sanken unter die Nullgrad-Grenze. Bibbernd rückten die Frauen aneinander und versuchten sich gegenseitig zu wärmen. Peter und ich teilten uns eine Decke. Wir alle warteten voller dunkler Vorahnungen auf das Morgengrauen.

....

SILKE DÜRRKOPF: In Stresssituationen reagiert man ja manchmal unlogisch. So war ich im ersten Augenblick unglaublich empört und wütend, dass man uns Frauen zusammen mit den Männern in einen Container stecken wollte. Das war eine große Respektlosigkeit, ganz gegen die afghanische Kultur! Dann bekam ich Angst, dass die Wächter die Tür verrammeln würden, denn während der Gefängnismonate hatte ich eine entsetzliche Platzangst entwickelt. Aber da sah ich schon, wie Georg und Heather den Eingang verteidigten. Und Heather versteht sich durchzusetzen.

Ich drehte mich um und dachte ganz pragmatisch: »Nun gut, wir haben drei Decken für acht Leute. Die Nacht wird saukalt. Lasst es uns so organisieren, dass wir sie irgendwie überleben.« Mit Dayna und Kati verteilte ich die Matratzen und drückte mich ganz hinten in die Ecke, so hatte ich wenigstens eine Wand, an die ich mich drehen konnte. Daneben lag Kati, dann Dayna, Diana und Margrit. Die Männer lagen im vorderen Teil des Containers und Heather wachte am Eingang.

···

MARGRIT STEBNER: Als ich in den Container hineinsollte, stand mir panikartig vor Augen: »Die sperren uns da rein und jagen uns mit einer Handgranate hoch!!« Um irgendwie Ruhe zu bewahren, stellte ich mich erst einmal still an den Rand des Geschehens und beobachtete das Durcheinander. Heather debattierte mit einigen Männern, Georg verhandelte wild gestikulierend mit den anderen. Wieder kam Panik in mir hoch: Diese Mixtur von Ohnmacht, Wut und Todesangst ist etwas Schreckliches. Trotz allem: Wie schon zuvor im Auto hörte ich in mir die beruhigenden Sätze: »Margrit, es ist gut so. Du bist auf dem Weg in die Freiheit!« Als ich das gehört hatte, konnte ich mich beruhigt zu den anderen Frauen legen.

···

GEORG TAUBMANN: Um sechs Uhr kam der Mullah, der im Dorf offensichtlich ein bequemeres Nachtlager gefunden hatte. Keinen Schluck Tee, keinen Happen Essen für uns. Stattdessen wurden wir wieder hinten ins Auto gestopft und weiter ging's. Jetzt fuhr uns Mullah Hassan Jashim höchstpersönlich. »Wir müssen wohl eine recht kostbare Beute für ihn sein«, dachte ich.

»Mullah Hassan, was ist los? Wo bringt ihr uns hin?«, fragte ich den Chef der Bande.

»Nach Ghasni!«, kam es kurz angebunden zurück.

Mullah Hassan Jashim wollte dort also einen Zwischenstopp machen. Ich wusste, dass Ghasni seine Heimatstadt war und seine Familie dort wohnte.

> Wenn man durch die Außenbezirke Kabuls fährt,
> fallen einem die zum Teil zerschossenen, zum
> Teil wie zerknautschte Luftballons aufgeblähten
> Stahlcontainer auf.
> Nach dem Abzug der Sowjets trieben die Mudscha-
> hedin während ihrer Machtübernahme häufig
> Gegner und Zivilisten in diese Stahlcontainer.
> Kurz bevor sie die Stahltür schlossen, warf
> einer noch schnell eine entsicherte Handgranate
> hinterher.
> Diese stählernen Zeugen der grausamen Morde er-
> schüttern jeden Vorbeifahrenden, der diese Zeit
> miterleben musste. Und einige der Shelter Now-
> Entwicklungshelfer wussten von dieser bestiali-
> schen Praxis der Taliban.

Ghasni liegt zwischen Kabul und Kandahar in einem Gebiet, auf das die Nordallianz keinerlei Einfluss hatte. Keine Hoffnung also, dass uns dort jemand befreien konnte.

Die Fahrt dauerte dann nochmals drei Stunden auf schlecht ausgebauten Straßen. Währenddessen fingen die Frauen wieder an Bibelstellen vorzulesen und zu singen. Ich raffte mich dazu auf zuzuhören und sang schließlich auch mit. Langsam kam Ruhe und Entspannung in meine Seele. Das Ganze erinnerte mich sehr an das schwere Leben der Sklaven früher in den USA. Auch ihnen gaben die Spirituals in ihrer Gefangenschaft Trost.

Trotzdem eilten meine Gedanken voraus: »Was werden sie in Ghasni mit uns machen? Was geschieht, wenn sie uns doch noch nach Kandahar bringen?« Ich versuchte mich gedanklich darauf einzustellen und vorsorglich Pläne zu schmieden.

· · · ·

MARGRIT STEBNER: Ich war echt froh, als unsere Entführer früh am Morgen wiederkamen und die Fahrt weiterging. Es war so kalt in dem Container und ich hatte dort keine Ruhe finden können. Ich war total durchgefroren. Ohne Tee und Frühstück ging es weiter. Nur gut, dass unser Fahrer gleich die Heizung anmachte. Was für eine schlimme Nacht, es schüttelte mich, wenn ich daran zurückdachte. Mir ging es nicht gut. Ich hatte eine Amöbenruhr und fühlte mich sehr schwach. Am Container hatte es keine Toilette gegeben; es war alles so entwürdigend gewesen.

Wir fuhren durch eine kahle Gebirgslandschaft. Alles war ziemlich trist. Anfangs hing ich nur meinen Gedanken nach und hörte den anderen beim Singen zu. Und dann kam wieder dieser unglaubliche Friede über mich. Ich fühlte mich geborgen, auch wenn es gar keinen realistischen Grund dafür gab.

Georg fragte unsere Fahrer immer wieder, wohin wir fahren würden und bekam dann schließlich die Antwort, dass wir auf dem Weg nach Ghasni wären. Man versprach uns, uns dort in ein warmes Haus zu bringen, wo wir uns aufwärmen, frisch machen und frühstücken könnten.

• • •

GEORG TAUBMANN: Einerseits besänftigten uns die Worte des Mullahs, andererseits wussten wir, dass wir ihm nicht trauen konnten. Dann fuhren wir in die Stadt hinein und direkt auf ein hässliches Gebäude mit hohen Mauern und vergitterten Fenstern zu.

»Oh, Gott, bitte nicht wieder ein Gefängnis!« Wir waren alle wie erstarrt. Glücklicherweise fuhr der Mullah daran vorbei, sodass wir erst einmal tief durchatmeten. Glück gehabt! Aber nein, er hatte sich nur verfahren, drehte um und steuerte direkt in den finsteren Eingang hinein. Was für ein Wechselbad der Gefühle!

»Mullah, du hast doch versprochen, uns in ein richtiges Haus zu bringen«, sagte ich.

»Raus hier. Aber schnell!«, war seine Antwort.

Und schon umzingelten uns einige Wärter, ihre Kalaschnikows immer schussbereit. Jegliche Weigerung war aussichtslos; es blieb uns nichts anderes übrig, als in dieses schreckliche Gebäude zu gehen. Draußen war Geschützfeuer zu hören.

Im ersten Stock sperrten sie uns in zwei miteinander verbundene Räume ein. Ich konnte meinen Augen kaum trauen, als ich die Toilette nebenan entdeckte: Im Boden ein stinkendes verstopftes Loch und ringsherum lauter Haufen menschlicher Exkremente. Das Schlimmste, was ich je gesehen habe. Und dort sollten wir leben?

Dann hörten wir wieder Bombardierungen, aber so heftig, dass das ganze Gebäude durchgerüttelt wurde. Eine unserer Frauen rannte daraufhin voller Panik in den Gang, wo sie sich weinend vor die Tür hockte.

»Los, wieder rein«, fuhr der Wärter sie an. »Du kannst hier nicht bleiben!«

Vollkommen verzweifelt bettelte sie ihn an, aber er zeigte keinerlei Erbarmen. Ich versuchte deshalb den Mann zu überreden: »Lass sie doch da sitzen. Siehst du nicht, dass sie Angst hat? Wir laufen dir schon nicht weg.«

Glücklicherweise konnte ich ihn umstimmen. Doch mittlerweile mussten wir alle stark gegen unsere Panik ankämpfen. Gerade waren wir den Bombenangriffen in Kabul entkommen und dann dieser Kampfeslärm ausgerechnet dort in Ghasni! Was lief da eigentlich ab? Die Nordallianz mit ihren Truppen war schließlich weit weg.

Langsam gewöhnten wir uns an die neue Umgebung. Die Frauen begannen aufzuräumen und legten Matratzen auf den Boden. Wir hockten uns hin und beschlossen, erst einmal zu frühstücken. Tatsächlich brachten uns die Wärter sogar etwas Naan (Fladenbrot) und grünen Tee. Jemand von uns kramte noch einen Rest Käse hervor. Doch vor allen Dingen waren wir froh, immer noch unversehrt zusammen zu sein.

Anschließend an unser Frühstück dankten wir Gott für alle Bewahrung und beteten füreinander, besonders für Margrit, die wegen einer Amöbenruhr sehr geschwächt war, und für mich, damit ich die richtigen Entscheidungen treffen konnte.

Noch während wir so zusammensaßen, ging in der Stadt erneut die Schießerei los, sehr laut und heftig. Dann hörten wir, wie sich der Lärm zum Gefängnis hin verlagerte.

Jemand von uns rannte zum Fenster und beschrieb, was er sehen konnte: »Sie kämpfen direkt vor dem Gefängnis. Sind das nun Taliban oder nicht? Jetzt laufen eine Menge Leute weg!«

Plötzlich wurde es mucksmäuschenstill. Kein einziger Schuss, kein Laut war mehr zu hören.

Uns schien es, als würde eine Ewigkeit vergehen. Doch dann befand sich auf einmal eine Menschenmenge vor dem Gefängnis, die versuchte das Tor aufzubrechen. Jemand von uns schaute erneut aus dem Fenster und rief: »Da ist ein Menschenauflauf, sogar Jugendliche sind dabei. Die kommen jetzt rein.«

»Gleich wird der Mob das Gefängnis stürmen und uns Ausländer lynchen«, schoss es mir wie wild durch den Kopf. Ich hatte eine wahnsinnige Angst. Wovor ich mich immer am meisten gefürchtet hatte, war entweder verschleppt oder gelyncht zu werden. Ich hatte schon einige Lynchmorde in Pakistan beobachten müssen. Dann wollte ich doch lieber gleich erschossen werden!

Im Erdgeschoss wurden die Türen aufgebrochen. Dann hämmerten sie an die Tür zu unserem Stockwerk, bis sie schließlich mit einem lauten Krach aufbrach. Einige Männer stürmten auf unsere Zellen zu und rissen die Türen auf.

So kam es, dass auf einmal ein verschwitzter Afghane vor uns stand, die Patronengürtel überkreuz vor der Brust, die Kalaschnikow wild hin und her schwingend. Total verdattert, Ausländer vor sich zu sehen, hielt er inne. Und eine Zeit lang starrten wir uns wie gelähmt und sprachlos an.

Plötzlich rief er aus: »Assad! Assad, ast! – Freiheit! Ihr seid frei!«

Wir konnten es kaum fassen. »Was, wir sind frei? Seid ihr denn keine Taliban?«

»Nein, die haben wir gerade vertrieben. Die sind über alle Berge!«, war die Antwort. »Kommt raus! Kommt raus! Ihr seid wirklich frei!«

Immer mehr Männer drängten sich in unsere Zelle. Und dann begriffen wir langsam: »Seid ihr Leute von Massud?« (Ahmed Schah Massud war ein hoch geachteter Milizenführer der Nordallianz, der bei einem Attentat am 9. September umgekommen war.)

»Ja, ja, wir sind Leute von Massud!«

Vor Glück und Erleichterung nahmen wir uns in die Arme. Einige fingen an zu weinen.

»Jetzt aber raus. Schnell, schnell, geht jetzt! Ihr seid wirklich frei!«

Das ließen wir uns nicht noch mal sagen und stürmten nach draußen. Die Atmosphäre knisterte förmlich vor Spannung. Außerdem wurde noch immer geschossen und vor dem Gefängnis ein Raketenwerfer aufgebaut.

»Schnell, hier herein!«

Um vor den Gefechten Schutz zu finden, mussten wir erst eine Weile in dem Wächterhäuschen an der Gefängnismauer ausharren. Dann durften wir endlich ins Freie.

Wir rannten, was wir konnten und total ungeschützt, über ein freies Feld. Dann kamen endlich die ersten Gebäude in Sicht, bei denen wir Deckung finden konnten. Zunächst durchquerten wir eine Art Siedlung.

Als die Bewohner uns entdeckt hatten, kamen sie aus ihren Häusern und starrten uns Ausländer verblüfft an. Doch wir waren nicht allein, einer der Kämpfer führte uns durch die Straßen. Es ging kreuz und quer, bis ein Kommandant auftauchte und uns zu seinem Büro führte.

Je weiter wir gingen, desto größer wurde die neugierige Menschenmenge, die uns sich laut unterhaltend begleitete. »Wer sind nur diese Ausländer? Wo kommen sie her?« Niemand hatte etwas von uns gewusst. Dann brach plötzlich der Bann: Jemand umarmte uns, unzählige Menschen schüttelten uns die Hände, klopften uns auf die Schultern. Die Menge fing an zu jubeln. Männer nahmen uns das Gepäck ab, trugen die Bündel der Frauen. Es war einfach unbeschreiblich.

* * *

SILKE DÜRRKOPF: Dieser Marsch durch die Straßen von Ghasni gehört für mich mit zu einer der schönsten Erfahrungen der gesamten Gefangenschaft. Ich hatte meinen Freunden zu Hause geschrieben: »Ich wünsche mir, eines Tages mit den Afghanen auf den Straßen Kabuls zu tanzen und mit ihnen die Befreiung von den Taliban zu feiern.« Da es dort nicht geklappt hatte, kam es mir hier wie eine Entschädigung vor. Es war einfach wunderschön! In diesem Moment machte ich mir überhaupt keine Gedanken darüber, dass wir immer noch in Gefahr waren. Irgendein Talib hätte ja seinen Turban abnehmen, sich unter die Menschen mischen und uns erschießen können. Ich war völlig erschöpft und trotzdem glücklich. Was war ich dankbar, als mir ein Mann mein unhandliches Deckenbündel abnahm! Das war wie eine Volksfestatmosphäre.

* * *

KATI JELINEK: Ich habe zuerst nicht geschnallt, wo es langging. Ich lief dem Mann, der uns führte, nur hinterher. Und dann gingen plötzlich die Türen der Häuser auf. Die vielen Leute umringten uns und ich hab immer nur in ihre Gesichter geschaut. Die waren so voller Hoffnung und Freude. Ich hatte mich schon vorher oft mit Afghanen unterhalten, die gesagt hatten: »Für uns gibt es keine Zukunft mehr! Wir haben keine Hoffnung!« Jetzt sah ich das erste Mal seit meiner Zeit in Afghanistan echte Hoffnung in den Gesichtern. Das hat mich tief berührt!

* * *

MARGRIT STEBNER: Für mich war die ganze Befreiungsgeschichte wie eine emotionale Achterbahn: Die Gefühle gingen hoch und runter und standen zwischendurch Kopf. Eben noch in Todesangst und dann plötzlich Freiheitstaumel!

Interessanterweise hatte ich Tage zuvor die Vorstellung gehabt, dass so etwas auf uns zukommen würde. Ich hatte so ein Bild von einer Achterbahn vor Augen gehabt. »Pass auf! Du musst deine Gefühle unter Kontrolle halten!«, hatte ich mir damals gesagt. So ist es dann auch gekommen.

Im Nachhinein bin ich sehr dankbar, dass es ausgerechnet Afghanen waren, die uns befreiten. Das war für mich wie ein Stück Heilung: Böswillige Afghanen sperrten uns ein, liebenswürdige Afghanen befreiten und bejubelten uns!

· · ·

Dass die Shelter Now-Mitarbeiter noch lange nicht frei waren, ja, dass noch ein Alptraum – schlimmer als alles andere zuvor – auf sie wartete, konnten die acht zu diesem Zeitpunkt in ihrem Freudentaumel noch nicht ahnen.

# In der Schlinge der Religions- und Sittenpolizei

Das erste Wochenende im August 2001 werden die Shelter Now-Entwicklungshelfer in Kabul wohl nie vergessen.

Sie hatten in den vergangenen 18 Jahren seit der Gründung von Shelter Now in Peschawar im Norden Pakistans schon harte Zeiten und lebensbedrohliche Situationen erlebt. Aber so schwer wie es an diesem Wochenende kommen sollte, hatte es sie noch nie getroffen.

Der Auslöser ihrer Gefangenschaft und späteren Anklage war der Besuch bei einer afghanischen Familie gewesen. Diese Familie hatte Kati Jelinek, Heather Mercer und Dayna Curry schon mehrfach bedrängt, sie zu besuchen und ihnen einen Dokumentarfilm über das Leben Jesu zu zeigen.

Kati hatte die Kinder – drei Mädchen und einen Jungen ungefähr im Alter zwischen vier und zwölf Jahren – vor längerer Zeit kennen gelernt. Sie waren regelmäßig zu ihrem Haus, vor dem Silke und sie Essen an Straßenkinder ausgaben, gekommen. Als dann ihre Mutter eines Tages krank geworden war, hatten die Kinder sie gebeten, nach ihrer kranken Mutter zu schauen. Die gelernte Krankenschwester Kati hatte einige Medikamente dorthin gebracht, und natürlich hatten sie bei diesem Besuch ganz nach afghanischer Gepflogenheit miteinander Tee getrunken und geplaudert.

Viele Afghanen sind neugierig darauf, wie Menschen aus dem Westen leben und ob sie auch an einen Gott glauben. Während in der westlichen Kultur der Glaube eine Privatsache ist und es eher peinlich wirkt, wenn man darüber spricht, ist es in der moslemischen Kultur das Natürlichste von der Welt, über den Glauben zu sprechen. Man will wissen, ob der KHOREJI, wie ein Ausländer genannt wird, überhaupt etwas glaubt und oft genug will man den »Ungläubigen« von seinem eigenen moslemischen Glauben überzeugen. Sichtlich erstaunt reagieren Moslems, wenn sie feststellen, dass ihr Gast auch gläubig ist, wenn schon nicht an Allah, dann doch an den Gott der Bibel.

So war es auch bei Kati, als sie auf die Fragen der Frau antwortete, sie glaube an Jesus. Sofort hatten die Frauen der Familie mehr über diesen auch in ihrer Religion hoch geachteten Propheten wissen wollen. Und da sie nicht lesen konnten, hatten sie nach einem Film gefragt.

## Shelter Now unter Beschuss

1990 sorgten islamische Extremisten dafür, dass das Shelter Now (zu Deutsch: »Unterkunft jetzt«) -Hilfsprojekt für afghanische Witwen und Waisen in einem Flüchtlingscamp nördlich von Peschawar/Pakistan angegriffen und zerstört wurde. Da den Fundamentalisten die Sorge der Entwicklungshelfer für Frauen grundsätzlich ein Dorn im Auge war, griffen sie gleichzeitig Projekte anderer Hilfswerke an, die sich ebenso um Frauen und Mädchen kümmerten, darunter war auch eine Mädchenschule. Ein großes Fabrikgelände von Shelter Now, auf dem Materialien zur Eindeckung der Dächer der Flüchtlingshäuser hergestellt wurden, und eine Autowerkstatt sind gleich mit zerstört worden. Der Schaden für das deutsche Hilfswerk betrug damals über 1,5 Millionen Euro.
Die pakistanische Regierung untersuchte die Ursachen für die brutalen Plünderungen gründlich.
Das Ergebnis: Dem Hilfswerk Shelter Now wurde offiziell bestätigt, dass es nichts Anstößiges getan hätte, was diese Zerstörung hätte rechtfertigen können. Der Ministerpräsident der Nordwest Frontier Provinz überreichte Shelter Now als Entschädigung eine große Geldsumme mit der Bitte, die Arbeit

unter afghanischen Flüchtlingen in Pakistan wieder aufzunehmen.

Aber leider musste die Arbeit trotzdem abgebrochen werden.
Auf den damaligen Direktor von Shelter Now und seinen kleinen Sohn wurde ein Mordanschlag verübt, den sie nur wie
durch ein Wunder überlebten. Als weitere Morde angedroht
wurden, verließen die meisten westlichen Mitarbeiter das Land.
Georg Taubmann hatte in Deutschland jedoch keine Ruhe,
denn das Elend der afghanischen Frauen und Kinder, die nun
ohne Unterkünfte und regelmäßige Versorgung in der Wüste
Pakistans dahinvegetierten, bereitete ihm schlaflose Nächte. Die
himmelschreiende Ungerechtigkeit, die seinem Hilfswerk von
Fanatikern angetan worden war, konnte er so nicht hinnehmen.
Gegen den Rat besorgter Freunde ging er deshalb zurück nach
Pakistan. Er wurde als neuer Direktor eingesetzt und fing buch-
stäblich von vorne an.

Die Verteilung täglicher Essensrationen an die Flüchtlingsfamilien konnte daraufhin erneut in Angriff genommen
werden. Häuser, Kliniken und Schulen wurden in den Camps
wieder neu errichtet.

1992 begann Shelter Now in Afghanistan unter lebensgefährlichen Bedingungen Fabriken zur Herstellung von Materialien
zur Dachdeckung von Häusern und zum Bau von Toiletten
selbst aufzubauen. Mehrmals gerieten Georg Taubmann und
seine Mitarbeiter während ihrer Arbeit in die Auseinandersetzungen verfeindeter Volksstämme.

So wurden zum Beispiel er und sein Team auf der Rückreise von
einer neu gegründeten Fabrik in Khost kurz vor der Grenze
nach Pakistan von Räubern gefangen genommen, die sie entführen und erst gegen Lösegeld wieder frei geben wollten. Einer
Gruppe vorüberfahrender Afghanen, die die Brisanz der Situation zum Glück sofort erkannte, gelang es jedoch auf typisch
afghanische Weise, die Entführer mit einem großen Palaver
abzulenken, sodass das Shelter Team kurzerhand fliehen konnte.
Zwischenfälle wie diese konnten sie nicht dazu zwingen, der
Not leidenden Bevölkerung Afghanistans zu helfen.

Da sich Kati Jelinek an besagtem Freitagnachmittag im August noch auf das geplante Mitarbeitertreffen am Abend vorbereiten wollte, bat sie Heather Mercer und Dayna Curry, die afghanische Familie ohne sie zu besuchen. So kam es, dass nur die beiden Amerikanerinnen mit den Frauen und Kindern zusammensaßen, sich die gewünschte Dokumentation auf dem Laptop anschauten und Dayna dem Jungen, der unbedingt Englisch lernen wollte, die Kopie eines Kinderbuches in Dari und Englisch gab.

Auch Dayna hatte an diesem Nachmittag noch eine Verabredung und verließ die Familie vorzeitig.

* * *

DAYNA CURRY: Da ich um halb fünf noch ein weiteres Treffen hatte, nahm ich mir ein Taxi, um dorthin zu fahren. Als der Wagen an einer Kreuzung kurz anhalten musste, riss plötzlich ein Mann die Beifahrertür auf und rief mit drohender Stimme dem Fahrer zu: »Lass mich rein!«

Ich war geschockt, dass der Taxifahrer einfach einen fremden Mann ins Auto ließ, denn ich saß als Frau ganz allein auf der Rückbank.

»Was soll das? Wer bist du?«, fragte der Fahrer den Fremden.

»Halt den Mund!«, fuhr er ihn nur an und starrte mich mit hasserfüllten Augen an.

Dann nahm er ein Funkgerät zur Hand und sprach hinein, woraufhin ein weiteres Auto voll mit Taliban angefahren kam und jemand mit einer Waffe zu mir ins Auto stieg.

»Kannst du mich bitte zu meinen Leuten fahren?«, wandte ich mich an den Taxifahrer. »Ich bin eine Frau. Ich bin allein und habe Angst!«

Aber er zuckte nur ängstlich mit den Schultern und zog den Kopf ein. Plötzlich umringte eine ganze Horde von Taliban das Auto.

»Wo sind die anderen Frauen? Wo ist die Ausrüstung?«, bestürmten sie mich.

»Ich rede nicht mit euch, wenn ihr so mit mir umgeht. Ich will zu meiner Organisation!«, erwiderte ich.

Aber sie gingen nicht auf mich ein. Ganze zwei Stunden hockte ich voller Ungewissheit in diesem Auto. Alle möglichen Gedanken gingen mir durch den Kopf. In diesem Land wurden Frauen auf den Straßen grundlos geschlagen und weggebracht. Was hatten sie mit mir vor? Ich konnte nichts anderes tun, als zu beten. Nach einer schier endlosen Zeit sah ich ein Taxi herankommen, in dem Heather auf der Rückbank saß, eskortiert von einem Wagen voller Taliban.

...

Heather hatte sich mit der Familie in Ruhe das Video zu Ende angeschaut und packte gegen sechs Uhr ihre Sachen zusammen. Diesmal verlief die Verabschiedung von Seiten der Familie nicht so überschwänglich wie sonst. Und als sie über das Grundstück zum Taxi ging, wurde sie nicht von den Frauen und der fröhlich lärmenden Kinderschar hinausbegleitet. Das erstaunte sie ein wenig und auch, dass auf dem Beifahrersitz des Taxis ein ihr unbekannter Mann saß.

»Komisch«, durchfuhr es sie, »wahrscheinlich hat er aus Langeweile seinen Freund dabei.«

»Musstest du schon lange auf mich warten?«, erkundigte sie sich.

Sie erhielt keine Antwort, sondern sah nur die angstgeweiteten Augen des Fahrers im Rückspiegel.

Kaum hatte sie sich auf die Rückbank gesetzt, wurde auch schon die andere Wagentür geöffnet und ein weiterer Mann drängte sich ins Auto.

»Da stimmt was nicht!« Alarmiert wollte Heather aus dem Taxi springen. Der Kerl neben ihr packte sie jedoch beim Arm. Im Nu war der Wagen von weiteren Taliban mit Kalaschnikows umringt und sie musste wohl oder übel mitfahren.

Nach kurzer Fahrt erreichten sie das andere Taxi, in dem Heather ihre Freundin Dayna sitzen sah. »Ein Glück, jetzt bin ich wenigstens nicht allein«, durchfuhr es sie. Beide wurden zum Aussteigen gezwungen und in ein anderes Auto gesteckt. Dieses wurde von mindestens 30 bewaffneten Taliban eskortiert, während sie in ein Frauengefängnis gebracht wurden.

...

Gewöhnlich trudelten die Shelter Now-Mitarbeiter gegen 18 Uhr zu ihrem regelmäßigen Freitagabendtreffen ein. Die erste Stunde saßen sie meist gemütlich zusammen, plauderten, tranken Tee und aßen eine Kleinigkeit. Um 19 Uhr begann dann der offizielle Teil mit Ansagen, Instruktionen zur Arbeit und einer Andacht.

»Hey, Georg, weißt du, was mit Heather und Dayna ist? Sie sind noch nicht da!«, kam nach einer Weile die Frage aus dem Mitarbeiterkreis.

»Wahrscheinlich besuchen sie noch die Familie, von der sie uns erzählt haben, und kommen etwas später«, beruhigte er sie.

»Trotzdem ist es komisch«, dachte Georg Taubmann bei sich. »Ach was, solche Besuche dauern immer länger als geplant. Erst kommen noch zusätzliche Verwandte, dann ist das Essen nicht rechtzeitig fertig und schon sitzt man ein oder zwei Stunden länger als beabsichtigt«, wischte er die Sorgen beiseite.

Doch während der Andacht konnte Georg sich nicht richtig konzentrieren, da ein ungutes Gefühl in ihm aufstieg. Margrit Stebner ging es genauso.

»Georg, wir müssen etwas unternehmen«, forderte sie ihn deshalb auf.

Kati, die wusste, wo die beiden zu Besuch waren, fragte: »Soll ich mit Peter und Kurt mal schnell bei dieser Familie vorbeifahren und nachschauen?«

»Ja, bitte. Wir müssen langsam wissen, was los ist!«, erwiderte Georg.

Um nicht unnötig aufzufallen, fuhren die drei nicht mit ihrem eigenen Auto, sondern nahmen ein Taxi. Vor dem Haus der afghanischen Familie angekommen, fanden sie ein ziemliches Durcheinander vor. Die Anwohner standen herum und redeten aufgeregt miteinander.

»Immerhin sind keine Taliban zu sehen«, sagte sich Kati, sich selbst beruhigend. Ein solcher ist leicht daran zu erkennen, dass er einen Turban trägt und die unvermeidliche Kalaschnikow bei sich hat.

Nach einer Weile kamen einige Frauen auf sie zu und redeten in Dari auf sie ein. Kurt, der die Sprache recht gut beherrschte, hörte in dem aufgeregten Geschnatter immer nur die Worte: »Verrat! Verrat! Selbst die Männer haben sie mitgenommen.«

Den dreien wurde schnell klar, dass hier etwas Ernstes passiert sein musste. Vielleicht wurden Heather und Dayna verhört oder womöglich waren sie verhaftet worden. Also fuhren sie schnell zum Mitarbeitertreffen zurück.

Als sie mit dieser Hiobsbotschaft in die Mitarbeiterrunde hineinplatzten, waren alle erst einmal sprachlos und geschockt. Kurz entschlossen brach Georg das Treffen ab und bat sie, in kleinen Gruppen für Heather und Dayna zu beten.

Anschließend an diese Gebetszeit ließ er sich von Kurt und Jonathan zurück zu dem Haus der afghanischen Familie fahren.

»Vielleicht wissen die Frauen noch mehr und können mir sagen, wer die beiden abgeholt hat. Wohin sie wohl gebracht worden sind?«, ging es ihm durch den Kopf.

Aber die einheimischen Frauen konnten oder wollten ihm keine weiteren Informationen geben. Also fuhren sie zur Polizeistation, die für diesen Stadtteil zuständig war. Die wachhabenden Beamten waren jedoch vollkommen erstaunt und wussten von nichts.

Zu diesem Zeitpunkt war es bereits gegen 21 Uhr und um 23 Uhr begann die Ausgangssperre. »Wer kann uns jetzt noch helfen?«, zermarterte Georg sein Gehirn.

»Hadschi Raschid! Wenn uns überhaupt jemand helfen kann, dann er«, fiel es ihm plötzlich erleichtert ein.

Hadschi Raschid war ein hoher Taliban-Beamter, zu dem Georg in den letzten Jahren eine regelrechte Freundschaft entwickelt hatte. Er würde sicherlich für die beiden Mitarbeiterinnen seinen ganzen Einfluss geltend machen.

Da die Zeit bis zum Beginn der Ausgangssperre drängte, rasten die drei Männer die Straßen Kabuls entlang und verfehlten in der Dunkelheit prompt das Haus des Afghanen. Doch sein Büro fanden sie auf Anhieb. Von dort nahm Georg sicherheitshalber einen der Wächter mit, der ihnen schließlich den richtigen Weg zeigte. So war es bereits gegen 22 Uhr, als sie bei seinem Freund eintrafen.

• • •

GEORG TAUBMANN: So gelassen wie in dieser Situation nur möglich schritt ich in das Haus meines Freundes, denn unter Afghanen muss man immer viel Zeit mitbringen. Hadschi Raschid freute sich riesig, mich zu sehen.

»Wie geht es dir und deiner Familie? Bist du gesund?«, begrüßte er mich mit ausgestreckten Armen.

Die typisch afghanische Begrüßungszeremonie und der Austausch von Höflichkeiten begann. Wir setzten uns und tranken Tee. Da ich gerade erst von einem längeren Aufenthalt in Deutschland zurückgekehrt war, erzählte ich ihm von meiner Familie.

»Und als Geschenk habe ich dir aus Deutschland ein Blutdruckmessgerät mitgebracht, wie du es dir erbeten hast«, teilte ich ihm freudig mit.

Er hatte während meines Auslandsaufenthaltes einen Autounfall erlitten und erzählte mir nun alle Einzelheiten. Ich wiederum beteuerte wortreich, wie sehr ich erleichtert wäre, dass ihm nichts Schlimmes passiert war.

Nur keine Hektik zeigen! Immer ganz gelassen bleiben! Ein schneller Blick auf mein Handgelenk zeigte: Es war 22:30 Uhr.

Schließlich wagte ich es doch, mein Anliegen zu äußern: »Hadschi Raschid, etwas Schreckliches ist unserer Hilfsorganisation passiert und ich bin sehr besorgt.«

»Mein Freund, sag mir, was vorgefallen ist. Kann ich dir irgendwie helfen?«

»Ja. Zwei meiner Mitarbeiterinnen haben heute Nachmittag eine afghanische Familie besucht und sind dabei offensichtlich verhaftet worden. Ich kann einfach nicht herausfinden, wo sie in diesem Augenblick sind.«

»Mr. George, das ist ja schrecklich. Ich verstehe deine Sorge. Ich versuche sofort etwas darüber zu erfahren.«

Er ging ans Telefon, wählte eine Nummer und führte mit autoritätsgewohnter Manier ein Gespräch. Dabei beobachtete ich sein Gesicht. Es wurde immer nachdenklicher, besorgter und zeigte zum Schluss sogar Entsetzen.

Hadschi Raschid legte den Hörer auf und trat mit bestürzter Miene auf mich zu.

»Mr. George, deine beiden Mitarbeiterinnen sind tatsächlich verhaftet worden.«

»Aber warum nur?«, fragte ich verzweifelt.

»Sie sagen, weil sie bei Afghanen irgendwelche Filme gezeigt hätten. Ausgerechnet die Religions- und Sittenpolizei hat sie festgenommen! Auf die habe ich keinen Einfluss. Das ist ein eigenständiges Ministerium, das direkt Mullah Mohammed Omar untersteht. Ich konnte sie nur eindringlich warnen, die Frauen anständig zu behandeln.«

»Hadschi Raschid, hab ganz herzlichen Dank für deinen Freundschaftsdienst. Ich bin wirklich sehr, sehr besorgt. Danke, dass du deinen Einfluss geltend machst und uns hilfst.«

»Aber ja doch, mein Freund, für dich tue ich das gern.«

»Darf ich dich morgen wieder aufsuchen? Vielleicht kannst du bis dahin noch mehr Informationen bekommen?«

Wir machten aus, uns am nächsten morgen wieder zu treffen und verabschiedeten uns mit vielen höflichen Worten.

## Die Religions- und Sittenpolizei der Taliban

Das »Amt für die Überwachung der islamischen Moral und die Bekämpfung der Sünde« (engl.: ministry for promotion of virtue and for prevention of vice), verkürzt auch Religions- und Sittenpolizei genannt, bildete im Taliban-Regime ein eigenes unabhängiges Ministerium. Es unterstand direkt Mullah Mohammed Omar (dem obersten Führer der Gläubigen) und war von den gemäßigten Taliban wie von allen anderen Afghanen gefürchtet.

Die Bewegung der afghanischen Taliban nahm ihren Anfang in Pakistan. Jeder, der dort in den so genannten MADRASSAS (konservative Koranschulen) in der sunnitischen Rechtsgläubigkeit unterwiesen worden war, wird auf Arabisch als TALIB (Student) oder Plural TALIBAN angesprochen.

Während einer achtjährigen Grundausbildung lernt man in einer Madrassa alles, um ein Mullah (Titel eines islamischem Geistlichen und Gelehrten) zu werden. Viele paschtunische Flüchtlingsfamilien aus Afghanistan schickten ihre Söhne auf diese Schulen, da sie dort kostenlos mit Kleidung und Essen versorgt wurden. Neben dem Religionsunterricht – bei dem weniger der Koran, sondern vielmehr die Scharia im Vordergrund stand – wurden die Jungen auch militärisch ausgebildet. Lesen und Schreiben schien nicht so wichtig zu sein, deshalb die hohe Anzahl der Analphabeten unter den Taliban.

Mit diesen Taliban mischte sich Mullah Omar in Afghanistan in die Machtkämpfe der verschiedenen Gruppen der Mudschahedin (Gotteskrieger) ein und nahm 1996 Kabul ein. Seitdem kontrollierten die Taliban rund 80 Prozent Afghanistans. Mullah Mohammed Omar errichtete eine religiös verbrämte Diktatur auf der Grundlage der SCHARIA, des islamischen Gottesgesetzes aus dem Frühmittelalter.

Er proklamierte, den reinsten islamischen Staat der Welt geschaffen zu haben.

Die Taliban schlossen nach ihrer Machtübernahme fast alle öffentlichen Schulen und die Universität der Hauptstadt Kabul, verboten Film und Fernsehen, Musik und Bilder. Aber auch das Fußballspielen, das Halten von Tauben, Drachenfliegen, jedwedes Spielzeug, das Mensch oder Tier zeigte, wurden verbannt. Die Frauen wurden jedes Menschenrechtes beraubt – sie durften weder zur Schule noch zur Arbeit gehen. Und das Haus durften sie nur völlig verhüllt unter einem Burka genannten Umhang verlassen. Dies war jedoch nur zusammen mit dem Ehemann oder einem männlichen Blutsverwandten gestattet, selbst wenn er nur fünf Jahre alt war. Es wurde jedoch geduldet, wenn Frauen in Gruppen auf die Straße gingen.

Die Häscher der Religions- und Sittenpolizei patrouillierten täglich durch die Straßen Kabuls. Sie schlugen Frauen mit Lederpeitschen, die nicht genug verschleiert waren.

Sie kontrollierten den Haarschnitt und die Länge der Bärte der Männer. Sie schlossen Läden, wenn deren Besitzer nicht regelmäßig die Moscheen aufsuchten. Sie prügelten die Männer zum Gebet. Auf kleinere Vergehen stand Auspeitschung – für Frauen wie für Männer. Bei Diebstahl wurden Hände und Füße amputiert.

Draußen sprangen die drei Männer schnell in ihren Wagen. Es war nun kurz vor 23 Uhr und die Ausgangssperre in Kabul war eine strikte Angelegenheit. Und wer nach 23 Uhr von den Taliban auf der Straße angetroffen wurde, konnte ohne weiteres verhaftet werden. Außerdem war sich Georg nicht sicher, ob die vor kurzer Zeit in Kraft getretene Verlängerung von 22 auf 23 Uhr bis zu allen Wächtern bereits durchgedrungen war. Den Kopf voller Sorgen um die zwei Frauen, gejagt von der Zeitknappheit, raste er, immer nach Straßenposten Ausschau haltend, durch die Straßen und bog kurz nach 23 Uhr erleichtert in die Einfahrt seines Hauses ein.

· · ·

Für Georg wurde es eine kurze Nacht, denn an Schlaf war kaum zu denken. Seine Gedanken kreisten ständig um die gleichen Dinge: »Wie mag es den beiden Frauen gehen? Werden noch andere Mitarbeiter verhört werden? Drohen weitere Verhaftungen? Sollte ich alle Mitarbeiter evakuieren? O Gott, wenn jetzt unser ganzes Projekt hier zerstört wird, wie schon damals vor elf Jahren das in Pakistan?«

Am darauf folgenden Samstagmorgen gab es eine Krisensitzung nach der anderen. In ihnen bat Georg seine Mitarbeiter, sich auf eine mögliche Evakuierung einzustellen und ihr Notgepäck bereitzuhalten.

»Bitte vernichtet alles, was bei einer Durchsuchung der Religions- und Sittenpolizei als anstößig erscheinen könnte. Denkt daran, selbst die Werbung in einer deutschen Zeitschrift kann schon darunter fallen!«, instruierte er seine Mitarbeiter.

Mullah Omar verkündigte über Radio Scharia laufend neue Gesetze, die man gar nicht alle behalten konnte. Erst vor kurzem war den westlichen Frauen zum Beispiel das Autofahren verboten worden. Eigentlich galt für sie nicht das Gesetz, eine Burka zu tragen, sollte man sie doch als westliche Ausländer erkennen können, doch sie wurden immer wieder von aufgebrachten Taliban beschimpft und angespuckt, weil sie nur einen Tschador (eine Kopfbedeckung bestehend aus einem großen Tuch) trugen. Und natürlich hatten die einzelnen Mitarbeiter christliche Zeitschriften, Bibeln und auch Musik-CDs in ihrer eigenen Sprache in ihrem privaten Besitz, was auch erlaubt war. Aber selbst ein TIME-MAGAZINE oder die Zeitschrift STERN konnte je nach Laune der Religions- und Sittenpolizei plötzlich anstößiges Material sein.

Anschließend an die Treffen mit seinen Mitarbeitern fuhr Georg Taubmann erneut ins Büro seines afghanischen Freundes, den er allerdings dort nicht vorfand, dafür jedoch dessen Stellvertreter. Die Tatsache, dass tatsächlich eine CD in dem besagten afghanischen Haus gefunden worden war und die Religions- und Sittenpolizei hinter der Verhaftung steckte, ließ auch diesen sehr besorgt erscheinen. Er war hin und her gerissen zwischen seiner persönlichen Freundschaft zu Georg und der Sorge, selbst von der Religions- und Sittenpolizei belastet zu werden. Er konnte ihnen nicht weiterhelfen. Georg bat ihn deshalb nur, eine Tasche mit persönlichen Dingen an Heather und Dayna weiterzuleiten.

Zurück im Büro benachrichtigte er die Freunde in aller Welt mit der Bitte, für die kritische Situation zu beten. Die Angehörigen und die Kirchengemeinde von Heather und Dayna wurden angerufen und die Büros der Organisation in Pakistan und Deutschland informiert.

Über dem gesamten Tag und auch dem Abend lastete eine bedrückte Stimmung. Dabei waren die Hektik und die viele Arbeit eine willkommene Ablenkung von den sich immer wieder aufdrängenden Sorgen um die Zukunft.

• • •

KATI JELINEK: An diesem Samstagabend rief ich meinen Pastor in Deutschland an und sagte ihm: »Thomas, vielleicht macht das, was ich dir jetzt sage, keinen Sinn. Aber zwei Mitarbeiterinnen von uns sind offensichtlich verhaftet worden. Es kann sein, dass die Taliban mich mit der Sache in Verbindung bringen, denn eigentlich wollte ich bei dem Besuch der afghanischen Familie mit dabei sein. Wenn etwas passiert, macht euch keine Gedanken. Ich bin vorbereitet!«

Das war ich tatsächlich! Wer nach Afghanistan geht, muss mit solchen Zwischenfällen einfach rechnen. Während der sich anschließenden Nacht ging ich die Risiken und die Frage, ob ich bereit wäre, für meinen Einsatz für die Afghanen auch größere Schwierigkeiten auf mich zu nehmen, ganz nüchtern durch: Verhöre, Demütigungen, eine Ausweisung oder sogar Gefangenschaft?

Ich fand in allen Punkten zu einem »Ja«. Diese Bilanz trug mich dann später auch durch alle Schwierigkeiten während der Gefangenschaft.

• • •

Am darauf folgenden Sonntagmorgen früh um sechs Uhr klingelte es plötzlich heftig an Georg Taubmanns Haustür. Marianne, seine Frau, ging hinunter und lugte vorsichtig durch das Guckloch.

»Können wir Mr. George sprechen? Es ist dringend!«, bat einer der Afghanen, die vor der Tür standen.

»Georg, komm schnell. Draußen steht ein Jeep voll mit Männern.«

Nichts Gutes ahnend eilte Georg nach draußen und öffnete das Tor. Doch draußen standen afghanische Freunde. Sie wirkten nervös und in großer Eile:

»Mr. George, wir haben Informationen, dass heute euer Büro durchsucht wird und es kann noch schlimmer kommen.«

38

Georg spürte, dass dies eine vertrauenswürdige Nachricht war und dankte ihnen. Hastig fuhren sie davon.

»Bei all dem, was uns Böses geschieht, gibt es doch immer noch gute Menschen unter den Taliban«, ging es ihm dankbar durch den Sinn.

Bereits um acht Uhr trafen sich die Mitarbeiter in Dianas und Margrits Haus.

»Ich habe zuverlässige Informationen, dass heute unser Hauptbüro durchsucht werden wird«, teilte Georg ihnen mit. »Es kann sein, dass sie sich auch noch weitere Häuser vornehmen. Stellt euch auf eine Evakuierung ein.«

An weitere Verhaftungen dachte zu diesem Zeitpunkt noch niemand.

»Erledigt bitte eure dringendsten Angelegenheiten und um 14 Uhr treffen wir uns zum nächsten Team-Meeting hier im Haus«, sagte er zum Abschied. Doch zu diesem Treffen sollte es nicht mehr kommen. Schlag auf Schlag überstürzten sich in den nächsten Stunden die Ereignisse. Als Erste wurden Diana Thomas und Margrit Stebner vor ihrem Verwaltungsbüro von der Religions- und Sittenpolizei verhaftet, als sie ihr privates Geld und einige Unterlagen aus dem Safe holen wollten. Diana gelang es noch, eine Warnung über Funk abzugeben, der von anderen Mitarbeitern ständig abgehört wurde.

Darauf fuhr Peter Bunch sofort mit dem afghanischen Projektleiter Gul Khan los, um nach dem Rechten zu schauen. Prompt wurden die beiden verhaftet und durften sich selbst ins Gefängnis fahren, da die Taliban keinen eigenen Wagen besaßen.

Kati Jelinek schaute kurz vor dem 14-Uhr-Treffen in den Häusern des Kinderprojektes nach dem Rechten. Sie wollte den afghanischen Angestellten einige Anweisungen geben und auch etwas Geld hinterlassen für den Fall, dass sie Kabul verlassen musste. Doch dort wurde sie von den Taliban abgefangen und musste sie zu ihrem Wohnhaus führen, wo ihre Mitbewohnerin Silke Dürrkopf, die gerade krank war, von bewaffneten Taliban aus dem Bett geholt wurde.

Georg hatte nach seinem Besuch beim afghanischen Außenministerium den Gedanken gehabt, auf dem Rückweg kurz bei Kati und Silke vorbeizuschauen, um sich zu vergewissern, dass bei ihnen alles in Ordnung sei. Das hätte er lieber bleiben lassen sollen. Denn dort befand sich zur Bewachung des Hauses immer noch eine Gruppe von Taliban, die ihn kurzerhand in ihren Wagen zerrten und zum Verhör abtransportierten.

## Kinderprojekt in Kabul

Es gibt schätzungsweise 28.000 Straßenkinder in Kabul. Diese Kinder sind entweder Waisen, Halbwaisen oder Kinder, deren Väter auf Grund von Kriegsbehinderungen nicht arbeiten können. Sie bekommen, außer vielleicht ein Stück Brot, zu Hause oft nichts zu essen und halten sich daher auf der Straße auf, um Essen oder Geld zu erbetteln. Viele von ihnen können nicht zur Schule gehen, da sie in dieser Zeit Geld für ihre Familie beschaffen müssen. Die meisten Kinder sind zwischen 2 und 16 Jahren. Sie haben in ihrem Leben schon mehr an Tod und Zerstörung erlebt als mancher Erwachsene in Deutschland.

Das Kinderprojekt, dessen Projektleiterin Kati Jelinek war, bestand gerade mal drei Monate. Nach der offiziellen Genehmigung durch das zuständige Ministerium war im Mai ein Grundstück mit zwei geräumigen Häusern gemietet worden, das Platz für die Betreuung von 150 bis 200 Jungen bot.

Nach Erkundigungen bei anderen Kinderprojekten und intensiven Vorbereitungen waren Werkstätten eingerichtet worden, in denen Jungen je nach Alter und Fähigkeiten Papierblumen herstellten und mit alten afghanischen Holzstempeln Briefpapier bedruckten. Silke Dürrkopf hatte schon seit längerem alte Stempel gesammelt, ausgebessert und nachgeschnitten. Sie hatte ein Konzept erarbeitet und afghanische Handwerker angeleitet, die mit diesen Jungen arbeiteten. Die Produkte wurden in den Bazaren Kabuls und zum Teil auch in Pakistan verkauft. Der Gewinn wurde dann an die Kinder ausgezahlt. Die Jungen konnten für eine Stunde pro Tag kommen, um zu arbeiten und Geld für ihre Familien zu verdienen. Denn um für den Lebensunterhalt ihrer Familien zu sorgen, blieben ihnen sonst nur kleine Gelegenheitsarbeiten, Stehlen oder Betteln. Zu ihrem Leidwesen bekam Kati nicht die Genehmigung, Mädchen in dieses Projekt aufzunehmen.

Zum Zeitpunkt der Verhaftung hatte Kati bereits 70 Jungen mit der Erlaubnis ihrer Eltern »unter Vertrag« und acht Afghanen für das Projekt angestellt.

Wenige Tage vor der Verhaftung der Entwicklungshelfer war außerdem gerade eine Tischlerei eröffnet worden, in der ältere Jungen arbeiten konnten mit dem Ziel, ihnen in diesem Handwerk eine Ausbildung zu ermöglichen.

Zu diesem Projekt gehörte auch ein Speisungs- und Bekleidungsprogramm, das bereits im Winter begonnen hatte. Vor Katis und Silkes Haus hatten eines Morgens zitternd und mit blau gefrorenen Lippen einige Jungen gehockt. Sie hatten nur dünne T-Shirts angehabt, einige trugen Plastiksandalen, andere waren barfuß gewesen. Kati und Silke hatten daraufhin ihr privates Geld zusammengekratzt, im Bazar gebrauchte Kleidung und Schuhe gekauft, die Kinder in ihr Haus geholt und ihnen zu essen gegeben. Das hatte sich schnell herumgesprochen und immer mehr Kinder waren gekommen. Als ihnen jedoch ein Taliban-Beamter untersagte, die Kinder in ihr Haus zu holen, hatten sie sie von da an auf der Straße vor ihrem Haus versorgt. Im Frühjahr waren es bis zu sechzig Kinder, die sie täglich einmal mit Brot, Obst und Tee versorgten. Den Mädchen unter ihnen mussten sie heimlich etwas zustecken.

MARGRIT STEBNER: Es lag wirklich etwas in der Luft. Plötzlich zwei Kolleginnen verhaftet zu wissen, ist nicht so ohne. Da macht man sich schon Gedanken darüber, was wäre, wenn es einen selbst treffen würde.

Diana und ich hatten am späten Vormittag noch schnell ein paar persönliche Unterlagen und vor allem unser privates Geld aus dem Bürosafe holen wollen und waren mit dem Taxi dorthin gefahren. Als wir dort angekommen waren, war das Tor aber verschlossen gewesen und es hatte eine Gruppe von Taliban davor gestanden.

Ohne etwas Böses zu ahnen, fragten wir sie: »Können wir ins Büro und ein paar Sachen holen?«

»Wartet hier. Jemand holt gerade den Schlüssel für den Eingang«, erwiderte deren Anführer.

Wir schickten also das Taxi weg und warteten. In Afghanistan muss man immer Geduld haben. Nachdem eine knappe halbe Stunde verstrichen war, wurde es uns aber doch zu bunt. Da das Taxi weg war, gingen wir zunächst die kleine Straße zurück. Aber wir kamen nicht weit. Sofort stürmten einige Männer hinter uns her, die wir zu ignorieren versuchten. Als sich uns jedoch einer von ihnen mit einer Peitsche in den Weg stellte, wussten wir: Jetzt hat es uns auch erwischt!

»Ihr dürft nicht weggehen. Bleibt hier am Tor. Ihr werdet verhört werden. Wir warten nur auf den Wagen«, sagte der mit der Peitsche drohende Talib.

Es gab keinen Zweifel mehr: Auch wir beide waren verhaftet. Da wir nicht länger stehen konnten, hockten wir uns am Tor auf den Boden. Über eine Stunde verstrich, ohne dass überhaupt etwas geschah.

Während wir warteten, kroch mir Panik durch die Glieder und alle möglichen grausamen Bilder gingen mir durch den Kopf: Von Frauen, die geschlagen und misshandelt werden. Von finsteren Verliesen. Wir beteten leise. Das beruhigte mich und nach einigen Minuten schwanden die schrecklichen Bilder aus meinen Gedanken.

Irgendwann traute Diana sich, möglichst unauffällig ihr Funkgerät an den Mund zu nehmen und zu sagen: »An alle, wir sind vor unserem Verwaltungsbüro und die Taliban lassen uns nicht gehen ...«

Aber schon hatte einer der Wächter das Gerät erkannt und es ihr weggerissen.

Die Gruppe der Taliban saß ungefähr 20 Meter von uns entfernt und beobachtete uns verächtlich. Es waren hauptsächlich junge Männer mit einem schwarzen oder weißen Turban auf dem Kopf und dunklen sonnenverbrannten Gesichtern. Manche waren ganz in schwarze, andere in weiße Shalwar Kamies gekleidet (die typische Landeskleidung, bestehend aus einer weiten Hose und einem Hemd). Da stand einer der jungen Kerle auf, spielte mit seiner Kalaschnikow herum und kam auf uns zu.

»Pass auf, Margrit, der wird gleich auf euch schießen«, sagte mir eine innere Stimme. »Aber er wird nicht treffen.«

»Danke, Gott«, flüsterte ich und stieß Diana an: »Vorsicht, gleich schießt der Kerl.«

Tatsächlich, er nahm das Gewehr hoch, zielte auf uns – und das Geschoss zischte knapp an unseren Köpfen vorbei.

Diana und ich ignorierten ihn. »Dem Talib geben wir nicht die Genugtuung, uns einschüchtern zu können«, dachten wir beide. Wir waren stinksauer auf den Typen und gleichzeitig dankbar, dass wir auf diese heikle Situation vorbereitet waren. Sonst hätten wir nicht so besonnen reagieren können.

···

PETER BUNCH: Alle Mitarbeiter trugen ein Walkie-Talkie mit einer Reichweite von etwa fünf Kilometern bei sich. Ich hörte den Funkspruch von Diana, schnappte mir Gul Khan, unseren afghanischen Projektleiter, und fuhr zu unserem Verwaltungsbüro. Als wir auf das Gebäude zufuhren, merkten wir an der dortigen Gruppe von Taliban, dass etwas nicht in Ordnung war.

»Fahr schnell weiter«, rief Gul Khan neben mir.

Ich gab Gas, denn die Taliban liefen schon auf uns zu. Wir hätten auch ohne weiteres entkommen können, doch mir ging durch den Kopf: »Aber was ist mit den Frauen? Ich kann sie doch nicht im Stich lassen. Die sind in echten Schwierigkeiten. Ich muss ihnen helfen!«

Also drehte ich um und fuhr auf die Taliban zu. Sofort umringte mich die Meute und streckte ihre Kalaschnikows durch die Seitenfenster. Sie schnappten mein Funkgerät und wollten die Autoschlüssel. Ich wehrte mich so lange ich konnte. Aber angesichts der Waffen musste ich sie doch widerwillig herausrücken.

Dann verhandelte ich mit ihnen: »Lasst die Frauen gehen! Was soll das Ganze überhaupt? Sie sind doch nur Büroangestellte!«

Doch da war nichts zu machen. Sie zwängten Margrit und Diana und so viele Bewacher wie möglich in unseren Wagen und wir durften uns selbst zum Verhör ins Gefängnis fahren.

···

SILKE DÜRRKOPF: An dem besagten Wochenende war ich noch mit Magen-Darm-Problemen krank und verbrachte die meiste Zeit im Bett. Ich war nach einem zehnwöchigen Aufenthalt in Deutschland gerade vor ein paar Tagen nach Afghanistan zurückgekehrt.

Da die vielen Team-Treffen an diesem Wochenende für mich sehr anstrengend waren, nutzte ich die Mittagspause, um auszuruhen. Ich erwachte von ungewöhnlichen Stimmen und Geräuschen. Dazwischen hörte ich Katis Kommentare.

»Moment, da stimmt was nicht«, dachte ich. »Es ist besser, du ziehst dich richtig an.«

Ich hatte gerade meine Shalwar Kamies übergezogen, da wurde auch schon die Tür aufgerissen und mindestens zehn bewaffnete Männer stürmten herein.

Wieder mein Gedanke: »Das ist ja unmöglich! Ich hab ja noch nicht mal einen Tschador um meinen Kopf gewickelt.« Ich war unglaublich beschämt und wütend. Nach westlichem Standard war ich zwar ordentlich angezogen, nach paschtunischem aber nicht.

In drei Sprachen gleichzeitig beschimpfte ich empört die Eindringlinge, trieb sie aus dem Zimmer und schlug ihnen die Tür vor der Nase zu. Die Kalaschnikows waren mir in diesem Moment egal. Ich wollte einfach die Gelegenheit haben, mich ordentlich anzuziehen.

Vor der Tür redete Kati beruhigend auf die aufgebrachten Männer ein und erklärte ihnen meine empörte Reaktion. Und sie ließen mir daraufhin tatsächlich ein paar Minuten Zeit, in denen ich mir den Tschador überwarf und aus dem Zimmer trat.

Der Anführer fragte mich nach meinem Namen und ob ich etwas mit Shelter Now zu tun hätte. Daran merkte ich, dass sie mich gar nicht kannten und ich ihnen wohl rein zufällig über den Weg gelaufen sein musste.

»Ihr zwei kommt mit! Wir haben ein paar Fragen. Es wird nur ein bis zwei Stunden dauern. Dann könnt ihr wieder gehen«, logen sie uns an.

Also folgten wir ihnen die Treppe hinunter. Da fiel mir plötzlich ein: »Du solltest dein Geld mitnehmen!«

Ich machte auf dem Absatz kehrt, eilte ins Zimmer und stopfte meinen kleinen Leinensack mit den Dollarscheinen schnell in meine Tasche. Natürlich schickte mir der Anführer einen Talib nach, aber der begriff glücklicherweise nicht, was in dem Säckchen war.

Da es mit Banküberweisungen in Afghanistan schlecht bestellt ist, hatte ich eine Menge Bargeld aus Deutschland mitgebracht, was dann mich und meine Mitgefangenen während der langen Gefangenschaft durchgetragen hat. Bei weiteren Kontrollen interessierte das Leinensäckchen glücklicherweise niemanden.

»Nun gut«, dachte ich mir, »ich bin gerade mal seit ein paar Tagen wieder in Kabul. Das muss ja wohl ein dickes Missverständnis sein.«

44

Ich hatte die feste Hoffnung, dass mir nichts passieren würde, denn der Stempel im Pass war schließlich ein unmissverständlicher Beweis meines erst kurzen Aufenthaltes.

••••

GEORG TAUBMANN: Ich bekam von den Verhaftungen am Sonntagvormittag nichts mit. Als ich auf dem Weg zum 14-Uhr-Treffen die Straße von Katis und Silkes Haus entlangfuhr, sah ich eine Gruppe von Taliban vor deren Haus herumlungern.

»Seltsam«, dachte ich, »was soll denn das?«

Erstaunt stieg ich aus. Sofort stürmte die Gruppe auf mich zu und umkreiste mich.

»Bist du Mr. George?«

»Ich bin Mr. Taubmann«, erwiderte ich, verwirrte sie damit und gewann so etwas Zeit zum Nachdenken.

»Was ist los?«

Sie packten mich grob und zerrten mich in das Haus der beiden Frauen. Überall wimmelte es von Taliban. Ich war erschüttert und wusste gleich, dass wohl auch Kati und Silke verhaftet worden sein mussten.

Nach einer kurzen Beratung, die ich nicht verstand, entrissen sie mir den Autoschlüssel, zerrten mich zu meinem Wagen und stießen mich auf den Beifahrersitz. Ein Bewacher versuchte sich neben mich zu quetschen, weshalb die Tür jedoch nicht mehr zuging.

Also zerrten sie mich gewaltsam erneut aus dem Wagen, rissen an meiner Kleidung herum und warfen mich grob auf die hintere Sitzbank. Die vorbeieilenden Passanten schauten entsetzt und eingeschüchtert auf diese brutale Szene. Anschließend jagten sie mit mir in meinem Wagen durch die Straßen, während ich eingekeilt zwischen meinen Bewachern hintendrin saß. Sie schleppten mich in ein Büro der Religions- und Sittenpolizei, indem sie mich gewaltsam mitzerrten und wie einen gemeinen Verbrecher behandelten.

Es ist schrecklich, plötzlich ein Gefangener zu sein. Keine Achtung, kein Respekt wurde mir mehr entgegengebracht. Wenn ich zuvor zu einer staatlichen Institution oder Behörde gegangen war, war ich dort immer als Ausländer und erst recht als Direktor eines ehrbaren Hilfsprojektes geachtet worden. Doch diese Leute starrten mich nur verächtlich an.

Irgendwann saß ich dann in einem ziemlich großen Büroraum mit mehreren Schreibtischen. Etwa 15 Afghanen befanden sich mit mir in dem

Raum, darunter einige recht wild aussehende junge Männer. Diese legten mir einen Fragebogen zum Ausfüllen vor: Name, Alter, Name des Vaters, des Großvaters, Adresse, wie lange schon in Afghanistan, welche Beschäftigung usw. Eine der ersten Fragen, die sie mir stellten, war: »Wie viele Lehrer habt ihr in eurer Madrassa angestellt? Wie heißen sie?«

»Was? Wie? Madrassa?« Ich verstand nicht, worauf sie hinauswollten.

»Wir haben keine Religionsschule! Wir haben auch keine Lehrer! Wir haben lediglich ein Projekt, wo wir Jungen etwas Arbeit und zu essen geben«, antwortete ich.

»Nein, nein! Das stimmt nicht. Du musst uns sagen, wie viele Lehrer ihr angestellt habt und wie sie heißen!«

Sie wollten mir einfach nicht glauben.

Es kamen natürlich noch viel mehr Fragen: »Wie viele Projekte habt ihr? Wo befinden sie sich? Wie viele Mitarbeiter sind bei euch beschäftigt? Wie heißen sie? Wo wohnen sie? Wo sind die anderen Amerikaner?«

Ich war auf der Hut und nannte zunächst einmal nur die, von denen ich wusste, dass sie bereits verhaftet worden waren. Die anderen wollte ich schützen. Es ging reichlich hektisch zu bei dieser ersten Befragung.

Da ging plötzlich die Tür auf und Peter Bunch wurde hereingebracht. Glücklich mich zu sehen, wollte er gleich auf mich zueilen, aber er wurde zurückgehalten.

»Ihr dürft nicht miteinander reden!«, befahl man uns grob. Also musste er sich am anderen Ende des Raumes hinhocken und den gleichen Fragebogen ausfüllen wie ich.

Dann bemerkte ich, wie unsere afghanischen Angestellten hereingeführt wurden. Acht konnte ich zählen: unser treuer Projektmanager, Ingenieure, Fahrer, ein Koch und einige Wächter. Sie sahen sehr bedrückt und verängstigt aus. Mir wurde das Herz schwer, denn sie erwartete sicherlich brutale Verhöre. Ich mochte gar nicht daran denken. Sie wurden dann auch gleich an uns vorbei in einen anderen Raum geführt.

...

Als Georg am Sonntag gegen elf Uhr das Haus verließ, um seine Besorgungen zu machen, blieb Marianne mit ihren Söhnen, dem sechzehnjährigen Daniel und vierzehnjährigen Benjamin, zurück und erledigte ihre Hausarbeit. Innerlich war sie jedoch sehr angespannt. Immer wieder fragte sie sich, ob die Taliban kommen und auch noch ihr Haus durchsuchen würden.

Gegen Mittag hörte sie dann in ihrem Funkgerät die Warnung von Diana und dachte erschrocken:»Jetzt hat es die nächsten zwei erwischt!«

Wo steckte nur Georg? Er war über sein Funkgerät einfach nicht zu erreichen. Ob die Taliban auch ihn geschnappt hatten? Die Ungewissheit und Angst um ihn machte sie unruhig. Sie fragte herum, doch niemand konnte ihr Auskunft geben.

Da stand plötzlich Georgs langjähriger afghanischer Freund vor der Haustür, der einen einflussreichen Posten im Ministerium innehatte, und sagte:»Marianne, ich habe gar keine gute Nachricht für dich. Sie haben jetzt auch Georg verhaftet!«

Obwohl Marianne mit dieser Nachricht bereits gerechnet hatte, war sie sehr von ihr erschüttert.

»Achmed Schah, ich packe noch schnell eine Tasche mit ein paar Sachen. Könntest du dafür sorgen, dass Georg sie bekommt? Er hat ja nur das, was er auf dem Leibe trägt«, bat sie ihn.

Der afghanische Freund willigte gern ein und war froh, Georg einen Dienst tun zu können.

Kurze Zeit später kamen einige der anderen Mitarbeiter von Shelter Now vorbei. Sie trösteten Marianne und beschäftigten sich mit den Kindern, um sie abzulenken. Weil Marianne das Schlimmste befürchtete, vernichtete sie schon einmal einiges an Material, was in den Augen der Religions- und Sittenpolizei als anstößig gelten konnte, und versteckte andere Dinge im Garten, die ihr persönlich sehr wertvoll waren, darunter Photos, Urlaubserinnerungen und lieb gewonnene Musik-CDs.

Gegen Abend kam Georgs afghanischer Freund erneut vorbei. Er wirkte zutiefst erschüttert und meinte:»Marianne, die Sache ist absolut gefährlich. Du kannst nicht in diesem Haus bleiben. Du musst weg. Ich habe erfahren, dass der Befehl, eure Leute zu verhaften, von ganz oben kommt, sicher von Mullah Mohammed Omar selbst. Komm erst einmal mit zu mir nach Hause. Ich werde dich beschützen. Du kannst bei meiner Frau bleiben und meinen kleinen Sohn hast du doch ohnehin noch nicht gesehen. Sei einfach unser Gast!«

Da Marianne erst einmal packen musste und mit den verbleibenden ausländischen Mitarbeitern noch einiges zu regeln hatte, bedankte sie sich für seine freundliche Einladung und bat ihn, später nachkommen zu dürfen. Er verabschiedete sich und Marianne ging zu den Kindern ins Wohnzimmer.

»Kommt mal her und setzt euch hin«, sagte sie zu ihren beiden Jungen und den Freunden, die gerade bei ihnen waren. »Die Sache ist bitterernst. Wir können hier nicht mehr schlafen und müssen morgen ganz in der Frühe Kabul verlassen.«

Dann telefonierte sie mit der noch übrig gebliebenen Mitarbeiterschar. Sie machten vier Uhr als Abfahrtszeit aus und einigten sich, dass aus Platzgründen jede Person nur einen Koffer mitnehmen dürfe.

Was packte man da nur hinein? Es gab viel zu viel, was ihnen wichtig und wertvoll war. Ein Koffer der Jungen war allein mit deren Schulbüchern gefüllt und der andere blieb für ihre persönlichen Sachen. Es fiel ihnen unglaublich schwer, sich von ihrem geliebtem Sammelsurium zu trennen. Wer weiß, was sie davon noch einmal wieder sehen würden? Trotz allem Platzmangel erlaubte die Mutter ihnen jedoch, ihre geliebten Meerschweinchen mitzunehmen.

Richtige Angst hatte Marianne nicht, denn sie hatte an Georgs Seite schon genügend Krisen erlebt, um auch in dieser Situation einen kühlen Kopf bewahren zu können. Aber dass er im Gefängnis war und sie einfach nicht wusste, wie es ihm ging, zerriss sie förmlich.

Am frühen Morgen fuhren sie mit zwei Wagen in Richtung Pakistan. Acht Erwachsene und acht Kinder. Die Fahrtzeit bis zur Grenze würde etwa acht Stunden dauern. Damit verließen die letzten ausländischen Mitarbeiter von Shelter Now Kabul.

Unterwegs, als sie gerade bei einer öffentlichen Toilette anhielten, erspähte Marianne ein ihr bekanntes Gesicht. Der Afghane kam auch gleich auf sie zu und fragte: »Wusstest du schon, dass von euch bereits 24 Leute eingesperrt sind?«

»Was? So viele? Ich weiß nur von acht.«

Schnell erläuterte er ihr, dass er gerade im Sender »Radio Scharia« gehört hätte, dass außerdem noch sechzehn ihrer afghanischen Angestellten verhaftet worden wären. Sich vorsichtig umschauend, sagte er: »Seht bloß zu, dass ihr wegkommt. Dass euch hier ja keiner erkennt!«

Daraufhin fuhren sie zügig und ohne weiteren Zwischenstopp zur Grenze. Da gerade Mittagspause war, als sie dort ankamen, ließen sich die Grenzposten auf der afghanischen Seite nicht groß beim Essen stören und stempelten die Pässe ab, ohne sie sich genauer anzuschauen.

Die Prozedur an der pakistanischen Seite war da schon komplizierter. Normalerweise musste man das Auto verlassen, alles Gepäck auf einen Karren laden, zu Fuß zum pakistanischen Einreisebüro gehen und viele Formalitäten erledigen. Doch an diesem Tag ging alles ganz schnell. Es gab nur ein Problem: Die amerikanische Familie hatte keine gültigen Visa.

Der zuständige Beamte gab sich zunächst zugeknöpft: »Da müsst ihr zurück nach Kabul und neue beantragen!«

Marianne redete jedoch mit Engelszungen auf ihn ein und als sie sich schließlich als Georgs Frau zu erkennen gab, war der Beamte wie verwandelt und rief: »Ach, unser Mr. George!«

Georg Taubmann war einfach bei vielen Menschen in beiden Ländern beliebt und geschätzt, weshalb er bei seinen vielen Grenzübergängen immer bevorzugt behandelt wurde. Deshalb waren dann auch schnell die nötigen Visa ausgestellt und die Gruppe befand sich sicher auf der pakistanischen Seite. Ein Taxi brachte sie von dort aus schließlich nach Peschawar, wo sie die Shelter Now-Mitarbeiter des dortigen Teams erleichtert in die Arme schlossen.

····

In Peschawar erfuhr Marianne von den Verwandten einer ihrer afghanischen Haushüter, dass ihr Haus in Kabul noch am gleichen Tag von den Taliban ausgeraubt worden war.

Eine mit Taubmanns befreundete Krankenschwester, die später nach der Befreiung Kabuls dessen Haus aufgesucht hatte, um dort womöglich noch Wertgegenstände zu sichern, berichtete, dass die meisten Fensterscheiben zerbrochen gewesen seien und Soldaten der Nordallianz in ihren Räumen gehaust hatten. Sie war so erschüttert über die Plünderung und den Vandalismus, den sie dort vorgefunden hatte, dass sie sich erst einmal auf die Eingangsstufen gesetzt und geweint hatte. Schließlich hatte sie dort viele schöne Stunden mit der Familie Taubmann verlebt!

Ähnlich schlimm sah es in den Häusern der anderen Shelter Now-Entwicklungshelfer aus. Jetzt stehen diese Familie und die anderen Mitarbeiter ohne alles da. Keine Kleidung, Möbel, Küchen- und Bürogeräte mehr zu besitzen, tut weh. Am meisten jedoch schmerzt der Verlust der persönlichen Dinge, die ein Leben lang liebevoll gehütet werden:

Bücher, CDs, Photos, Geburtstagsfilme, gesammelte Muscheln und Mineralien der Kinder, Briefe und persönliche Aufzeichnungen, alle im Computer gespeicherten Notizen und Dateien.

Möbel und Küchengeräte kann man ersetzen, persönliche Dinge aber bleiben für immer ein schmerzhafter Verlust.

# Hinter Gefängnismauern

Georg und Peter wurden für die ersten Tage ihrer Gefangenschaft in ein Gefängnis der Religions- und Sittenpolizei eingesperrt. Nach fünf Tagen untätigen Wartens wurde Georg zu ersten Verhören in eine andere Gefängnisanlage verlegt, der ein Frauengefängnis, ein Kinder- und Jugendgefängnis und eine Madrassa angegliedert waren. Drei Tage später folgte ihm Peter und fortan verbrachten sie ihre Zeit gemeinsam in einer Zelle des Männergefängnisses. Ihnen war jedoch nicht mitgeteilt worden, dass die sechs Mitarbeiterinnen von Shelter Now gleich nebenan in dem Frauengefängnis inhaftiert waren.

Die ersten drei Wochen vegetierten die beiden Männer in einer kleinen Zelle in Isolationshaft vor sich hin. Sie durften keine Post empfangen und konnten keine Briefe versenden. Und sie wussten von nichts, was draußen geschah.

GEORG TAUBMANN: Als die Taliban uns am Sonntagnachmittag in die Zelle des Gefängnisses der Religions- und Sittenpolizei führten, waren wir erst einmal geschockt. Ich war bis dahin noch nie in einem Gefängnis gewesen. So etwas kannte ich nur vom Hörensagen. Wir waren in einem kleinen Raum mit den Maßen von etwa 2,5 x 3 Metern eingesperrt. Da gab es keinen Stuhl, keinen Schrank, nur zwei dünne, verdreckte Matratzen auf dem Boden. Wir hatten kein Kissen, keine Decken, nur die Kleidung, die wir auf dem Leib hatten.

Dort angekommen hockten wir uns erst einmal hin und waren eine ganze Weile stumm. Wir saßen da und konnten es einfach nicht begreifen. Die Verhaftungen hatten uns getroffen wie ein Schlag.

Es war heiß in dem Gefängnis, die Luft roch stickig nach Essensresten und wahre Heerscharen von Fliegen surrten um uns herum.

Nach einer Weile stand ich auf und versuchte mich in dem Halbdunkel zu orientieren. An der Decke hing eine nackte Glühbirne, die ein spärliches Licht von sich gab. An der Seite gegenüber der Tür befanden sich Fenster, doch die zeigten zur Küche, in der für die Taliban gekocht wurde. Daher also der eklige Küchengeruch und der ständige Lärm. In der Zelle gab es außerdem noch eine zweite, kleinere Fensterluke, die mit einem Stück Stoff verhangen war. Dieser wurde immer mal wieder zur Seite gezogen und ein neugieriger Talib starrte uns finster an.

Die Wände hatten Löcher, der Fußboden war mit Dreck übersät. Ich bekam ziemliche Angst vor dem Ungeziefer, denn es war durchaus möglich, dass es dort auch Schlangen oder Skorpione gab. Die Matratzen waren jedenfalls mit Bettwanzen verseucht, die den armen Peter recht bald überfielen. Er lief von da an nur noch mit Schwellungen am ganzen Körper herum.

Es ist wirklich schrecklich, gefangen zu sein. Man sitzt oder liegt, geht ein paar Schritte hin und her und kann nichts tun. Noch nicht einmal richtig schlafen kann man bei dem ewigen Lärm aus der Küche und dem ständigen Beobachtetwerden.

Und dann wanderten meine Gedanken immer wieder zu meinem Team. Wer war eigentlich alles verhaftet worden? Von Heather und Dayna und einigen afghanischen Angestellten wusste ich es, aber wer noch? Wie viele waren es? Wie mochte es ihnen gehen?

Und was war mit meiner Frau Marianne und meinen beiden Jungen? Hatten die Taliban unser Haus durchsucht? Waren Marianne und die Kinder etwa auch eingesperrt? Die Sorgen waren nicht auszuhalten!

Gut, dass Peter bei mir war, dass ich nicht alleine sein musste. Das war ein echter Trost. Gemeinsam schütteten wir unser Herz vor Gott aus, was so ähnlich klang, wie man es aus den Klagepsalmen in der Bibel kennt.

· · ·

Die sechs Mitarbeiterinnen von Shelter Now wurden nach ihrer Verhaftung sofort in den Frauentrakt der Umerziehungsanstalt gebracht. Dort lebten sie mit etwa 30 afghanischen Frauen zusammen in einem kleinen Hof mit hohen Mauern. Ihnen stand eine winzige Kammer zur Verfügung, in der es allerdings so eng war, dass Silke Dürrkopf und Kati

Jelinek es vorzogen, wie viele der afghanischen Frauen draußen zu schlafen. Das angenehme Wetter im August und September ließ dies auch ohne weiteres zu.

In der ersten Woche durften die beiden Amerikanerinnen Heather Mercer und Dayna Curry wegen ihrer Verhöre keinen Kontakt zu den anderen vier Frauen haben. Doch anschließend entwickelten die sechs eine gewisse Alltagsroutine und achteten auch auf ihre Selbstdisziplin, damit sie nicht in Versuchung kamen, sich gehen zu lassen. Die ständige Hoffnung, bald entlassen zu werden, wurde arg strapaziert. Insgesamt sechs Wochen mussten sie es in diesem Gefängnis aushalten.

• • •

SILKE DÜRRKOPF: Ich habe noch genau vor Augen, wie Kati und ich ins Frauengefängnis geführt wurden.

Es war eine ganz eigenartige Anlage. Durch ein kleines Tor ging es erst in einen Innenhof. Dann kletterten wir durch die Öffnung in einer Mauer und standen plötzlich vor einem riesigen Gebäude – in dessen Fenstern ungefähr 20 neugierige Jungengesichter klebten.

Das war eine Madrassa, die Koranschule der Religions- und Sittenpolizei, und gleichzeitig eine Umerziehungsanstalt für unwillige Gläubige. Später erfuhren wir, dass dort etwa 1.500 Jungen und junge Männer untergebracht waren.

Wir stolperten an diesem Gebäude einen schmalen Gang entlang, traten durch eine kleine Holztür und befanden uns in einem kleinen Innenhof von etwa 10 x 16 Metern. Dort waren wir im Nu von etwa 30 meist jungen Frauen umgeben. Ich fragte mich, wo wir wohl hingeraten waren.

Am hinteren Ende des Hofes führten zwei Stufen zu einem Steinpodest. An dessen Seite befand sich eine Wand mit einem Fensterdurchbruch. Grobe Steinstufen führten hinauf und auf der anderen Seite wieder hinunter zu einer Art Toilette. Wie sich herausstellen sollte, wurde der Gang dorthin besonders im Dunkeln zu einem rutschigen Abenteuer.

Es gab zwei Räume, die an den Hof grenzten: einen mit etwa 20 m², in dem die 30 einheimischen Frauen ihre Sachen hatten, und einen kleinen mit etwa 10 m², der für uns Ausländer vorgesehen war, wie ich bald erfuhr.

An der Türseite befand sich ein Wasserhahn für alle und in der Mitte stand ein riesengroßer Baum, der angenehmen Schatten spendete.

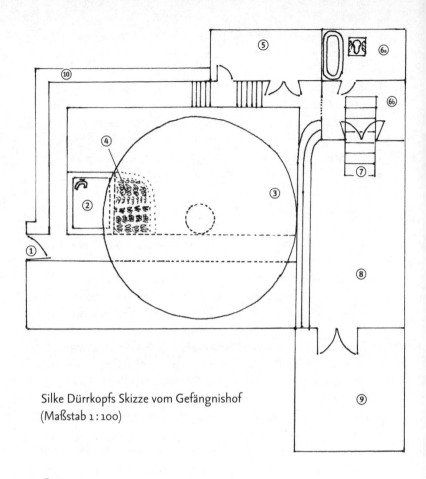

Silke Dürrkopfs Skizze vom Gefängnishof
(Maßstab 1 : 100)

① Eingang
② Wasserhahn
③ Baum
④ Garten mit Tomaten, Blumen, Kürbis
⑤ Unser Raum (ca. 10 m²)
⑥a Toilettenraum
⑥b Vorraum
⑦ Betontreppe, Eingang durchs Fenster
⑧ Terrasse
⑨ Raum der inhaftierten afghanischen Frauen (ca. 20 m²)
⑩ Hohe Mauer

Silke Dürrkopf und Kati Jelinek waren in die Obhut einer älteren Frau gegeben worden, die die Aufseherin des Frauengefängnisses war. Nach einer kurzen Weile in diesem Frauentrakt erblickten sie auf einmal Dayna Curry und Heather Mercer, wie sie vor ihrer kleinen Kammer standen. Überwältigt von Freude eilten die beiden auf sie zu und um-armten sie stürmisch. Gerührt von der Begrüßungsszene ließ die Aufse-herin sie für einige Minuten gewähren, trennte sie dann aber schnell, weil sie die Order hatte, die Gefangenen nicht miteinander reden zu las-sen, bis die noch anstehenden Verhöre beendet waren.

Einige der inhaftierten afghanischen Frauen breiteten eine Decke unter dem Baum im Innenhof aus, legten ein paar Kissen darauf und servierten Silke und Kati Tee. Sie trugen Shalwar Kamies in bunten Far-ben und hatten Plastiklatschen an den Füßen. Viele hatten ihre schwar-zen oder rötlichen Haare hoch gesteckt oder als Zopf geflochten. Einige waren ausgesprochen hübsch und manche noch im Teenageralter. An die 30 Frauen drängten sich um sie herum und beobachteten neugierig jede ihrer Bewegungen. Das waren sie nun wirklich nicht gewohnt und kamen sich deshalb vor wie in einem Zoo.

Sie hatten gerade die ersten Schlucke von ihrem Tee getrunken, da ging erneut die Holzpforte auf und Margrit Stebner und Diana Thomas wurden hereingeführt. Trotz aller gerade erst überstandenen Widrigkei-ten gab es ein großes Hallo und auch die beiden Neuankömmlinge durf-ten Heather und Dayna kurz begrüßen. Dann wurden die vier wieder von den beiden Amerikanerinnen getrennt und unter den Baum ver-frachtet, wo sie den inzwischen kalt gewordenen Tee tranken.

Da es ihnen nicht erlaubt war, mit Heather und Dayna zusammen zu sein, wurden die drei Deutschen und eine Australierin für die Nacht in ein anderes Gebäude geführt. Auch die ihnen dort zugewiesene Zelle war winzig klein, knappe 10 m², mit einem schmutzigen Teppich auf dem Boden. Die Luft darin war sehr schlecht. Sie hatten nichts, was sie als Laken über die verdreckten Matratzen hätten breiten können, und mussten sich in ihrer Kleidung schlafen legen. Die Verhaftung war so plötzlich geschehen, dass sie überhaupt nichts hatten mitnehmen kön-nen. Silke fühlte sich bald von der Enge bedroht, fing an, nach Luft zu schnappen und bekam plötzlich Platzangst. Sie drohte zusammenzu-klappen. Kati griff ihr schnell unter die Arme und brachte sie vor die Tür, wo Silke langsam wieder Luft bekam. Der Wächter wollte sie jedoch zurück in den Raum treiben und weil Silke dazu nicht zu bewegen war, drohte er ihr mit seiner Peitsche.

»Meine Freundin kann es da drin wirklich nicht aushalten«, erklärte Kati mit ihrem besten Dari den Wärtern die Situation. »Sie hat Platzangst. Das ist so etwas wie eine Krankheit. Bringt uns woanders hin. Wir schlafen auch im Hof.«

Der herbeigerufene Chef des Gefängnisses ließ sich glücklicherweise dazu erweichen und künftig schliefen Silke und Kati, wie auch die meisten afghanischen Frauen, auf einer Matte im Gefängnishof.

· · ·

Die erste Nacht der beiden Männer war kurz – Georg döste in der fremden Umgebung mehr vor sich hin, als dass er schlafen konnte. Da hatte es Peter schon besser: Er konnte immer und überall fest schlafen.

Kurz vor 4 Uhr morgens schlurften bereits die ersten Taliban zu ihrer zeremoniellen Waschung an ihrer Zelle vorbei zur Toilette, denn um Punkt vier erscholl der Gebetsruf des Mullah. Anschließend an dieses erste Morgengebet wurden sie dann von weiteren religiösen Gesängen aus der Madrassa wach gehalten. Darüber hinaus roch und lärmte es aus der Küche und hin und wieder begaffte sie ein Talib durch das Fenster. Gegen 7 Uhr bekamen sie dann ihr Frühstück: Naan, ein Fladenbrot, und grünen Tee.

Am Vormittag wurde plötzlich die Tür aufgestoßen und Gul Khan von einem der Wächter hineingeschubst. Ihr treuer Projektleiter sah erbärmlich aus. Gul Khan wagte kaum, Georg anzuschauen und man konnte sehen, dass er übel behandelt worden war. Er war geschickt worden, um einen Schlüssel vom Shelter-Büro zu holen. Damit er keinen weiteren Ärger bekam, gab Georg ihn widerstandslos dem Wärter. Offensichtlich waren die Taliban mit dem Durchsuchen ihrer Räumlichkeiten noch nicht fertig.

Im Fortgehen hinterließen die Wärter ihnen jedoch so ganz nebenbei die Tasche, die Marianne Taubmann ihnen hatte schicken lassen.

· · ·

GEORG TAUBMANN: Das war eine Überraschung. Schnell packte ich die Tasche aus: einen zweiten Shalwar Kamies, ein Handtuch, Waschlappen, Seife und Schmerz- sowie Schlaftabletten. Der größte Schatz war eine Tafel Schokolade. Die legte ich erst einmal zur Seite. Wer wusste, wofür die noch einmal gut sein würde?

Die Erinnerung an meine Lieben, die Sorge und die Ungewissheit um ihr Wohlbefinden überwältigten mich. Peter bemühte sich, mich zu trösten. Wie zufällig griff ich in die weite Tasche des Shalwar Kamies – und fand einen klein zusammengefalteten Zettel, auf dem stand:

Lieber Georg, ich bin in der Obhut guter Leute und wir fahren nach Pakistan.

Gerührt und erleichtert hielt ich diesen Zettel in meinen Händen und stammelte nur: »Danke, Jesus, danke, Jesus!«

• • • •

In den nächsten Tagen verweigerte Georg jegliche Nahrung. Er ließ sich lediglich von einem Wärter abgefülltes Wasser aus dem Bazar kommen. Ein wenig Geld dafür hatte er glücklicherweise noch bei sich.

»Mr. George, warum isst du nichts?«, wurde er immer wieder gefragt.

Als Antwort darauf beschwerte sich Georg jedes Mal lautstark: »Dies ist ein menschenunwürdiger Ort. Bringt uns woanders hin. Der Küchengestank, die Hitze, der Lärm, die Dunkelheit – das ist nicht zum Aushalten! Und überhaupt: Warum sind wir eigentlich hier? Wir haben nichts verbrochen. Lasst uns endlich frei!«

Offensichtlich beschwerte er sich jedoch bei den falschen Leuten. Denn fast eine Woche lang änderte sich an diesem erbärmlichen Zustand nichts.

• • • •

MARGRIT STEBNER: Zuerst dachte ich, wir würden lediglich für ein paar Tage eingesperrt werden und dann wieder freikommen. Im schlimmsten Fall aus dem Land gewiesen werden. Wie man das bei Ausländern, die dem Regime nicht passen, halt so macht. Mir selbst konnte man ja überhaupt nichts anlasten. Ich hatte lediglich im Büro von Shelter Now gearbeitet. Diese Ungerechtigkeit und dieses Ausgeliefertsein empörten mich. Auch die Isolation! Hier gab es keinen, bei dem man sich beschweren konnte. Keiner sagte einem, warum wir dort waren. Plötzlich waren wir herausgerissen aus unserem normalen Leben und eingesperrt mit nicht mehr als dem, was wir auf dem Leib trugen.

Aus Solidarität zu den gefangenen afghanischen Frauen, die wir immer mehr schätzen lernten, hielten wir uns an die einfache Gefängniskost.

Morgens gab es Naan (Fladenbrot) mit grünem Tee, mittags und abends Gemüse, meistens Kürbis, Bohnen oder Auberginen, manchmal auch Kartoffeln oder Reis. Natürlich immer nur eine Sorte. Ab und zu gab es auch »dog food« (Hundefutter), wie wir es nannten. Das waren überwiegend Knochen und Fett in Wasser aufgekocht. In dieser fetten, farblosen und ungewürzten Brühe fand sich für sechs Personen vielleicht ein kleines Häufchen mit Fleischfetzen. Dazu gab es zum Sattwerden glücklicherweise noch einmal Brot.

Das Essen kam in Blechnäpfen, für zwei bis drei Leute einen Napf, der gerade mal zwei Fingerbreit gefüllt war. Das war wirklich nicht viel und die Mahlzeiten wurden mit der Zeit immer weniger. Die Regelung in afghanischen Gefängnissen ist so, dass eigentlich die Familien für ausreichendes Essen zuständig sind, das heißt, die Familienangehörigen bringen ihren Leuten zusätzlich etwas zu essen – sofern sie es überhaupt vermögen. Ganz arm sind die dran, die keine Verwandten mehr haben.

Wir haben uns den afghanischen Gefangenen angepasst und uns von einem der Wärter im Bazar die Dinge einkaufen lassen, die die Frauen von ihren Verwandten bekamen: Tomaten, Gurken und Möhren. Darüber hinaus gefiltertes Wasser und Medikamente. Natürlich versuchten wir den Ärmsten unter den Gefangenen etwas zuzustecken, was nicht immer erlaubt wurde.

* * *

KATI JELINEK: Am vierten Tag nach unserer Gefangennahme durften wir auf unser starkes Drängen hin noch einmal zu unseren Häusern. Wir besaßen ja nicht mehr als das, was wir anhatten.

Als ich in unser Haus kam, war ich völlig entsetzt, dass meine schöne Fotowand mit all meinen Erinnerungsbildern heruntergerissen worden war und die Bilder in kleinen Schnipseln auf dem Boden verstreut lagen. Auch einige andere Sachen fehlten. Da fuhr ich die Taliban-Wächter aber so richtig an. Die machten sich jedoch nur lustig über mich und drängten mich zur Eile.

Und ich muss sagen, es ist wirklich ein blödes Gefühl, wenn man sich seine Unterwäsche zusammensucht und derweil zehn Männer mit Kalaschnikows um einen herumstehen. Das machte mich ganz konfus, weshalb ich dann natürlich auch die Hälfte vergaß. Außerdem dachte ich: »Das muss ja eh nur für ein paar Tage reichen.«

...

SILKE DÜRRKOPF: Die Wächter passten auf, was wir einpacken wollten, und erlaubten uns dabei nicht alles mitzunehmen. Zum Beispiel durfte nicht jede ihre Bibel mitnehmen. Und an Kartenspielen und Büchern erlaubten sie fast gar nichts.

»Ihr braucht nicht so viel. Bald seid ihr wieder frei«, behaupteten sie.

Ich packte schnell zwei Garnituren Shalwar Kamies ein, meine Brille, ein paar Bücher, Medikamente, Seife und Shampoo. Damit musste ich dann drei Monate auskommen. Bis auf die Sachen, die wir später von der deutschen Botschaft bekamen.

Unser Tagesablauf im Gefängnis spielte sich relativ schnell ein. Für Moslems beginnt der Tag ja um 4 Uhr morgens. Direkt auf dem Grundstück gab es ein Minarett und der Mullah sang sehr laut durch Lautsprecher verstärkt direkt von seinem Turm herab. Selbst mit drei Decken über dem Kopf konnte man beim besten Willen nicht weiterschlafen. Gleichzeitig fingen auch die afghanischen Frauen an, sich zu waschen und zu beten und den Hof zu fegen. Da Kati und ich draußen schliefen, mussten wir aufpassen, dass wir nicht mit weggefegt wurden. An Schlaf war also nicht mehr zu denken.

So kam es dann, dass wir bereits kurz nach 6 Uhr »geduscht« haben. Das hört sich gut an, war aber nur eine Gießkanne mit kaltem Wasser, die wir gegenseitig über uns ausgossen.

Gegen 7 Uhr kam das Frühstück, Fladenbrot und Tee und von 7:30 Uhr bis Mittag hatten die afghanischen Frauen in ihrem Raum an der einen Seite des Hofes ihre Unterweisung. Sie waren ja schließlich in einer Umerziehungsanstalt und bekamen dort strengen Islamunterricht.

Das war die einzige Zeit am Tag, in der wir etwas Ruhe hatten. Denn mit knapp 40 Frauen gemeinsam in dem kleinen Hof war immer etwas los. Während dieser kostbaren ruhigen Stunden verteilten wir uns in den Ecken des Hofes. Die eine las oder schrieb, die andere dachte nach und betete, wieder eine andere sang leise vor sich hin, denn drei von uns komponierten während der Gefangenschaft einige Lieder und brachten sie den anderen bei.

Jeden Morgen gegen 9:30 Uhr setzten wir uns zusammen, erzählten einander, wie uns zu Mute war, lasen aus der Bibel vor, beteten und sprachen uns gegenseitig Mut zu. Das dauerte meistens, bis die afghanischen Gefangenen mittags wieder auftauchten.

Der Nachmittag verlief in der Regel recht ruhig. Denn im August und September war es in Kabul noch ziemlich heiß. Die meisten dösten im Schatten vor sich hin. Ab 17 Uhr kam dann langsam wieder Leben in den kleinen Gefängnishof. Einige der Gefangenen »duschten«, behandelten ihre Haare mit irgendwelchen Lehmsorten, fingen wieder an zu fegen (das war eine der Hauptbeschäftigungen) und breiteten ihre Matratzen für die Nacht aus. Das Abendessen kam sehr unregelmäßig, mal etwas früher und mal sehr spät.

Wenn es dunkel wurde, und das war im August gegen 19 Uhr, legten sich die meisten zum Schlafen hin. Was sollte man auch anderes tun, gab es weit und breit doch nur eine Glühbirne, die schwach vom Baum herableuchtete. Meistens war das Licht im Bad defekt und dann wurde der nächtliche Toilettengang zu einem gefährlichen Abenteuer. Die Betonstufen zu dem Fensterdurchbruch waren steil und unregelmäßig, man musste den Kopf gewaltig einziehen, um durch den Durchgang zu kommen und der Abstieg war genauso gefährlich. Da man im Dunkeln das Loch im Boden nun einmal nicht besonders gut treffen kann, lag auch so manch ein Häufchen daneben, in das man schnell hineintreten konnte.

···

KATI JELINEK: Wir konnten die mit uns inhaftierten afghanischen Frauen bald besser kennen und schätzen lernen. Und auch sie fassten zunehmend Vertrauen zu uns. Vielleicht auch weil wir uns sehr bemühten, uns ihrer Kultur anzupassen. Deshalb trugen wir eigentlich immer den Tschador. Und den beim Abwaschen nicht zu verlieren, ist schon eine Leistung!

Die Frauen waren außerdem extrem hilfsbereit. Zum Beispiel wollten sie uns das Wäschewaschen abnehmen. Doch ich wehrte mich und bat sie, mir stattdessen zu zeigen, wie sie es machten! Also haben sie uns gezeigt, wie man die Wäschestücke richtig reibt und möglichst gut ausschlägt, so-dass sie keine Falten schlagen.

Da ich etwas Paschtu und Dari kann, konnte ich mich mit ihnen ausführlich unterhalten und sie fragen, warum sie eigentlich eingesperrt waren.

Wenige Tage vor der Gefangennahme – noch kann Georg Taubmann ungehindert seiner Arbeit nachgehen

Die Shelter Now-Entwicklungshelfer vor dem Obersten Gericht

Georg Taubmann nutzt die Gelegenheit, der Presse zu sagen, dass es den Gefangenen gut geht

Reuters

Die verheerenden sanitären Anlagen im Kabuler Gefängnis

Georg Taubmann und einer seiner Mithäftlinge

Georg Taubmann und Peter Bunch in ihrer Zelle

Auf abenteuerliche Weise wurde im Gefängnis Tee zubereitet

Die sechs Frauen von Shelter Now im Gefän[gnis] unter dem traditionellen Schleier – Burka gen[annt]

Die sechs Frauen von Shelter Now im Gefängnis mit zurückgeschlagener Burka

Silke Dürrkopf auf ihrer Matratze im Frauengefängnis

Die Bilder auf diesen beiden Seiten stammen von einer ins Gefängnis geschmuggelten Kamera

Ein Übersee-Container, wie er während des Bürgerkriegs häufig als Gefängnis und Hinrichtungsort genutzt wurde

Die acht Geiseln nach ihrer Befreiung aus dem Gefängnis in Ghasni

Im Büro des Internationalen Roten Kreuzes in Ghasni

Georg und Marianne Taubmann schließen sich auf dem Frankfurter Flughafen nach über drei Monaten wieder in die Arme

Die acht Geiseln nach ihrer Rettung. V. l. n. r.: Peter Bunch, Dayna Curry, Margrit Stebner, Georg Taubmann, Heather Mercer, Silke Dürrkopf, Katrin Jelinek und Diana Thomas

Die drei deutschen Shelter Now-Mitarbeiterinnen beim Empfar des Bürgermeisters ihrer Heimatstadt Braunschweig

Eine Frau war dort, weil sie das Haustor geöffnet hatte, ohne ihre Burka vorschriftsmäßig übergeworfen zu haben.

Da war ein zwölfjähriges verheiratetes Mädchen, das von ihrem Mann weggelaufen war, weil er sie geschlagen hatte. Es waren eigentlich eine ganze Reihe von Frauen dort, die vor ihren gewalttätigen Männern weggelaufen waren. Uns wurde erzählt, dass viele Teenagermädchen dort waren, weil sie keinen Talib hatten heiraten wollen oder deren Familie das Hochzeitsgeld nicht hatte aufbringen können.

In der Regel lief die Brautschau so ab: Wenn ein Talib ein Auge auf ein junges Mädchen geworfen hatte (es gab ja durch den Schleier nicht viel von ihr zu sehen) und sie heiraten wollte, dann stellte er der Familie ein Ultimatum: Entweder die Tochter oder Geld als Entschädigung. Das war dann meistens eine astronomische Summe, die die Familie niemals aufbringen konnte. Klappte es nicht so, wie der Talib es forderte, kam das Mädchen in die Umerziehungsanstalt.

Eine der Frauen kannten wir bereits, weil sie öfter bei uns vorbeigekommen war und uns heimlich sehr hübsche Stickereien verkauft hatte. Für ihren Mann gehörte es sich nicht, uns etwas zu verkaufen und auch nicht, dass nur wir Frauen das Haus bewohnten. Ihr als Frau war ohnehin jeglicher Handel verboten. Leider war sie wieder bei uns vorbeigegangen, als wir bereits verhaftet worden waren, und war dort von den Taliban geschnappt und in diese Anstalt gesteckt worden. Das Drama an der ganzen Sache war, dass sie zu Hause eine kleine zweijährige Tochter hatte und nicht wusste, ob sie versorgt werden würde. Ich setzte mich tüchtig bei den Wärtern für sie ein und zwei Tage später wurde ihre Tochter zu ihr ins Gefängnis gebracht.

Eine andere Frau war mit ihrer Mutter zusammen eingesperrt worden, weil sie auf der Straße Eier verkauft hatten. Sie war völlig verzweifelt, denn ihre beiden kleinen Kinder, zwei und vier Jahre alt, waren ohne Wasser und Essen zu Hause eingeschlossen. Ich habe selten jemanden so klagen hören, wie diese Frau es die ganze Nacht hindurch tat.

Wir haben mit den Wärtern geschimpft, gedroht und gebettelt – und, oh Wunder, sie wurde entlassen und konnte zurück zu ihren Kindern.

Da waren zwei Mädchen – wir kannten sie aus unserem Stadtviertel –, die waren dabei erwischt worden, wie sie als Jungen verkleidet Obst und Gemüse von einem Holzkarren verkauft hatten.

Sie alle befanden sich dort in der Umerziehungsanstalt, um durch körperliche Strafen und strikten Koranunterricht wieder auf moslemischen Kurs gebracht zu werden.

## Die Kriegserklärung der Taliban an die Frauen

Mit der Machtübernahme der Islamisten im April 1992 begann ein neues Kapitel der Frauenunterdrückung in Afghanistan. Die bis dahin relativ fortschrittlichen Frauengesetze wurden aufgehoben. In der so genannten FATWAH (allgemeines Rechtsgutachten gemäß der Scharia) wurde fortan die Bildung und Alphabetisierung von Frauen als Quelle der Verführung und Verworfenheit bezeichnet. Darüber hinaus wurde bestimmt, dass für eine Frau keine Notwendigkeit bestehe, das Haus zum Zweck des Erwerbs von Gegenständen aller Art zu verlassen. Nur unter Einhaltung von 16 Bedingungen, die sich vor allem auf ihre Kleidung und ihr Verhalten beziehen, durfte sie überhaupt aus dem Haus gehen. Zu diesen Bedingungen zählte unter anderem die Genehmigung ihres Mannes und die Begleitung eines männlichen Verwandten; sie durfte außerdem keinen fremden Menschen anschauen und nur aus zwingenden Gründen mit ihm sprechen.

Zudem wurde unter der Herrschaft der Taliban die Fatwah noch verschärft: Frauen durften nur noch mit einem Ganzkörperschleier, der Burka, die Straße betreten. Der Willkür waren keine Grenzen gesetzt.

So wurde eine 18-Jährige, deren Kopfbedeckung angeblich etwas verrutscht war, von einem Taliban-Kämpfer in den Fluss gestoßen, in dem sie ertrank. Und einem Mädchen, das mit rot lackierten Fingernägeln angetroffen worden war, wurde mit der Axt ein Finger der rechten Hand abgehackt.

Frauen wurde außerdem die medizinische Versorgung versagt, was bedeutete, dass sie in den allgemeinen Krankenhäusern nicht behandelt werden durften.

So wurden für Frauen ohne Mann – Witwen oder allein stehende Frauen – die Gebote der Taliban zu einer tödlichen Gefahr, da sie mit ihnen jeder Lebensgrundlage beraubt waren: Sie verfügten über keinerlei Einkommen, keinen Ernährer und durften das Haus nicht einmal zum Einkaufen verlassen. Vielen Frauen drohte deshalb der Hungertod.

MARGRIT STEBNER: Gewalt gehörte im Frauengefängnis zum Alltag. Die Wärterin hatte stets ein Stück Plastikschlauch bei sich, mit dem sie bei Streitereien unter den Mädchen prügelnd dazwischenging. Oftmals haben wir gar nicht mitbekommen, worum es ging, wir haben nur die Schläge gehört und gesehen, wie sie auf sie einschlug.

Ein oder zwei Schläge haben die Mädchen locker weggesteckt. Aber wenn sie dann auf dem Boden zusammengekauert hockten und wir sahen, dass die Frau gar nicht mehr aufhörte zu schlagen, konnten wir es nicht mehr mit ansehen und gingen einfach dazwischen. Meistens hörte sie dann auf. Eigentlich war unsere Wärterin keine gewalttätige Frau, aber Schlagen und Prügeln gehörte in dieser Kultur offensichtlich zum Leben der Frauen.

Das Schicksal einer dieser Frauen berührte mich ganz besonders. Sie war ungefähr in meinem Alter und mir sehr sympathisch. Sie war hübsch, hatte rötliche Haare und eine sanfte Art. Und sie schien ein bisschen mehr Bildung zu haben als die anderen. Leider konnte sie nur Dari sprechen und ich lediglich Paschtu, aber wir tauschten miteinander viele Blicke aus und bemühten uns, mit Zeichen zu kommunizieren. Ich mochte sie einfach von ihrer Ausstrahlung her und sie wirkte reifer als die jungen Mädchen.

Mehrmals holten die Wärter sie am späten Abend oder auch am Morgen ab. An einem Vormittag sah ich sie mühsam in den Hof humpeln. Anschließend ließ sie sich nur auf ihre Matratze fallen, zog die Decke über den Kopf und blieb den ganzen Tag reglos liegen. Ich erfuhr, dass sie nicht vorschriftsmäßig hatte beten wollen und deswegen grausam mit der Lederpeitsche auf ihre Fußsohlen geschlagen worden war. Die nächsten Tage konnte sie kaum laufen, wirkte ganz apathisch und gebrochen. Sie brauchte eine ganze Woche, um wieder richtig auf die Beine zu kommen.

Für mich war es schrecklich, sie den ganzen Tag dort liegen zu sehen. Es ging mir sehr nahe, diese sanfte, sympathische Frau so zerbrochen zu erleben.

...

KATI JELINEK: In der Anfangszeit durften wir uns noch mit den afghanischen Frauen zusammensetzen, mit ihnen plaudern und Tee trinken. Später wurde ihnen der Kontakt mit uns verboten. Aber je nach Laune der Wärterin gewährte sie ihn doch hin und wieder.

Afghanische Frauen sind als gastfreundlich und gesellig bekannt. So luden zwei Frauen, die gerade ihren Tee tranken, die vorbeigehende Heather ein, daran teilzunehmen. Heather fragte die Wärterin um Erlaubnis und diese schien nichts dagegen zu haben. Obwohl sie nur gerade mal fünf Minuten zusammengesessen hatten, schnappte sich die Wärterin die zwei Frauen, nachdem Heather sie verlassen hatte, und verprügelte sie in ihrem Raum. Sie hatte währenddessen zwar die Tür mit Matratzen verstopft. Trotzdem mussten wir eine halbe Stunde lang die Schläge und das Geschrei der Frauen mit anhören.

Das war für uns alle eine ganz fürchterliche Erfahrung, vor allem, weil wir uns für diese Bestrafung mitschuldig fühlten.

...

SILKE DÜRRKOPF: Eines Abends stand ich am Wasserhahn, um mir die Zähne zu putzen. Plötzlich spürte ich, dass irgendetwas nicht stimmte. Die Frauen um mich herum waren wie erstarrt und sprachen keinen Ton. Dann hörte ich diese grässlichen Geräusche von der anderen Seite der Mauer: Männergelächter und Peitschenhiebe. Sie grölten, machten Witze – es mussten so an die 50 Männer gewesen sein – und unser oberster Gefängnischef war ganz deutlich unter ihnen zu hören. Sie peitschten gerade zwei junge Männer aus. Ich habe noch nie in meinem Leben Menschen so schreien gehört wie diese beiden. Und so ging es eine ganze Dreiviertelstunde lang! Zum Schluss musste einer der beiden unter dem Hohn der Männer etwas singen. Dieses Verhalten erinnerte mich sehr an die Gestapo. Es wirkte regelrecht dämonisch!

Ich hockte derweil mit den anderen Frauen auf dem Boden und weinte lautlos. Andere standen mit schreckgeweiteten Augen still da. Es war mucksmäuschenstill. Alle litten mit!

Doch trotz aller Entbehrungen und ständigen Gewalt um sie herum zeigten die afghanischen Frauen einen ungebrochenen Lebenswillen. Sie wurden geschunden, aber ihre innere Freiheit konnte ihnen niemand nehmen. Ein Zeichen dafür war, dass sie, obwohl Musik strengstens verboten war, sich ihre Waschschüsseln nahmen, sie umdrehten und mit Fingerkuppen und Handballen darauf trommelten, wie ich es noch nie gesehen habe. Alles geschah natürlich ganz leise und wenn die Wärterin gerade einmal Ausgang hatte.

Diese Frauen hatten ein unglaubliches Rhythmusgefühl. Sie zauberten damit faszinierende Rhythmen herbei. Und wie sie dazu getanzt haben, mit winzig kleinen Schritten, auf eine einzigartige Weise! Und dabei hatte jede Frau ihren ganz individuellen Ausdruck. Das war ihre Art von Widerstand! Ich spürte, die Taliban werden es nie schaffen, die Lebenskräfte dieser tapferen Frauen zu brechen. Ich hatte diese Frauen einfach lieb!

Eine von ihnen war eine besonders begabte Komödiantin. Einmal wickelte sie sich ein Stück Stoff als Turban um den Kopf, malte sich mit dem Ruß eines Kochtopfes einen Bart und zog einen schwarzen Schalwa Kamies über. Damit schlüpfte sie in die Rolle eines Talib und tat alles, was in Afghanistan streng verboten war: Sie filmte die Mädchen mit einer imaginären Filmkamera, »pfiff« ihnen nach, spielte Liebespaar mit Händchenhalten und Küsschen geben. Sie imitierte das ganze ungehobelte Benehmen eines Talib. Alle amüsierten sich köstlich.

· · · ·

Für Georg Taubmann und Peter Bunch verstrichen die ersten Tage im Gefängnis der Religions- und Sittenpolizei voller Ungewissheit, Langeweile und bangem Fragen, wie es wohl weitergehen würde.

Am Freitagmorgen wurde es dann plötzlich hektisch.

»Raus, raus! Nimm deine Sachen und komm mit!«, wurde Georg hastig aus der Zelle gerufen. Es gehörte zur Verunsicherungstaktik der Taliban, die Gefangenen unvorbereitet mit neuen Situationen zu konfrontieren.

Peter blickte Georg irritiert nach und musste alleine zurückbleiben.

»Wo geht es hin? Warum kann Peter nicht mitkommen?«, fragte Georg besorgt.

Ohne ihm etwas zu sagen, führen die Wächter Georg zu seinem ersten Verhör, das vom Vormittag bis spät in die Nacht dauern sollte, in die Umerziehungsanstalt – in der bereits die sechs Frauen inhaftiert waren, doch dies war ihm zu diesem Zeitpunkt noch nicht bewusst. Anschließend machten sich die Männer nicht die Mühe, ihn wieder zurückzufahren. Stattdessen wurde er gleich dort in eine Zelle gesteckt, durfte ein paar Stunden schlafen und am Morgen wurde das Verhör fortgesetzt.

Die neue Zelle, in der Georg die nächsten drei Tage zwischen den Verhören alleine hausen musste, bis endlich auch Peter dorthin verlegt wurde, war genauso klein wie die andere, jedoch ein wenig komfortabler. Sie war nicht ganz so dreckig, es gab weniger Lärm, vor allem keine Küchengerüche. Aber wieder nur zwei dünne Matratzen auf dem Boden und kein einziges Möbelstück. Der Schrank an der Wand gehörte den wachhabenden Wärtern, die deshalb laufend hereinkamen, um sich etwas daraus zu holen. Das Fenster befand sich an der Nordseite und dahinter stand gleich eine Mauer. Sonne bekamen sie also nie zu sehen. Die Tür war nicht verriegelt, so konnten sie eigenständig zur Toilette gehen, die sich neben ihrer Zelle befand. Nur im Gang saß natürlich ständig eine Wache.

Die Beamten, insgesamt vier bis fünf Männer, lösten sich beim Verhör ab. Zwei von ihnen waren offensichtlich für diese Tätigkeit etwas ausgebildet worden. Einer von ihnen, der besonders aggressiv war, bekam von den Gefangenen später den Spitznamen »long nose« verpasst. Ab und zu, wenn es um religiöse Dinge ging, kam zu den Verhören außerdem der Mullah der angrenzenden Madrassa hinzu.

Durch die verschiedenen Sprachen und die komplizierte Prozedur verliefen die Verhöre sehr langatmig. Zunächst schrieb ein Übersetzer die Frage des Beamten auf Englisch auf. Darauf antwortete Georg in Englisch, was wiederum mündlich in Paschtu übersetzt wurde. Anschließend musste Georg seine Antwort selbst in Englisch aufschreiben und sie mit Datum versehen unterzeichnen.

* * *

GEORG TAUBMANN: Dieses Unterschreiben war für mich das Kritische! Die Verhandlungen erforderten von mir eine Wahnsinnskonzentration, denn ich musste sehr aufpassen, was ich antwortete, vor allem bei Wiederholungsfragen. Ständig versuchten sie bei ihren Beschuldigungen falsche Geständnisse aus mir herauszuquetschen. Ich war nach jeder Frage-und-

Antwort-Prozedur total ausgelaugt und erschöpft. Je länger so eine Verhandlung dauerte – einmal ganze sechzehn Stunden an einem Stück –, umso schwieriger wurde es für mich, bei der Sache zu bleiben.

Zu Beginn gaben sich die Beamten einigermaßen freundlich, aber ihre Stimmung und Fragetechnik konnte schnell umschlagen. Manche Verhöre waren sehr aggressiv und bedrohlich. Ich war ihnen total ausgeliefert. Geschlagen wurde ich zwar nicht, aber oftmals verbal fertig gemacht.

Zu Beginn der Verhöre ging es im Wesentlichen um die Hilfsorganisation: Welche Projekte wir betrieben. Wie viele ausländische Mitarbeiter wir hatten. Wie viel Afghanen beschäftigt waren. Sie wollten genau wissen, wo unsere Häuser standen. Wie lange wir die Miete im Voraus gezahlt hätten. Selbst unsere Mietverträge wollten sie sehen.

Georg Taubmann wusste nicht, dass bereits zu diesem Zeitpunkt die Taliban ihre Häuser beschlagnahmt und sie kurze Zeit später wie die Straßenräuber verwüstet und ausgeraubt hatten. Ihre Büroeinrichtung und Computer sowie ihr Wagenpark waren in Taliban-Dienste übernommen worden. Und alles, ohne dass sie verhört worden waren, geschweige denn, dass überhaupt schon ein Urteil gesprochen worden war.

Gleichzeitig waren in den verschiedenen Provinzen Afghanistans die von Shelter Now betriebenen Fabriken für Betonfertighäuser zerstört und die afghanischen Arbeiter schikaniert worden.

Die Religions- und Sittenpolizei war sich offensichtlich ziemlich sicher, dass die Gefangenen unter ihrem Druck alles unterschreiben würden, um die einzelnen Besitztümer der Hilfsorganisation annektieren zu können. Sonst hätten sie diesen Vorgriff wohl nicht unternommen.

Ein besonders kritisches Thema war unser Kinderprojekt. Die Taliban behaupteten, wir betrieben dieses Projekt illegal und hätten heimlich eine Madrassa eingerichtet, um Kinder im Christentum zu unterrichten.

Natürlich hatten wir das Projekt mit dem Planungsamt abgesprochen und auch eine Erlaubnis dafür erhalten, nur wollten sich die Angestellten des Planungsamtes nicht mehr daran erinnern, weil sie Angst vor der Religions- und Sittenpolizei hatten. Das entsprechende Schriftstück war interessanterweise verschwunden.

»Und wie viele Lehrer habt ihr angestellt? Wie heißen sie? Wo wohnen sie?«, fragten sie zu jeder Gelegenheit penetrant nach.

»Wir haben nicht illegal gearbeitet, denn wir hatten eine Erlaubnis. Wir haben auch keine Madrassa und keine Lehrer gehabt. Wir haben keine Kinder unterrichtet. Wir haben lediglich Essen an sie ausgeteilt und sie eine Stunde am Tag arbeiten lassen, damit sie sich etwas Geld verdienen können«, wurde ich nicht müde zu antworten.

»Nein, nein, das stimmt nicht! Wir haben Informationen, dass dort christlicher Unterricht gegeben worden ist. Du als Direktor musst doch darüber Bescheid wissen.«

Damit logen sie, dass sich die Balken bogen, und versuchten mich mit allen Mitteln zu einem Geständnis zu bringen.

Ein weiterer Vorwurf war unsere angebliche christliche Missionierung. Die Vorführung der Jesus-Dokumentation war für sie ein willkommener Grund. Bei dieser Verhandlung war natürlich der Mullah der Madrassa mit dabei.

»Als Direktor bist du für alles verantwortlich!«, fuhren sie mich aggressiv an. »In unserem Land ist es eine kriminelle Handlung, so einen Film zu zeigen.«

»Ich kann nicht für alles verantwortlich gemacht werden, was meine Mitarbeiter in ihrer freien Zeit machen«, antwortete ich. »Außerdem wurde dieser Film bereits in vielen moslemischen Ländern öffentlich im Fernsehen gezeigt. In Pakistan haben sich viele Moslems ihn angeschaut. Jesus ist doch auch bei euch ein großer Prophet.«

»Aber ihr habt Moslems in Afghanistan dazu gebracht, Christen zu werden!«, fuhren sie mich an.

»Afghanen reden häufig über Religion«, verteidigte ich mich. »Sie fragen uns, woran wir glauben, und wir antworten, dass wir Christen sind. Darf man sich in eurem Land nicht über Religion unterhalten?«, fragte ich zurück.

»Das schon, aber ihr benutzt euer Hilfswerk als Lockmittel und macht die Flüchtlinge in euren Lagern zu Christen!«, widersprachen sie mir.

»Nein, das tun wir nicht! Shelter Now ist ein soziales Hilfswerk und wir bauen Häuser, bohren Brunnen und sorgen dafür, dass Nahrung gerecht verteilt wird. Wir helfen jedem Menschen, ganz gleich, welchen Glauben er hat, und ohne jede Gegenleistung.«

»Nein, wir haben Beweise gegen euch! Wir haben bei den Frauen und in euren Häusern eine Menge christlicher Literatur und Bibeln gefunden!«

»Dann legt sie uns doch vor!« Ich wusste ganz genau, dass sie das nicht beweisen konnten.

Der Talib, den wir »long nose« nannten, wurde daraufhin sehr laut und aggressiv und schrie: »Ihr seid Kriminelle!«

Den Vorwurf konnte ich nun nicht auf uns sitzen lassen. Da wurde auch ich laut: »Ein Krimineller ist doch wohl jemand, der andere beraubt oder umbringt, aber doch nicht jemand, der eine Jesus-Dokumentation zeigt!«, schrie ich zurück. »Geht doch mal in unsere Lager, in denen wir eure afghanischen Flüchtlinge schon viele Jahre lang mit Lebensmitteln versorgen. Schaut euch die Camps in Pakistan an! Fragt die Afghanen, die uns in Kandahar, in Helmand, Khost und Logar kennen und unsere Projekte gesehen haben. Geht dahin und fragt die Leute dort, was sie über uns sagen. Sie respektieren uns und sind zutiefst dankbar für all das, womit wir ihnen geholfen haben. Es ist für mich eine ganz große Beleidigung und eine tiefe Verletzung, ein Krimineller genannt zu werden.«

Daraufhin schwiegen sie betroffen und brachen das Verhör ab.

Nach diesem Muster verliefen meine Verhöre zwei Wochen lang. Das war eine sehr harte Zeit für mich. Ich bat Peter, während meiner Verhöre für mich zu beten. Schon wenn ich zielstrebige Schritte auf dem Gang hörte, zuckte ich manchmal richtig zusammen und es packte mich die Angst: »Gleich geht's wieder los mit diesen schrecklichen Verhören!«

## Missionsverständnis des Islam

Für einen Moslem ist die selbstlose Nächstenliebe eines
Christen, der ohne Ansehen der Person und des jeweiligen
Glaubens soziale Hilfe weitergibt, schwer nachzuvollziehen.
Hinter der Anklage des »Proselytising« (der Missionierung)
stand die Annahme, dass die Hilfeleistungen von Shelter Now
nur mit einer Gegenleistung des Empfängers verbunden sein
könnten.
Denn so versteht ein Moslem in der Regel Missionierung.
In vielen Dörfern Nordpakistans, die noch nicht moslemisch
waren, verfuhren die Moslems zum Beispiel nach diesem
Muster: Sie brachten Elektrizität, bauten Straßen und Schulen
und bohrten Brunnen, wenn sich die Dorfbewohner im
Gegenzug dazu bereit erklärten, sich zum Islam zu
bekennen.
Die gleiche Motivation wurde den Shelter Now-Mitarbeitern
unterstellt. Es war nicht möglich, die Taliban von diesem
Vorurteil abzubringen.

PETER BUNCH: Ich war schon geschockt, als sie den armen Georg am Freitagmorgen aus unserer Zelle holten. Als dann der ganze Tag verstrich, ohne
dass er wieder zurückkam, machte ich mir so meine Gedanken. Außerdem
gewöhnt man sich nach einer Weile ja doch aneinander und dann ist das Al-
leinsein irgendwie unheimlich.

»Wo steckt Georg? Was habt ihr mit ihm gemacht?«, fragte ich den
Wächter vor der Tür. Doch ich bekam keine Antwort.

Als dann nicht nur die Nacht verging, ohne dass Georg wieder
auftauchte, sondern auch noch zwei weitere Tage, wurde ich richtig unruhig.

»Wenn sie ihn tatsächlich foltern oder wir uns sogar niemals wieder
sehen, das wäre fürchterlich!«, ging es mir immer wieder durch den
Kopf. Deshalb fing ich dann auch an, wie ein Weltmeister für ihn zu
beten.

Und dann passierte das Unerwartete: Ich hockte gerade über dem Toilettenloch und diese schrecklichen Kerle trommelten wie wild an die Toilettentür: »Los, los, sofort rauskommen! Wir bringen dich weg!«

Dreieinhalb Tage hatten sie mich dort ohne jegliche Informationen schmoren lassen und dann sollte ich gleich vom Klo springen, nur weil es ihnen so gefiel! Ich lachte sie aus und machte extra langsam.

Natürlich waren sie deshalb sauer, aber sie fuhren mich dann doch ohne größere Zwischenfälle zu dem anderen Gefängnis, wo ich dann endlich Georg wieder sah. Der saß dort seelenruhig vor seiner Zelle und unterhielt sich mit seinen Wächtern.

»Mit mir ist alles in Ordnung, Peter. Diese Zelle ist besser als die andere und die Typen hier sind auch netter«, begrüßte er mich.

Das mit dem »Besser-behandelt-Werden« sah ich zwar etwas anders, aber ich war endlich wieder mit meinem Freund zusammen. Das war das Wichtigste.

Meine Verhöre, die auf meine Verlegung folgten, waren lange nicht so schlimm wie die von Georg. Sie dauerten jedes Mal so etwa fünf Stunden, aber ich konnte sie mit Gelassenheit ertragen. Schließlich musste ich keine Angst haben, denn gegen mich persönlich konnten sie nun wirklich nichts in der Hand haben. Sie hätten auch gerne mein Haus durchsuchen können, denn dort war beim besten Willen nichts Verdächtiges zu finden. Und was sollte einem Ingenieur auch schon diesbezüglich anzulasten sein?

Natürlich machten sie während dieser Verhöre die Frauen schlecht und unterstellten mir Dinge, die einfach nicht der Wahrheit entsprachen. Diese Lügen waren für mich leicht zu durchschauen, denn sie waren in ihrer Verhörtaktik nicht gerade sehr geschickt. Es dauerte dann auch nicht lange, bis sie es mit mir aufgaben. Aber freigelassen haben sie mich deswegen trotzdem nicht.

* * *

KATI JELINEK: Als wir später von Georg hörten, wie er während der Verhöre von den Taliban in die Mangel genommen worden war, merkten wir, dass es bei uns vergleichsweise harmlos abgelaufen ist.

Heather, Dayna und ich wurden am meisten verhört. Hauptsächlich wegen des Besuches bei der afghanischen Familie und des Kinderprojektes. Ich fand die Verhöre nicht so schlimm, aber ich bin auch ein Mensch, der die Umstände eher positiv sieht. Am meisten Sorgen machte ich mir darüber, dass ich mich bezüglich der strittigen Sachverhalte nicht richtig ausdrücken würde und andere dadurch womöglich in Schwierigkeiten geraten konnten. Ich habe vor jeder Antwort gebetet, dass mir das Richtige einfällt und das ist dann auch immer passiert.

· · ·

DIANA THOMAS: Da ich schon über acht Jahre bei Shelter Now tätig bin, wurde ich eingehend über die Organisation ausgefragt. Was sollten sie mich auch sonst fragen? Ich war schließlich vollkommen unschuldig. Es sei denn, meine dortige Tätigkeit als Sekretärin war ein Verhaftungsgrund. Natürlich wollten sie mir Sachen anhängen, zum Beispiel, dass sie in unseren Büroräumen so genannte Radiokarten gefunden hätten. Dazu muss ich erklären, dass diese Radiokarten Zettel waren, auf denen die Frequenzen der verbotenen Radiosender in Afghanistan vermerkt waren. Für die Taliban waren diese Karten natürlich Teufelszeug.

»Sagt mir, in welchem Büroraum ihr die Karten gefunden habt und ich sage euch, wem sie gehören«, antwortete ich ihnen.

Das konnten sie mir natürlich nicht beantworten. Als ich dann später meine Anklageschrift las, stand dort immer noch, dass diese Radiokarten in meinem Besitz gefunden worden wären, obwohl ich beim Verhör eindeutig erklärt und in meinem Protokoll unterschrieben hatte, dass ich keine dieser Zettel besaß. Diese Betrüger!

Dreimal haben sie mich gefragt, warum ich nicht verheiratet wäre. Schließlich hab ich ihnen ganz platt gesagt: »Ich habe einen guten Beruf, ich habe ein Auto und ein Haus. Wozu brauche ich dann noch einen Mann?!« Dann waren sie endlich still.

Der Übersetzer war übrigens ein freundlicher Mann. Wenn er eine von uns aus dem Büro herausführte, um die Nächste zu holen, ließ er uns im Vorraum immer etwas Zeit, damit wir uns schnell darüber austauschen konnten, welche Fragen gestellt worden waren. So war es möglich, dass unsere Antworten auch in kleinen Details übereinstimmten.

· · ·

SILKE DÜRRKOPF: Am ersten Abend haben sie uns so gegen 19 Uhr abgeholt und dann bis Mitternacht verhört. Die Fragen waren in meinen Augen unglaublich dümmlich und sehr unkoordiniert. Es saßen bis zu sieben

Männer vor uns, die uns befragten – darunter immer mal wieder ein neuer Talib –, und ein Übersetzer.

Sie fragten ständig das Gleiche. So habe ich im Laufe der Verhöre mindestens zwanzigmal den Namen meines Vaters, meines Großvaters, meinen Geburtsort und und und angeben müssen. Und wegen der Übersetzerei ging alles endlos langsam.

Mir passte es nicht, dass wir als Frauen mit fremden Männern oft bis Mitternacht in einem Raum sitzen mussten. Zumal wir schließlich bei der berühmten Religions- und Sittenpolizei gelandet waren, die eigentlich wissen sollte, was gute Sitten waren!

Da saß ich am zweiten Tag wieder spätabends vor ihnen und war so richtig sauer.

»Warum siehst du so bedrückt aus? Dazu gibt es doch gar keinen Grund, wenn du behauptest, unschuldig zu sein«, wurde ich gefragt.

Das hätten sie mal lieber nicht tun sollen, denn ich antwortete ruhig und höflich: »Ich bin sehr enttäuscht, wie wir als Frauen hier behandelt werden. Wir passen uns der Kultur an, kleiden und verhalten uns wie afghanische Frauen. Da ist es doch wohl kein Wunder, dass wir uns entehrt fühlen, wenn wir nachts mit Männern alleine in einem Raum sitzen müssen. Das beschämt uns, bitte beurteilt selbst, ob das richtig ist.«

Dann fügte ich noch hinzu: »Ich wäre glücklich, die Fragen tagsüber und in Gegenwart einer weiteren Frau zu beantworten.«

Daraufhin sprangen alle Männer zugleich auf und liefen hinaus. Nach einer Weile kam der Übersetzer gemeinsam mit dem Gefängnisdirektor zurück ins Büro und beide entschuldigten sich.

»Wir haben Verständnis für deine Gefühle. So etwas wird nicht wieder vorkommen.«

Tatsächlich fanden künftig die Verhöre tagsüber statt und es wurde eine afghanische Wärterin bestellt, die über unsere Ehre wachen sollte.

· · ·

Margrit Stebner: Im Wesentlichen wurden uns allen die gleichen Fragen gestellt. Darüber hinaus versuchten sie mir die Mitarbeit im Kinderprojekt anzuhängen, obwohl ich mehrmals beteuerte, lediglich im Büro gearbeitet zu haben, was auch vollständig der Wahrheit entspricht.

Genauso habe ich es dann auch auf Englisch ins Protokoll eingetragen und eigenhändig unterschrieben. Uns war auch gesagt worden, dass wir, sobald die Untersuchungen abgeschlossen seien, wieder frei wären und lediglich aus Afghanistan ausgewiesen werden würden. Wir sollten uns also keine großen Sorgen machen.

Als ich dann später meine Anklageschrift in die Hand bekam, machte ich große Augen, dass die Mitarbeit im Kinderprojekt bei mir trotz meiner gegenteiligen Aussage ein Anklagepunkt war. Ich konnte es nicht fassen! Eigentlich hätten sie mich und einige andere gleich nach dem ersten Verhör gehen lassen müssen.

Einer der verhörenden Taliban fragte mich gleich zu Anfang unserer Gefangenschaft, warum ich fasten würde. Denn das Fasten kennen die Moslems aus dem Ramadan, ihrem Fastenmonat, in dem sie jeden Tag von Sonnenaufgang bis Sonnenuntergang nichts zu sich nehmen.

»Fasten ist für mich kein Hungerstreik. Ich möchte niemanden damit beleidigen«, antwortete ich. »Das Fasten ist für mich ein Opfer für Gott. Es stärkt mich im Gebet.«

Ich habe ihnen gleichzeitig erläutert, was Beten und Anbetung für mich bedeutet.

»Beten ist für mich kein Ritual, sondern ein Reden mit Gott, und zwar einfach so wie mir zu Mute ist. Gott ist dann nicht weit weg von mir, sondern ganz nahe. Ich habe eine persönliche Beziehung zu ihm, und manchmal spüre ich, wie er zu mir spricht und mir Ruhe und Kraft gibt.«

* * *

Die Zeit hinter den Gefängnismauern schleppte sich dahin. Die Hoffnung, bald entlassen zu werden, schwand immer mehr und wich der bangen Frage: »Was wird hier eigentlich für ein Spiel mit uns getrieben?«

Die katastrophalen hygienischen Bedingungen forderten ihren Tribut. Dayna litt unter Asthma, Silke bekam eine Bronchitis, weil die Nächte mit der Zeit doch zu kalt wurden und die Decken zu dünn waren. Sie kämpften gegen Bettwanzen, Läuse und Würmer. Alle Frauen litten unter Darminfektionen und einer unangenehmen Amöbenruhr. Nur gut, dass zwei von ihnen früher Krankenschwestern gewesen waren und die Notversorgung für sie und viele der Mitgefangenen übernehmen konnten.

Die totale Isolation von der Außenwelt machte ihnen besonders zu schaffen. Sie durften keine Briefe schreiben und keine empfangen.

Letztlich konnten die Taliban mit ihnen machen, was sie wollten, und niemand konnte eingreifen. Auch machten sie sich Gedanken, was draußen vorging. Was wurde für ihre Freilassung unternommen?

Sie konnten nicht wissen, dass in der ganzen Welt in vielen Kirchen aller Konfessionen für sie gebetet wurde. Die Mitarbeiter in Peschawar setzten alle Hebel in Bewegung, die pakistanische Regierung zum Eingreifen zu bewegen. Das deutsche Shelter Now-Büro stand in ständigem Kontakt mit dem Auswärtigen Amt, mobilisierte die Weltöffentlichkeit und konnte sich vor Interviews nicht mehr retten. Der erste Vorsitzende, Udo Stolte, und sein Vertreter, Joachim Jäger, führten an manchen Tagen bis zu 40 Interviews mit den Medien aus aller Welt.

Die deutsche Botschaft in Pakistan forderte die Freilassung der Festgenommenen, die USA pochte auf den Zugang zu den Gefangenen. Doch die Taliban verweigerten den Diplomaten aus Deutschland, Australien und den USA die Einreise nach Afghanistan. Selbst dem Internationalen Roten Kreuz wurde die Untersuchung der Gefangenen verwehrt. Der Vater von Heather und die Mutter von Dayna flogen nach Islamabad und warteten verzweifelt darauf, zu ihren Kindern vorgelassen zu werden.

Als die westlichen Diplomaten und die beiden Eltern nach langem Kampf endlich am 13. August von Pakistan nach Kabul fliegen durften, wurde ihnen jedoch auch hier der Besuch im Gefängnis verwehrt. Sie verhandelten mit den Vertretern des Außenministeriums in Kabul – doch ohne Erfolg. Es war eine Demütigung der westlichen Welt, als sie nach Ablauf ihrer Visa am 21. August ergebnislos wieder ausreisen mussten.

...

Am Sonntag, den 26. August, also exakt drei Wochen nach der Festnahme der deutschen Entwicklungshelfer, wurde erstmalig eine fünfköpfige Delegation des Internationalen Roten Kreuzes zu den Inhaftierten vorgelassen.

Der Gefängnisleiter wollte jedoch nicht zulassen, dass die Delegation mit den Männern und Frauen gleichzeitig sprach. Wogegen sich die Frauen jedoch beharrlich wehrten.

»Wir reden nur mit der Delegation, wenn auch die Männer von Shelter Now dabei sein dürfen. Unser Chef hat uns angewiesen, nur dann vor einer Delegation auszusagen, wenn er dabei ist«, kämpfte Diana zäh für ein Wiedersehen mit Georg und Peter.

Nach langem Tauziehen durften dann doch alle acht Inhaftierten einander kurz treffen, natürlich nur im Beisein der misstrauischen Taliban-Wächter.

• • •

DIANA THOMAS: Es war unbeschreiblich schön, endlich Georg und Peter sehen zu können und sicher zu sein, dass auch sie unbeschadet waren. Drei Wochen lang hatten wir keinen Kontakt miteinander haben können. Wir hatten zwar von Anfang an gewusst, dass Peter inhaftiert worden war, aber von Georgs Gefangennahme hatten wir erst viel später durch einen der Wärter erfahren. Während dieses Treffens waren wir sehr bewegt und glücklich und redeten alle durcheinander. Die Ärzte fragten uns, ob wir anständig behandelt und nicht misshandelt wurden, und sagten, dass wir Briefe schreiben dürften, die sie dann weiterleiten würden. Das haben wir natürlich gleich anschließend an ihren Besuch gemacht, doch die verließen leider nie das Gefängnis, sondern wurden von den Taliban vernichtet. Die knappe halbe Stunde, die uns zusammen gewährt wurde, verging wie im Flug. Dann wurden die Männer weggeführt, um von den Ärzten untersucht zu werden und wir Frauen von den Krankenschwestern. Sie ließen uns Medikamente da und gaben uns für das Leben im Gefängnis einige medizinische Ratschläge.

• • •

GEORG TAUBMANN: Ich hatte mich mit manchen unserer Wächter angefreundet, die mir dann auch hin und wieder Nachrichten mitteilten, die sie im Radio gehört hatten. Auf diese Weise wusste ich, dass unsere Diplomaten Anstrengungen unternommen hatten, um nach Kabul zu kommen, zu uns aber nicht vorgelassen worden waren, weil unsere Verhöre noch nicht abgeschlossen waren. Ein Hinweis, dass dennoch bald etwas passieren würde, war für mich, dass die Wächter einen Tag vor dem Besuch des Roten Kreuzes anfingen, die Gänge und Räume zu putzen und herzurichten.

Dann wurden Peter und ich plötzlich ins Büro des Direktors geführt, wo wir unsere sechs Kolleginnen das erste Mal wieder sahen. Ich war so ergriffen, dass mir die Tränen kamen.

Während des anschließenden Gesprächs haben die Ärzte uns nur ein paar wenige Fragen gestellt. Mir war klar, dass sie wegen der Anwesenheit der Wachposten nicht viel sagen konnten.

»Wir können mit Ihnen nicht über politische Dinge sprechen«, erklärten sie uns, »aber wir wollen uns erkundigen, wie es Ihnen geht, und Sie medizinisch untersuchen. Das ist unser Mandat.«

Als die Ärzte dann mit uns zwei Männern zur Untersuchung in einen anderen Raum geführt worden waren, wollten sie mit uns alleine reden.

»Das erlauben wir nicht«, erwiderte der Kommandant. »Einer unserer Wächter bleibt dabei.«

»Aber das ist unser Recht. Wir dürfen mit den Inhaftierten ohne Zeugen reden. So wird es in allen Ländern gehandhabt!«, beharrte einer der Ärzte.

Widerwillig ging der Englisch sprechende Talib vor die Tür, kam aber nach wenigen Momenten wieder herein.

In dieser kurzen Zeit fragten die Ärzte schnell: »Wie geht es Ihnen wirklich? Sind Sie tatsächlich nicht misshandelt worden? Haben Sie uns noch etwas Wichtiges mitzuteilen?«

• • •

Die ganze Situation war sehr angespannt. Die Haltung der Taliban war aggressiv und feindselig. Obwohl die Delegation des Roten Kreuzes versprach, nun öfter zu kommen, sie regelmäßig medizinisch zu versorgen und ihre Post weiterzuleiten, kamen sie nie wieder. Es wurde ihnen von den Taliban untersagt.

Doch es geschah noch eine weitere Überraschung: Am nächsten Tag wurde endlich der Besuch der Diplomaten und der Eltern von Heather und Dayna zugelassen, wenn auch nur für sehr kurze Zeit. Die Inhaftierten wurden unter den wachsamen Augen ihrer Wächter nacheinander in ein Besprechungszimmer zu ihren jeweils zuständigen Diplomaten geleitet. Erst die Deutschen, dann die Australier und zum Schluss die beiden Amerikanerinnen. Durch diesen Umstand war es möglich, dass Heather und Dayna wenigstens ein paar Minuten länger mit ihren Eltern reden konnten.

Den Deutschen wurden gerade mal fünf Minuten mit dem Diplomaten Herrn Landes aus Islamabad und Frau Salimi, einer noch immer in Kabul wohnenden Angestellten der dortigen geschlossenen Deutschen Botschaft, gewährt. Die Inhaftierten durften nur allgemeine

Dinge sagen; sobald sie etwas persönlicher wurden, schaltete sich sofort Mr. Najibullah Khan, ein Vertreter des afghanischen Außenministeriums, ein und unterband dies.

••••

KATI JELINEK: Obwohl die Zeit mit unserem Diplomaten so enttäuschend kurz war, gab sie uns allen doch Hoffnung: Die Welt hat uns nicht vergessen! Die da draußen kümmern sich um uns! Es wird sicher bald eine Lösung geben!

Was uns außerdem freute, war, dass mit den Besuchern außerdem einige Tüten voll mit Seife, Cremes, Shampoo, Lebensmitteln, Süßigkeiten und Knabbersachen zu uns ins Gefängnis kamen. Das war wie Weihnachten!

Darüber hinaus konnten wir Frau Salimi eine Liste mit Dingen mitgeben, die wir noch unbedingt brauchten, vor allem Kleidung zum Wechseln. Wir Frauen hatten nämlich nicht noch einmal zu unseren Häusern gedurft, um uns noch weitere Sachen zu holen. Ich vermute, weil sie bereits geplündert worden waren.

Angesichts unseres plötzlichen »Reichtums« schämte ich mich richtig vor unseren afghanischen Mitgefangenen. Vor allen Dingen, weil uns nicht erlaubt wurde, ihnen etwas abzugeben. Wir versuchten es heimlich zu tun, indem wir einfach etwas liegen oder fallen ließen. Aber sie trauten sich dann oftmals nicht zuzugreifen.

••••

PETER BUNCH: Ich bekam endlich einen Packen richtig guter Rasierklingen. Zum Ärger der Taliban trug ich nämlich keinen Bart. Das war meine Art von Protest. Nur waren mir in der Zwischenzeit die Klingen ausgegangen und ich sah mittlerweile etwas verwegen aus. Und natürlich die Knabbersachen – was sonst alltäglich war, ist plötzlich etwas ganz Besonderes! Aber am schönsten war für mich die Hoffnung, dass es endlich irgendwie weitergehen würde.

••••

MARGRIT STEBNER: Ich musste in den vergangenen drei Wochen immer wieder an meine Eltern denken. Sie sind schon alt und ich machte mir Sorgen, wie sie meine Gefangenschaft emotional verkraften würden. Irgendwie hatte ich die irrationale Hoffnung, dass sie unsere Inhaftierung vielleicht gar nicht mitbekommen hätten. Die Kommunikation zwischen den Ländern ist schließlich generell recht schwierig, sodass ich hoffte, dass ihnen drei Wochen Funkstille vielleicht gar nicht aufgefallen wären.

Als ich Frau Salimi zaghaft fragte, ob es sein könne, dass von uns nichts in den Zeitungen stünde und meine Eltern unsere Inhaftierung vielleicht gar nicht mitbekommen hätten, schaute sie mich ganz entgeistert an und meinte: »Was denken Sie denn! Alle Welt redet jeden Tag von Ihnen!« Sie klärte mich erst einmal über den Presserummel auf und die Hoffnung, meine Eltern hätten nichts davon erfahren, war dahin. Die Ärmsten, wenn ich ihnen nur mitteilen könnte, dass sie sich keine Sorgen um mich machen müssten!

. . .

SILKE DÜRRKOPF: Von dem misslungenen Treffen mit den Diplomaten und den Eltern von Dayna und Heather war ich zutiefst enttäuscht. Jetzt hatten wir so viele Wochen gewartet und wir hatten nur so kurz mit ihnen zusammen sein dürfen. Wir waren dauernd unterbrochen worden und hatten noch nicht einmal sagen können, wie uns wirklich zu Mute war.

Ich war so wütend, dass ich mich erst einmal abreagieren musste. Als Künstlerin kann ich das am besten in Bildern tun. So fing ich an, an der Rückwand unserer Zelle ein riesiges Wandbild mit einer Länge von circa zwei Metern zu malen. Die Wärterin hatte nichts dagegen; sie ahnte ja auch nicht meine Motivation.

Aus Dreck, Niveamilch, Vaseline und Spülmittel mischte ich mir meine Farben an. Mit einer Nagelfeile kratzte ich die Umrisse einer Landschaft mit vielen Tieren in die Wand und unter der begeisterten Anfeuerung der Umstehenden ließ ich meinen Frust raus.

Vor allem taten mir Heather und Dayna Leid. Da warteten ihre Eltern wochenlang auf ein Wiedersehen und durften gerade mal fünf Minuten mit ihnen reden. Als ich dann noch hörte, dass sie künftig ihre Eltern nur alle fünf Tage und lediglich für eine halbe Stunde sprechen durften, ging bei mir eine Sicherung durch.

Für jeden Tag, den die beiden ihre Eltern nicht sehen durften, wollte ich aus Rache ein Schwein an die Wand pinseln! Das wurde mir von den anderen aber leider untersagt. Denn Schweine sind als unreine Tiere im Islam verachtet.

Schade!

Nach dem Besuch der Diplomaten lockerten sich die Haftbedingungen etwas. Georg Taubmann und Peter Bunch durften sich sogar ab und zu nach draußen setzen und in den Gefängnishof gehen.

Ein weiterer Grund dafür war aber auch, dass Georg sich ständig bemühte, zu den Wächtern und dem Gefängnischef eine gute Beziehung aufzubauen. Immer wieder sprach er die Taliban an, lud sie in seine Zelle ein und erkundigte sich nach ihren Familien. Er kannte ihre Kultur und Gepflogenheiten seit vielen Jahren. Einige junge Taliban reagierten darauf abweisend, feindlich und verschlossen. Mit anderen Wärtern jedoch saß er stundenlang palavernd zusammen und baute regelrechte Freundschaften auf. Dies ging sogar so weit, dass einige Wärter ihm politische Informationen weitergaben, die bevorstehende Ankunft der Diplomaten mitteilten und bereit waren, kurze Briefe zu den Frauen und zurück zu schmuggeln.

Selbst um den Gefängnischef bemühte sich Georg, was ihm jedoch nicht gerade leicht fiel. Immerhin hatte dieser ihre Briefe an ihre Angehörigen verschwinden lassen. Auch war er für das Verprügeln der afghanischen Gefangenen verantwortlich und verhielt sich während der Verhöre sehr aggressiv.

Aber mit der Zeit zahlte sich Georgs Höflichkeit aus. So durften sie ab und zu in den Gefängnishof und als sich Dianas Geburtstag näherte, wagte Georg es sogar darum zu bitten, ihn mit allen acht Gefangenen gemeinsam feiern zu dürfen.

»Bei uns Ausländern ist ein Geburtstag ein ganz wichtiges Fest. Es ist ein großer Tag und Diana wäre sehr, sehr traurig, wenn wir ihr zu diesem besonderen Ereignis nicht gratulieren könnten«, erklärte Georg dem Gefängnisleiter sein Anliegen mit blumigen Worten. Er wusste, dass ein Geburtstag für Afghanen überhaupt kein besonderes Ereignis ist. Er wird in der Regel nicht gefeiert, zumal viele Afghanen ihr Geburtsdatum gar nicht kennen.

Tatsächlich wurde es ihnen zugestanden, zusammen zu frühstücken. Dazu wurden die Frauen in den Raum gebracht, in dem sonst die Männer verhört wurden. Während ihrer kleinen Feier ließen sie die Tür weit offen, sodass sich jeder davon überzeugen konnte, dass sich zwischen den Männern und Frauen nichts Anstößiges abspielte, und sie sangen gemeinsam für Diana ein »Happy Birthday«.

Diana hatte sich für ihren Geburtstag nichts sehnlicher gewünscht, als mit den anderen zusammen feiern zu können. So war die unerwartete Erlaubnis, miteinander frühstücken zu können, eine wirklich schöne Geburtstagsüberraschung. Georg kramte die sorgsam gehütete Tafel Schokolade hervor, die ihm Marianne am ersten Tag in seine Zelle hatte schicken lassen, und schenkte sie Diana.

Nach diesem überraschenden Zugeständnis des Gefängnisleiters wagte Georg anzufragen, ob sie an diesem besonderen Tag eventuell auch zusammen Abendbrot essen durften. Woraufhin er erst einmal keine Antwort bekam. Aber Georgs Wärterfreunde mussten sich hinter den Kulissen wohl mächtig für sie eingesetzt haben, denn kurz vor der Abendzeit kam plötzlich die Einwilligung.

Die Frauen hatten sich schon darauf eingestellt, den Abend alleine zu verbringen. Margrit hatte als Geburtstagsüberraschung für Diana im Bazar ein Festessen bestellt: DEGI KEBAB und KABULI PALAU, das waren gebratene Fleischstücke vom Schaf und Reis mit Rosinen und Karottenstreifen mit gekochtem Rindfleisch.

Gerade wollten die Frauen die Portionen für Georg und Peter ins Männergefängnis hinüberbringen lassen, da kam ein Wärter und brachte ihnen die Erlaubnis, mit den Männern gemeinsam zu essen.

Aber noch schöner als das Festmahl war die Gemeinschaft. Auch wenn sie nur eine gute halbe Stunde zusammen sein durften, sie konnten miteinander plaudern, die neuesten Informationen austauschen und für Dianas neues Lebensjahr ein Segensgebet sprechen.

* * *

DIANA THOMAS: Nicht jeder kann im Gefängnis seinen Geburtstag feiern. Diesen Tag werde ich sicher nie vergessen. Als wir nach dem Essen von dem Männertrakt zu unseren afghanischen Frauen zurückkamen, hatten auch sie eine Überraschung für mich bereitet. Sie warfen Konfetti über mich und wollten für mich tanzen. Glücklicherweise war die Wärterin an diesem Abend nicht da, so konnten sich diese Frauen freier fühlen. Die Waschschüsseln mussten wieder als Trommeln herhalten und jede der Frauen tanzte mir auf ihre individuelle graziöse Weise etwas vor. Dann zeigten sie uns ihre Tanzschritte und wir mussten mitmachen.

Ich dachte nur immer: »Das ist ja unvergesslich. So etwas Wunderbares. Kein Machthaber wird den Geist dieses wunderbaren Volkes brechen können, denn das ist ihr Erbe: Lachen, singen und tanzen! Selbst im Gefängnis lassen sich diese tapferen Frauen nicht unterkriegen.«

SILKE DÜRRKOPF: In einer späteren Lieferung der Deutschen Botschaft in Islamabad war eine Beauty-Box mit Kosmetikartikeln, Puder und Cremchen dabei, über die wir uns köstlich amüsierten. Doch so konnten wir uns jeden Tag schön machen. Zeit dafür hatten wir ohnehin genug. Andererseits hatten diese Verschönerungsaktionen auch etwas mit Disziplin zu tun. Wir wollten uns in dieser Situation nicht einfach gehen lassen!

Sogar Nagellack war in dieser Box zu finden. Also lackierten wir uns Fuß- und Fingernägel, was wiederum die afghanischen Frauen diebisch freute. Denn für sie wäre es eine Freveltat gewesen, die sie die Amputation ihrer Finger hätte kosten können. Wir als Ausländerinnen fielen natürlich nicht unter dieses Gesetz. Ich glaube, es war für sie, als hätten wir an ihrer Stelle gegen das Regime protestiert.

# Nach der Scharia verurteilt!

»Raus, raus, aber schnell! Ihr werdet weggebracht!«

Ein Taliban-Wärter stürmte in Georg Taubmanns und Peter Bunchs Zelle und drängte sie, nach draußen zu kommen. Es war Samstag, der 8. September gegen zehn Uhr und die beiden saßen gerade wie gewohnt zusammen und sprachen miteinander.

»Was ist los? Wo geht es hin?«, wollte Peter wissen.

Er bekam keine Auskunft, nur ein: »Schnell, schnell!«

Das war die nervenaufreibende Praxis der Taliban: stets Hektik zu verbreiten, Unsicherheit und böse Vorahnungen zu nähren. Georg fand noch nicht einmal die Zeit, sich zu kämmen, geschweige denn seine zerknitterte Shalwar Kamies zu wechseln. Er konnte einzig beim Hinausgehen gerade noch eine Weste überziehen.

Als sie den Innenhof betraten, stand dort schon eine Schar von Taliban um einen Kleinbus herum. Kurz darauf wurden auch die Frauen hereingeführt. Überrascht schauten sich die Männer und Frauen an. Was hatten die Taliban nur mit ihnen vor?

Gemeinsam mussten sie in das Auto steigen und ab ging die Fahrt. Angeführt wurde die Eskorte von dem Gefängnisleiter in einem Jeep und hinter dem Kleinbus folgte ein offener Pick-up mit mindestens sechs bewaffneten Taliban. So ging es schwer bewacht durch die Stadt.

»Wo bringen die uns nur hin?«, fragten die anderen Georg.

»Keine Ahnung!« Georg schaute angestrengt aus dem Wagenfenster, um sich an der vorübergleitenden Umgebung zu orientieren.

Im Kleinbus herrschte eine Gefühlsmischung von Unsicherheit, sich anbahnender Panik und Neugierde. Diese wurde ein wenig von der Freude überdeckt, etwas von der Umgebung zu sehen und endlich wieder einmal zusammen zu sein. Schnell wurden Neuigkeiten ausgetauscht und sich erkundigt, wie es den Einzelnen ging.

Es war schön, aus der Enge der Gefängniszellen herauszukommen und das Leben in den Straßen Kabuls zu beobachten. Den Inhaftierten war die Gegend vertraut, denn die Wagen fuhren Richtung Wazir Akbar Khan, dem Stadtteil, in dem die Häuser fast aller Shelter Now-Entwicklungshelfer standen. Georg konnte im Vorüberfahren sogar in seine Straße spähen und in der Ferne sein Haus erkennen. Dann bogen die Wagen an dem großen Kreisverkehr der Hauptstraße plötzlich in Richtung Flughafen ab.

»Bringen die uns etwa zum Flughafen und lassen uns dann einfach ausreisen?«, durchfuhr es Georg freudig.

Er wusste nicht, dass sich in dieser Straße gleich rechter Hand der »Supreme Court«, das »Oberste Gericht« Afghanistans, befand. Der Konvoi wurde langsamer, hielt am Straßenrand an und die Shelter Now-Mitarbeiter starrten auf eine riesige Gruppe von Reportern und Kameraleuten. Blitzlichter zuckten und Filmkameras surrten. Sie wussten nicht, was ihnen geschah.

Verwundert und ein wenig nervös stiegen sie aus. Sie wurden gleich die Treppe hoch in den Vorraum des Gerichtssaals geführt. Erst jetzt verstand auch der Letzte von ihnen, dass sie sich tatsächlich im »Supreme Court«, dem »Obersten Gericht«, befanden, in dem nur die wirklich wichtigsten Fälle und schwersten Verbrechen verhandelt wurden.

* * *

MARGRIT STEBNER: Die Taliban, die uns bisher verhört hatten, hatten niemals verlauten lassen, dass wir vor ein Gericht gestellt werden würden. Sie nährten vielmehr die Hoffnung in uns, bald entlassen oder des Landes verwiesen zu werden. Lediglich Daynas Mutter deutete bei ihren Besuchen an, dass es eventuell ein Gerichtsverfahren geben könnte.

Als uns die Wächter am Morgen in das Auto verfrachteten, hatten wir keine Ahnung, wo es hinging. Der Anblick des Gerichtsgebäudes war schon ein Schock für uns, hinzu kam unser Erstaunen über den Aufmarsch der Presseleute.

* * *

Die Shelter Now-Entwicklungshelfer mussten etwa 20 bis 30 Minuten im Nebenraum warten, bis sie zur Verhandlung zugelassen wurden. Währenddessen war eine Wärterin bei ihnen, die auf die »Ehre« der Frauen zu achten hatte. Da sie kein Englisch beherrschte, war es möglich, dass die Frauen und Männer ungestört miteinander sprachen. Für sie war es die erste Gelegenheit, voneinander zu erfahren, was ihnen bei den Verhören vorgeworfen worden war. Auch konnten sie die Unterstellungen und Lügen aufdecken, die die Taliban den Einzelnen erzählt hatten.

Georg zum Beispiel war von den Taliban gesagt worden, Heather und Dayna hätten eingestanden, sie hätten die afghanischen Frauen, denen sie den Film gezeigt hatten, zum Christentum bekehrt. Nun erfuhr er, dass dies keineswegs zutraf.

Den Frauen wiederum war erzählt worden, Georg hätte Kati wütend entlassen und für sie jemand anderen angestellt. Außerdem hätte er alles Mögliche eingestanden, zum Beispiel, dass sie in ihren Häusern und Büros haufenweise Bibeln, christliche Videos und CDs in afghanischer Sprache versteckt gehalten hätten. Georg hätte sich angeblich sogar für ihre Missionierung bei den Taliban entschuldigt.

Doch das waren alles nur Lügen gewesen, um sie gegeneinander auszuspielen und zu falschen Geständnissen zu bewegen.

»Ja, wir zeigten der afghanischen Familie die Dokumentation über das Leben Jesu«, erzählte Dayna, »aber ich hatte schon ein komisches Gefühl dabei, weil die afghanischen Frauen uns so aufdringlich dazu gedrängt hatten. Und warum der Junge schon beinahe unverschämt nach dem Buch verlangt hat, kann ich mir jetzt auch besser erklären.«

»Während der Verhöre wollten wir dann die afghanische Familie schützen und erklärten, wir hätten sie aus eigenen Stücken besucht und ihnen die Kopie des Buches geschenkt«, ergänzte Heather. »Ich vermute, sie sind gezwungen worden, uns einzuladen. Wir haben eingestanden, über religiöse Dinge gesprochen zu haben, wie es ja überall üblich ist. Aber mehr ist nicht gelaufen!«

Bei Kati war es ebenfalls um den Film und das Kinderprojekt gegangen, das angeblich illegal betrieben worden sein sollte. Auch sie hatte sich während der Verhöre wacker geschlagen.

Den anderen vier – Peter, Diana, Margrit und Silke – war nichts vorzuwerfen. Ihnen wurden jedoch einige Dinge unterstellt wie die Mitarbeit beim Kinderprojekt, verbotene Literatur und der Besitz von Radiokarten. Da das nicht zutraf, hatten sie nichts unterschrieben, was sie irgendwie belasten konnte. Da war wirklich nicht viel, was das Gericht

den Shelter Now-Mitarbeitern vorwerfen konnte. Deshalb waren sie gespannt, was auf sie zukommen würde.

Endlich wurden sie in den Gerichtssaal geführt, der weniger groß
war, als sie es erwartet hatten. Dafür war er voll gestopft mit umso mehr
Menschen. Die Inhaftierten mussten in der ersten Reihe Platz nehmen.
Dahinter saßen die Diplomaten, die von dieser Gerichtsverhandlung
erst in letzter Minute und zudem mehr zufällig erfahren hatten. Sie
waren es auch gewesen, die die Presse in aller Welt informiert hatten.
Den Rest des Raumes nahmen unzählige Reporter ein, die zwar zugegen
sein, jedoch keine Bilder machen durften.

Für Georg war es beruhigend zu wissen, dass der deutsche Diplomat
aus Pakistan, Herr Landes, hinter ihm saß. Sie winkten sich kurz zu. Der
Legationsrat Helmut Landes hatte bereits zwei Wochen in Kabul ausgeharrt und sich unermüdlich für die Freilassung des Shelter Now-Teams
eingesetzt. Er beabsichtigte so lange in Kabul zu bleiben, bis die Gefangenen endlich freigelassen wurden. Für diesen Einsatz waren Georg und
sein Team ihm besonders dankbar.

• • •

SILKE DÜRRKOPF: Ich schaute mir den Raum und die Leute genau an. Vorne
an der Stirnseite befand sich ein riesiger Schreibtisch, auf dem sich die
»weisen« Bücher türmten. An der Wand dahinter hing ein großes gerahm-
tes Bild mit Koransprüchen. Rechts und links davon waren Schwerter befestigt. Außerdem war da noch eine Lederpeitsche, die die Religions- und
Sittenpolizisten ständig bei sich trugen. Die Peitsche hatte einen kurzen
Stiel, an dem ein mit Leder bezogenes Stahlkabel befestigt war.

Der vorsitzende Richter Nur Mohammed Sakib saß mit einem weißen
Turban und einer schwarzen Weste bekleidet mit abweisender Miene hinter diesem Schreibtisch auf einem wuchtigen Stuhl. Rechts und links
neben ihm reihten sich an die zwanzig weitere Richter auf, alle mit riesigen
Turbanen und langen Bärten. Die meisten waren sehr alt mit äußerst erns-
ten, auf mich bedrohlich wirkenden Gesichtern. Links neben dem Schreibtisch hockten noch weitere Männer auf dem Boden, die alles mitschrieben,
was gesagt wurde. Mir kam es vor wie eine Szene aus einem mittelalter-
lichen Film. Rechts neben dem Tisch stand der Übersetzer, der sich
bemühte, die Rede des Richters auf Englisch zu übersetzen, wobei ihm viel
Hilfe aus dem Publikum zugetragen werden musste.

Die Sprache im Gerichtssaal war Paschtu, weshalb Georg Taubmann einen guten Teil der Rede verstehen konnte. Außerdem war von dem Übersetzer nicht allzu viel zu erwarten, zumal der Richter Nur Mohammed Sakib in extrem langen Sätzen sprach, wodurch wiederum die englische Übersetzung lediglich eine lückenhafte Zusammenfassung ergab.

Diese Rede des Richters war im Wesentlichen ein Loblied auf die Scharia, das islamische Gottesgesetz aus dem Mittelalter. Er betonte in ihr, dass die Strafe für ihre »Verbrechen« entsprechend dem islamischen Recht, der Scharia, ausfallen würde, was sowohl Gefängnishaft als auch Geldstrafen und sogar eine Exekution bedeuten könne. Derzeit seien die Taliban-Richter dabei, das islamische Recht bezüglich des aktuellen Falles zu studieren; sie würden eine gerechte Strafe verhängen. Das letzte Wort hätte allerdings das Oberhaupt aller Gläubigen, Mullah Mohammed Omar. Die Angeklagten hätten das »volle Recht«, sich zu verteidigen und auch einen Anwalt ihrer Wahl zu nehmen.

Richter Nur Mohammed Sakib sagte wörtlich: »Sharia Law is full of mercy and justice«, zu Deutsch: »Das Scharia-Gesetz ist voller Gnade und Gerechtigkeit.« Später, nachdem die Shelter Now-Mitarbeiter ihren ersten Schock verarbeitet hatten, lachten sie voller Galgenhumor über diesen Spruch.

Anschließend an diese Rede durften sich die Angeklagten und die Diplomaten zu Wort melden. Georg Taubmann nutzte diese Gelegenheit, sich vor dem Richter und der Weltpresse äußern zu können: »Drei Wochen lang werden wir nun schon verhört. Niemand hat uns bisher gesagt, welche Anklage gegen uns besteht und warum wir eingesperrt sind. Was haben wir denn verbrochen?«, beschwerte er sich. »Vier unserer Mitarbeiter haben mit diesem Fall überhaupt nichts zu tun und sitzen vollkommen unschuldig in Haft. Warum wurde uns kein Kontakt zur Außenwelt erlaubt? Wir durften bis jetzt noch nicht mit unseren Familien sprechen.«

Der Richter würdigte Georg Taubmann während seiner heftigen Beschwerde keines Blickes und gab auch keine Antwort.

»Sie sagten, wir hätten uns einen Anwalt unserer Wahl nehmen können, aber wie hätten wir das tun sollen, wenn wir noch nicht einmal etwas von diesem Gerichtstermin wussten oder mit unseren Diplomaten reden durften?«, fuhr Georg Taubmann deshalb mit seiner Rede fort.

Anschließend erhob sich der Diplomat Helmut Landes und forderte bessere Kontaktmöglichkeiten zu den Inhaftierten, um ihnen bei der Vorbereitung ihrer Verteidigung helfen zu können.

Silke Dürrkopf nutzte ebenso die Gelegenheit, auf ihre ungerechtfertigte Inhaftierung hinzuweisen: »Ich werde hier gegen jegliche Menschenrechtsvereinbarungen gefangen gehalten. Bei den Verhören habe ich zur Genüge bewiesen, dass mir keine schuldhaften Handlungen nachzuweisen sind. Ich war nach einem mehrmonatigen Aufenthalt in Deutschland erst einige Tage im Land. Ich hatte also gar keine Gelegenheit, irgendeine Straftat begehen zu können. Was wird mir vorgeworfen? Warum werden meine Briefe nicht weitergeleitet? Weshalb darf ich nicht mit meiner Familie sprechen?«

Auch Peter Bunch ergriff das Wort und wies darauf hin, dass er nur wenige Stunden verhört worden sei, ihm nichts anzulasten sei und er überhaupt nicht wisse, warum er im Gefängnis säße.

Der vorsitzende Richter vertagte die Verhandlung: Das hohe Gericht müsse die Anklagen noch weiter untersuchen, aber er wolle die Behörden unterrichten, um die Suche nach Anwälten zu erleichtern. Erst wenn ein Anwalt gefunden und die Untersuchungen abgeschlossen seien, werde ein neuer Prozesstermin anberaumt werden.

Sogleich wurden die Angeklagten wieder nach draußen geführt und in den bereits wartenden Kleinbus verfrachtet. Das alles ging so schnell, dass die Reporter kaum Bilder machen, geschweige denn Fragen an die Inhaftierten stellen konnten.

· · ·

GEORG TAUBMANN: Am darauf folgenden Tag hatte mein Vater Geburtstag. Es war mir ein sehr großes Bedürfnis, ihm an diesem Tag einen Gruß zukommen zu lassen, ihm klar zu machen, dass es mir gut ginge und er sich keine Sorgen um mich machen müsse. Es quälte mich, dass meine Eltern überhaupt nichts über mich wussten. Wie mochten sie meine Inhaftierung seelisch verkraften? Das alles musste schrecklich für sie sein.

Wir sind eine große Familie, ich habe sieben Geschwister und wir haben einen wunderbaren Zusammenhalt. Deshalb ist auch bei uns ein Geburtstag immer ein wichtiges Ereignis. Ganz gleich, wo ich mich gerade in der Welt befand, zu seinem Geburtstag rief ich meinen Vater immer an. Und jetzt konnte ich meinem Vater weder schreiben noch mit ihm telefonieren. Aber da standen all die Presseleute vor unserem Wagen. Also schob ich schnell das Seitenfenster auf, beugte mich hinaus, winkte und rief: «Bitte, informiert unsere Eltern, dass sie sich keine Sorgen machen sollen. Uns geht es gut!» Und dann lächelte ich, in Gedanken ganz bei meinem Vater, bewusst in die surrenden Kameras. Den Wächtern war diese kurze Vorstellung gar nicht recht, aber es war zu spät, um sie noch unterbinden zu können.

Georg Taubmann erfuhr nach seiner Freilassung, dass diese kurze Szene durch die gesamte Welt gegangen war und nicht nur seine Eltern getröstet hatte, sondern auch alle Freunde, die damals an sie dachten und für sie bangten und beteten. Georgs Eltern hatten gerade einen Tag zuvor einen Pressebericht gelesen, dem eine Fotomontage von den vier Deutschen und drei misshandelten Männern an einem Galgen angefügt war. Das Bild hatte sie zutiefst erschüttert und sie waren deshalb um ihren Sohn und seine Mitarbeiter sehr besorgt gewesen. Und dann saßen sie in ihrem Wohnzimmer und sahen im Fernsehen ihren Georg in die Kamera lächeln und hörten ihn sie grüßen. Das war für seinen Vater das größte Geburtstagsgeschenk.
Auch Katis Mutter, die diese kurze Sendung im Fernsehen mitverfolgte, rief spontan aus:
„Wenn der Georg immer noch so gesund aussieht, dann muss es meiner Tochter auch gut gehen!"

## Die Scharia – das islamische Recht

Die SCHARIA (wörtlich: Weg) stellt das islamische Recht dar.
Als Quelle der Scharia gilt der Koran. Da der Koran jedoch
keine ausreichende Grundlage für eine staatliche Gesetzgebung
bietet, schufen islamische Rechtsgelehrte im frühen Mittelalter
(zwischen 700 und 900 n. Chr.) einen Kodex allgemein gültiger
Rechtsprinzipien zum Familienrecht, Strafrecht, Erbrecht und
vor allem für religiöse Rituale und Pflichten.
Da sich innerhalb des Islams im Laufe der Zeit unterschiedliche Rechtsschulen formten, gibt es in den verschiedenen
moslemischen Staaten keine einheitliche Auslegung der
Scharia. Demnach gibt es Vertreter, die die Scharia lediglich als
Richtschnur für das persönliche Leben mit Allah betrachten,
aber auch Verfechter, die die Scharia zur Grundlage der staatlichen Rechtssprechung erklären, wie es zum Beispiel die Taliban in Afghanistan taten.
Wie alle Islamisten lehnen die Taliban eine wortgenaue Exegese
des Korans ab. Vielmehr interpretieren sie seine religiösen
Quellen nach ihrem Belieben.
Die Anwendung der Scharia unter dem geistlichen Oberhaupt
Mullah Mohammed Omar in Afghanistan übertraf in ihrer
Grausamkeit die Praxis anderer moslemischer Staaten bei wei-
tem. Er vertrat die totale Entrechtung der Frau, die Steinigung
von Ehebrechern, die Amputation bei Diebstahl, die Todesstrafe
beim Wechsel des Glaubens und noch unzählige Strafen mehr.

Unter schwerer Bewachung wurde die Gruppe zum Gefängnis zurückgebracht. Sie hockten mit gemischten Gefühlen in dem Kleinbus und
mussten die vergangenen Stunden erst einmal verarbeiten. Der Aufmarsch an Reportern und Kameraleuten hatte sie verwirrt. Sie hatten
nicht gewusst, dass sie so sehr in der Weltöffentlichkeit standen. War das
positiv zu bewerten? Würde sich die Welt jetzt stärker für ihre Freilassung einsetzen? Was wurde in den Zeitungen überhaupt über sie ge-

schrieben? Oder war das ganze Theater nur ein Teil eines Schauprozesses der Taliban, mit dem ihr Regime in das öffentliche Interesse gerückt und das Christentum diffamiert wurde?

Es beunruhigte sie zutiefst, dass das »Oberste Gericht« eingeschaltet worden war und sie nach islamischem Recht verurteilt werden sollten. Dass die Todesstrafe in Erwägung gezogen worden war, hatte sie regelrecht geschockt. Mit solch einer Härte hatten sie nicht gerechnet.

Der vorsitzende Richter war Georg nicht unbekannt. Nur Mohammed Sakib war ein Hardliner. Als ein enger Vertrauter von Mullah Mohammed Omar war er ein gefürchteter Mann. Wegen der vielen von ihm verhängten Todesurteile war er stets von Bodyguards umgeben. Von Nur Mohammed Sakib hatten sie keine Gnade zu erwarten!

Sie brauchten in dieser prekären Situation unbedingt einen Rechtsanwalt, möglichst einen, der sich in der Scharia auskannte. Daran bestand kein Zweifel mehr. Die ganze Prozedur würde sicherlich viel Zeit in Anspruch nehmen. Und an eine baldige Freilassung war nun nicht mehr zu denken.

Das waren deprimierende Aussichten!

• • •

Zwei Tage später durften die Diplomaten die Shelter Now-Entwicklungshelfer im Gefängnis besuchen, um über die Wahl eines Anwaltes zu beraten. Ein Richter und ein Vertreter des afghanischen Auswärtigen Amtes waren bei der Besprechung zugegen. Die Diplomaten schlugen den pakistanischen Anwalt Atif Ali Khan aus Peschawar vor. Er wäre zwar noch recht jung, hätte aber unter anderem das Recht der Scharia studiert und würde sie sicherlich gut vertreten können. Die Mitarbeiter willigten ein.

Es sollte aber noch zwei Wochen dauern, bis die Gefangenen ihn das erste Mal treffen konnten, denn einen Tag später, am 11. September, geschah ein Ereignis, das nicht nur New York und die gesamte westliche Welt erschütterte, sondern auch die Situation der acht Inhaftierten dramatisch gefährdete.

GEORG TAUBMANN: Ich saß in unserer Zelle und las gerade, als die Tür aufgerissen wurde und zwei befreundete Taliban-Wächter aufgeregt hereinstürzten: »Mr. George, wir haben eben gerade im Radio gehört, dass zwei

Flugzeuge in New York ins World Trade Center geflogen sind. Die zwei Türme sind zusammengestürzt, es soll Tausende von Toten gegeben haben. Man sagt, es sei ein Terroranschlag und Osama bin Laden solle dahinterstecken.«

Die beiden Taliban zeigten sich wirklich bestürzt und sie gingen ein großes Risiko ein, indem sie mir das erzählten. Ich hatte in den letzten Wochen einige Freunde unter den Wächtern gewonnen, die mir stets die neuesten Nachrichten erzählten und auch Briefe zwischen den Frauen und uns hin und her schmuggelten. Aber es wurde für sie immer gefährlicher, denn ihre linientreuen Kollegen beäugten sie misstrauisch. Unter diesen herrschte natürlich eine riesige Freude, dass den verhassten Amerikanern endlich eins ausgewischt worden war. Sie bejubelten ihren Helden Osama bin Laden und waren stolz auf ihn.

Vor meinen Augen lief eine Art Horrorfilm ab. Mir war sofort klar, was dieser Terroranschlag für uns Gefangene bedeuten konnte und was als Nächstes passieren würde:

Osama bin Laden war mit Mullah Omar eng befreundet und befand sich in Afghanistan, wo ohnehin seine El Kaida-Kämpfer ausgebildet wurden und an der Seite der Taliban kämpften. Die USA würden die Auslieferung Osama bin Ladens fordern. Mullah Omar würde dies verweigern, worauf die Amerikaner mit militärischen Vergeltungsschlägen reagieren würden. Das konnte sich zu einem Krieg ausweiten. Alle Ausländer würden Afghanistan verlassen, einschließlich unserer Diplomaten. Wir würden als einzige Ausländer zurückbleiben und künftig Geiseln in der Hand der Taliban sein. Bei Angriffen konnte man uns ohne weiteres als menschliche Schutzschilde einsetzen. Auf jeden Fall waren wir künftig der Wut der Taliban gegen Ausländer wehrlos ausgesetzt.

Dieser Gedanke erschütterte mich bis ins Mark. In den letzten 17 Jahren hatte ich bereits mehrere Male die rasende Wut von extremen Moslems und ihre Aggressionen gegen Ausländer miterlebt. Den Anblick eines fanatischen Mobs, der plündernd und drohend durch die Straßen zieht, kann man kaum wieder vergessen. Ich war mir sicher, nach diesem 11. September würde die Welt nicht mehr so sein wie bisher und wir Shelter Now-Leute steckten im Zentrum des Sturms.

## Moslemische Attentate und
## ihre Auswirkungen auf Shelter Now

Als nach dem Absturz eines Pan Am Flugzeuges 1988 über Lockerbie die amerikanischen Streitkräfte Vergeltungsschläge gegen Libyen austrugen, gab es überall in Pakistan gewalttätige Demonstrationen gegen Amerikaner und andere Leute aus dem Westen. Das Shelter Now-Team hatte an einen sicheren Ort in den Bergen fliehen müssen, da es für Ausländer einfach zu gefährlich gewesen war, sich in Peschawar aufzuhalten.

Auch der Golfkrieg 1991 hatte sich für Ausländer in Pakistan extrem kritisch ausgewirkt. Georg Taubmann hatte gleich gewusst, dass mit den Angriffen auf den Irak durch die alliierten Luftstreitkräfte in Peschawar sofort antiwestliche Demonstrationen und Anschläge beginnen würden. Wenige Stunden vor Beginn der Luftangriffe auf Bagdad waren er und sein Team sicherheitshalber nach Islamabad geflüchtet. Und kaum hatten die Angriffe begonnen, da war auch schon der Mob islamitischer Fundamentalisten zu seinem Haus gestürmt. Sie waren ihnen buchstäblich in letzter Minute entkommen.

Nach den Attentaten auf die amerikanischen Botschaften in Kenia und Tansania 1998 durch die El Kaida-Terroristen, hatten wiederum alle Mitarbeiter aus Peschawar evakuiert werden müssen. Damals hatten sie tagelang in den Häusern von Freunden in Islamabad ausgeharrt, immer in der Furcht, von Extremisten entdeckt zu werden.

Am 13. September verließen die meisten Ausländer Afghanistan: die UN-Mitarbeiter, die Angestellten anderer ausländischer Hilfswerke, ausländische Geschäftsleute und Experten und auch die Diplomaten der Inhaftierten und der Vater von Heather Mercer sowie die Mutter von Dayna Curry. Innerhalb der nächsten Tage folgten die restlichen Ausländer.

Georg Taubmann und Peter Bunch kannten die Fluggeräusche der kleinen PACTEC und Rote Kreuz-Maschinen sehr gut, die die Ausländer an Bord hatten – schließlich waren sie oft genug mit ihnen geflogen.

Sie hörten, wie sie immer wieder nach Kabul hinein- und wieder heraus-flogen.

»Jetzt sind wir von allen verlassen«, dachte Georg enttäuscht. »Jetzt kann uns nur noch Gott beistehen!«

Unter den Taliban-Wächtern breitete sich Unsicherheit und Span-nung aus. Irgendetwas würden die Amerikaner unternehmen, um sich zu rächen, da waren sich alle sicher. Von den mit ihm befreundeten Wächtern hörte Georg, dass die USA im Begriff waren, eine weltweite Al-lianz gegen den Terrorismus aufzubauen. Und es war keine Frage, dass die gesamte Weltaufmerksamkeit auf Afghanistan gerichtet war. Georg erfuhr, dass sich Pakistan an die Seite Amerikas gestellt hatte und die ersten Flugzeugträger bereits unterwegs waren.

Den von ihnen befürchteten Ausländerhass bekamen die Inhaftierten dann auch von einigen Wärtern immer stärker zu spüren. Dieser Hass zeigte sich durch ihre strengere Bewachung und in den Drohungen, die sie zu hören bekamen, als wären sie für die Misere verantwortlich.

»Hier braut sich etwas ganz Gefährliches zusammen. Hoffentlich ge-schieht nichts Unüberlegtes«, sagte sich Georg.

Obwohl es einige Zeit dauerte, bis er alle Hürden überwunden hatte, fand der pakistanische Anwalt Atif Ali Khan trotz der angespannten Si-tuation den Weg zu den Inhaftierten. Er wurde von seinem Kollegen Bis-millah begleitet. Bismillah war Paschtune und kam ausgerechnet aus dem gleichen Stammesgebiet wie der Gefängnischef. Dieser Umstand besänftigte die Taliban ein wenig, denn sie waren gar nicht erfreut, dass sich ihre Gefangenen tatsächlich einen Anwalt genommen hatten und dann auch noch einen, der angab, sich im Scharia-Recht gut auszuken-nen. Darüber hinaus hatte Bismillah in einer Madrassa studiert, in der ihr Richter Nur Mohammed Sakib eine Weile unterrichtet hatte.

Zunächst hörte der Anwalt Atif Ali Khan seine Mandanten an. Er war ein zutiefst überzeugter Moslem und deshalb voller Vorurteile gegen-über seinen Mandanten. Kein Wunder, denn er hatte bis dahin nur Schlimmes über sie gehört: Sie hätten in Afghanistan haufenweise christliche Literatur und Bibeln verteilt und Menschen durch ihre Hilfsprojekte zum Christentum bestochen.

Als Georg Atif Ali Khan anfangs zur Seite nahm und fragte, mit was für einer Strafe er und sein Team wohl rechnen müssten, antwortete er deshalb kühl: »Bei dem, was ich über euch gehört habe, rechne ich mit

94

einer Gefängnis- oder sogar Todesstrafe.« Aber die Scharia kenne ja auch das Prinzip der Gnade und er würde sich schon entsprechend für sie einsetzen. Das war für Georg eine erschütternde Botschaft, die er lieber für sich behielt.

Je mehr sich der Anwalt jedoch mit seinen Mandanten befasste und nach Beweismaterialien forschte, umso erstaunter beziehungsweise entsetzter wurde er, wie böse den Ausländern von den Taliban mitgespielt worden war. Dennoch glaubte er an einen gerechten Prozess und dass er seine Mandanten freibekommen würde.

Doch mit ihrem Anwalt kamen nicht nur Schreckensbotschaften zu ihnen ins Gefängnis, er brachte auch Briefe, Zeitungen und Lebensmittel von der deutschen Botschaft und dem Shelter-Team aus Pakistan mit. In den Paketen waren Strickjacken, warme Unterwäsche, Socken, Decken, Kosmetikartikel, Schokolade und Knabbergebäck. Das war natürlich eine besondere Überraschung und Anlass zu großer Freude.

Die deutschen Mitarbeiter bekamen erst jetzt nach sechs Wochen Haft erstmalig Post ausgehändigt. Denn bislang war sie ihnen von dem Gefängnischef unterschlagen worden.

●●●

GEORG TAUBMANN: Als Peter und ich zurück in unserer Zelle waren, öffnete ich meine Briefe mit zittrigen Händen. Die Handschrift meiner Kinder zu sehen, von Marianne zu lesen, dass es ihnen gut geht – das hat mich sehr tief bewegt, aber gleichzeitig auch den Schmerz der Trennung hochgespült. Gut, dass wenigstens Peter bei mir war. Er nahm mich gleich in den Arm, tröstete mich und betete für mich. Er konnte meine Gefühle gut nachempfinden, schließlich hat er selbst eine Tochter und einen Sohn, nach denen er sich sehnte.

Zu den Sachen, die der Anwalt mitgebracht hatte, gehörte auch ein dicker Umschlag mit einer Sammlung von internationalen Presseartikeln der vergangenen Wochen, die besonders von unserer Gefangennahme berichteten. Als ich diese studierte, begriff ich zum ersten Mal die Dimension unserer Inhaftierung und das große Weltinteresse, in dem wir standen. Solch einen Rummel hatte ich nicht erwartet.

Es enttäuschte mich allerdings zutiefst, wie wir direkt nach unserer Inhaftierung in den Artikeln mancher Zeitungen dargestellt wurden: Als ein kleiner Haufen fanatischer Christen, die in Afghanistan rücksichtslos missioniert hätten. Wir hätten nicht nur selbst Schuld an unserer Misere, sondern zudem noch andere Hilfsorganisationen in Gefahr gebracht.

Warum glaubten die Reporter plötzlich so vorbehaltlos den Übertreibungen und Lügen der Taliban? Die angeblichen Beweise auf den Pressephotos – wie zum Beispiel das Kruzifix, die Audio-Kassette und die Bibel – stammten gar nicht von uns und außerdem war es einfach lächerlich, jemanden deswegen mit dem Tode zu bedrohen.

Die Journalisten wussten doch, wie die Taliban grundsätzlich mit den Menschenrechten und Andersgläubigen umgingen! Sie hatten die einheimischen Frauen jeglicher Rechte beraubt, die historischen Buddhastatuen zerstört und scherten sich einen Dreck um den Protest der Weltöffentlichkeit. Sie wollten die Hindus aus ihrem Land vertreiben und sie zwingen, zu ihrer besseren Erkennung gelbe Stofffetzen zu tragen – ein makabres Gegenüber zum Nazideutschland Hitlers, als die Juden gezwungen worden waren, den Judenstern zu tragen. Die Taliban drangsalierten nicht nur uns, sondern hatten bereits vielen anderen Hilfsorganisationen Schwierigkeiten bereitet und Projekte wegen geringfügiger »Vergehen« geschlossen.

Warum, fragte ich mich, machten sich so wenige Reporter die Mühe, auf den Erfolg unserer achtzehnjährigen Entwicklungshilfe sowohl in Pakistan als auch in Afghanistan hinzuweisen? Warum schrieben nur wenige, unter welchen Gefahren wir den Flüchtlingen geholfen haben und wie sehr wir und unsere Arbeit anerkannt waren? Schließlich waren wir von hoch stehenden Taliban gebeten worden, in den verschiedenen Regionen Afghanistans zu arbeiten. Sie hatten uns sogar für unsere Arbeit kostenlos Grundstücke und Häuser zur Verfügung gestellt. Viele bekannte Hilfsorganisationen, verschiedene UN-Einrichtungen (wie UNDP, UNCHS und WFP) sowie Regierungen westlicher Länder unterstützten unsere Projekte mit großen finanziellen Zuwendungen und drückten damit unserem Einsatz eine hohe Anerkennung aus.

Auch wenn zwei Mitarbeiterinnen unserer Organisation auf Grund des Wunsches afghanischer Freunde einen Jesusfilm gezeigt hatten, rechtfertigte es noch lange nicht die Zerstörung unseres Hilfswerkes und unsere Gefangennahme. Da hätten wir uns von einigen Vertretern der westlichen Presse mehr Rücksichtnahme und Achtung gewünscht.

Ich brauchte einige Zeit, um diese Zeitungsberichte zu verkraften!

Am 30. September, exakt drei Wochen nach der ersten Anhörung vor dem »Obersten Gericht«, wurden die Shelter Now-Entwicklungshelfer wieder zum Gerichtsgebäude gefahren. Natürlich ohne jede Vorinformation und in großer Hektik. Wohin die Fahrt ging, wurde ihnen auch jetzt wieder nicht gesagt.

• • •

GEORG TAUBMANN: Was ich dieses Mal so schrecklich fand, war, dass sie einen großen Umweg machten. Meine Vermutung, es ginge zum Gericht, wurde damit zunächst einmal zunichte gemacht. Sie fuhren die Hauptstraße entlang direkt auf den »Ariana Chowk« zu, diesen berüchtigten Platz, auf dem viele Hinrichtungen stattgefunden hatten. Bei jeder öffentlichen Hinrichtung war dieser Platz mit Schaulustigen überfüllt.

»Die wollen uns doch nicht etwa ...?« Mir ging es wie ein Stich ins Herz. Dem Team sagte ich nichts von meiner grauenhaften Befürchtung. Ich zog den Kopf ein und lugte angespannt aus dem Frontfenster. »Wenn da jetzt eine große Menschenmenge steht, dann weiß ich, was passieren wird!«

Der Platz kam in Sicht. Keine Menschenmenge! Ich war unendlich erleichtert. Es war gemein, wie sie mit unseren Gefühlen spielten!

• • •

Als dann die Gruppe schließlich beim »Obersten Gericht« ankam, erwartete sie keine große Presseschar. Lediglich ein Reporter des arabischen Senders El Dschasira filmte sie mit einer kleinen Videokamera.

Die Verhandlung verlief für sie leider enttäuschend. Und die Feindseligkeit der Taliban gegen die Ausländer war förmlich zu spüren, denn die angedrohte Bombardierung durch die USA konnte jederzeit beginnen.

Als Erstes mussten die Shelter Now-Mitarbeiter ihren Anwalt formal bestätigen. Sie waren gespannt auf die Anklage, um endlich zu wissen, woran sie waren. Die Ansprache und die Anklage wurden in Dari verlesen. Es gab jedoch keinen Übersetzer für die Angeklagten und auch die Anwälte konnten nichts davon verstehen, weil sie nur Paschtu sprachen.

»Wir wollen einen Übersetzer. Wenn wir nichts verstehen, können wir uns nicht dazu äußern«, protestierte Georg Taubmann stellvertretend für die Gruppe.

Sein Einwand wurde vollkommen ignoriert. Für die Richter war es also offensichtlich nur noch ein Scheinprozess.

»Wir brauchen eine englische Kopie der Anklageschrift«, hakte der Anwalt nach.

Diese wurde dann nach vier Tagen tatsächlich ausgestellt, sie war jedoch verwirrend ungenau: Namen waren vertauscht und zum Teil war die englische Übersetzung so schlecht, dass man nicht herauslesen konnte, was eigentlich gemeint war.

Der Anwalt bekam daraufhin vom Gericht 15 Tage Zeit für seine Verteidigungsschrift. Die Shelter Now-Entwicklungshelfer, die ohnehin nie an ein faires Urteil geglaubt hatten, wussten nun umso klarer, dass sie im Grunde Geiseln waren. Ganz gleich, was ihr Anwalt Atif Ali Khan zu ihrer Verteidigung vorbringen würde, die Taliban würden mit ihnen anstellen, was sie wollten.

---

MARGRIT STEBNER: Das ganze Verfahren vor dem Gericht war ein Witz. Zum Beispiel wurden zur formalen Bestätigung unseres Anwaltes alle unsere Photos in ein dickes Buch geklebt und jeder von uns musste seinen Daumenabdruck unter sein Bild setzen.

Der Verlesung der Anklageschrift in Dari konnten wir nicht folgen und als wir vier Tage später die englische Übersetzung in den Händen hielten, hatten wir den Eindruck, dass die Richter uns vier – Peter, Diana, Silke und mich – bislang gar nicht richtig zur Kenntnis genommen und sogar miteinander verwechselt hatten. Wir lasen zum ersten Mal, weswegen wir überhaupt angeklagt waren, und waren empört über die lächerlich geringen und erfundenen Anklagepunkte. Für so etwas saßen wir bereits neun Wochen in diesen trostlosen Gefängniszellen?

## Anklageschrift des „Supreme Court" vom 4. 10. 2001

(auszugsweise Übersetzung aus dem Englischen ins Deutsche)

Fakt ist: dass Heather Mercer und Dayna Curry außerhalb des Hauses einer afghanischen Familie, wohnhaft in Shaipoor, verhaftet wurden, der sie eine CD über das Leben Jesu Christi (möge der Friede und Segen Allahs auf ihm sein[*]) gezeigt und die Fotokopie eines Kinderbuches mit Geschichten über Jesus Christus (möge der Friede und Segen Allahs auf ihm sein[*]) geschenkt hatten. Die besagten Kopien waren in den Sprachen Dari und Englisch.

Dieser Vorfall führte zur Schließung von Shelter Now und der Inhaftierung weiterer sechs ausländischer Mitarbeiter und sechzehn lokaler Angestellter unter der Anklage der Missionierung.

## Anklagepunkte im Einzelnen:

GEORG TAUBMANN:

1. Es war seine Verantwortung, seine Mitarbeiter von illegalen Handlungen fern zu halten.
2. Die Gegenstände eines ehemaligen Mitarbeiters, die in seinem Haus gefunden wurden, sind Beweisstücke für Missionierung.
3. Da keine formale Erlaubnis für das Kinderprojekt vorlag, ist erwiesen, dass das Ziel dieses Projektes Missionierung war.

HEATHER MERCER:

1. Sie besuchte eine afghanische Familie.
2. Sie zeigte ihnen eine CD mit einem Jesus-Film.
3. Sie schenkte ihnen ein christliches Kinderbuch.

---

[*] Ein Moslem fügt immer den Segen Allahs an, wenn er den Namen eines seiner Propheten nennt.

DAYNA CURRY:
1. Sie schenkte der afghanischen Familie ein Radio.
2. Sie gab ihnen eine Radiokarte.
3. Sie gab ihnen Kopien eines christlichen Kinderbuches.
4. Sie zeigte eine CD über das Leben von Jesus.

KATRIN JELINEK:
1. Sie besuchte zwei afghanische Familien und zeigte CDs.
2. Sie hinterließ eine Bibel in Dari in einem afghanischen Haus.

DIANA THOMAS:
Sie missionierte, weil eine Radiokarte in ihrem persönlichen
Büro gefunden wurde.

SILKE DÜRRKOPF:
Sie besuchte afghanische Familien und ist Angestellte bei
Shelter Now.

PETER BUNCH + MAGRIT STEBNER:
Sie sind Angestellte bei Shelter Now und arbeiteten im Kinderprojekt mit.

Der Anwalt Atif Ali Khan setzte sich mit den Inhaftierten zusammen
und ging mit ihnen Punkt für Punkt der Anklage durch und jeder von
ihnen gab dazu seine Stellungnahme ab.

Die meisten der Anklagepunkte waren verdreht oder erfunden. Die
wenigen zurückgelassenen persönlichen Gegenstände eines ehemaligen
Mitarbeiters als Beweisstücke für eine Missionierung von Seiten des
Hilfswerkes aufzuführen, war lächerlich. Es traf auch nicht zu, dass
keine Erlaubnis für das Kinderprojekt vorlag. Dayna Curry verschenkte
weder ein Radio noch gab sie der afghanischen Familie eine Radiokarte.
Diana Thomas den Besitz einer Radiokarte unterzuschieben, war eine
Frechheit, denn sie hatte das genaue Gegenteil in das Verhörprotokoll
geschrieben. Peter Bunch und Margrit Stebner waren definitiv nicht in
das Kinderprojekt involviert gewesen. Für die beiden und Silke Dürr-

kopf reichte als Anklage offensichtlich aus, bei dem Hilfswerk angestellt zu sein.

Atif Ali Khan versprach, zügig an der Verteidigungsschrift zu arbeiten und sie dann beim Gericht einzureichen. Angesichts der kläglichen Anklagepunkte gab er sich optimistisch, dass sie bald freigelassen werden würden.

Darüber hinaus hatte der Anwalt von der Deutschen Botschaft in Islamabad die Kopie eines Schreibens von Mullah Omar in die Hand bekommen, das sich mit der Missionierung von Seiten von Ausländern befasste. Laut dieses Schreibens sollten Ausländer, die versucht hätten, einen Moslem zum Christentum zu bekehren, bis zu höchstens zehn Tagen inhaftiert und dann des Landes verwiesen werden, wenn die Anklage zu Recht bestand. Die Shelter Now-Entwicklungshelfer waren mittlerweile jedoch schon über zwei Monate inhaftiert, ohne dass ihnen die Bekehrung von Moslems in Afghanistan nachgewiesen werden konnte. Als der Anwalt dieses klare Gebot von Mullah Mohammed Omar den Richtern vorlegte, interessierte es sie jedoch reichlich wenig.

Überhaupt wurden Atif Ali Khan bei seiner Arbeit alle möglichen Hindernisse in den Weg gelegt. So verwehrte ihm der Gefängnischef zum Beispiel den Zugang zu seinen Mandanten. Als der Anwalt sich daraufhin im »Obersten Gericht« darüber beschweren wollte, ließ man ihn nicht zu den Richtern vor. Beamte ließen sich verleugnen und bearbeiteten wichtige Unterlagen nicht.

Schließlich verließ Atif Ali Khan genervt und überstürzt Kabul, angeblich um in Peschawar in Ruhe über den Unterlagen arbeiten zu können, wahrscheinlicher war jedoch, dass er Angst vor den Bombenangriffen bekam, mit denen die Amerikaner bereits begonnen hatten.

Als der Anwalt nach einer Woche wieder zurückkehrte, legte er den Mitarbeitern seine Verteidigungsschrift vor und gemeinsam verbesserten und änderten sie noch einige Punkte daran. Als diese Arbeit abgeschlossen war, fuhr Atif Ali Khan zum »Obersten Gericht«, um die Verteidigungsschrift einzureichen, doch dort erreichte er niemanden. Der vorsitzende Richter Nur Mohammed Sakib ließ dem Anwalt lediglich ausrichten, das hohe Gericht hätte jetzt Wichtigeres zu tun, als sich um die Angeklagten zu kümmern.

## Erlass der Islamischen Emirate von Afghanistan (IEA)

Alle Ausländer müssen folgende Punkte beachten:

1. Sie dürfen keine Drogen schmuggeln.
2. Sie dürfen sich nicht mit afghanischen Frauen treffen und nicht mit ihnen sprechen.[...]
7. Sie dürfen keine Zeitschriften, Bücher, Zeitungen und Kassetten kopieren oder verteilen, die gegen die Politik der IEA ausgerichtet sind.
8. Sie dürfen Afghanen nicht zu anderen Religionen einladen. [...]
11. Sie müssen die Religion, den Glauben und die Kultur der Afghanen achten und dürfen nicht gegen die IEA agitieren.

Im Falle der Zuwiderhandlung in den Punkten 7, 8, 10 und 11 kann der Ausländer für 3 bis 10 Tage inhaftiert werden und dann innerhalb von 48 Stunden des Landes verwiesen werden.

Gezeichnet durch den Diener des Islams
Mohammed Omar                                    30. 06. 2001

Zutiefst deprimiert fuhr Atif Ali Khan zu seinen Mandanten ins Gefängnis zurück. Seine mühevoll ausgearbeitete Verteidigungsschrift war noch nicht einmal zur Kenntnis genommen worden.

»Hier geht es nicht um ein gerechtes Gerichtsverfahren«, hatte ihm Georg Taubmann schon vor langem gesagt. »Ganz gleich, was du den Richtern vorlegst, sie werden mit uns machen, was sie wollen. Wir sind für sie lediglich Geiseln. Es hat keinen Sinn, auf das Ende der Gerichtsverhandlungen zu warten. Es ist reine Zeitverschwendung. Wir müssen etwas anderes unternehmen!«

Jetzt glaubte ihm Atif Ali Khan. »Georg, die treiben hier wirklich ein übles Spiel mit euch. Wir stecken in einer Sackgasse. Jetzt hilft nur noch massiver Druck von Seiten der westlichen Länder!«, meinte er vollkommen desillusioniert.

Danach fuhr er geschlagen und enttäuscht nach Pakistan und kehrte auch nicht wieder nach Kabul zurück. Die Taliban verwehrten ihm ohnehin jeden weiteren Kontakt mit seinen Mandanten.

Wenige Tage später brach schließlich jeglicher Kontakt der Außenwelt zu den Inhaftierten ab. Die Weltöffentlichkeit wusste nicht mehr, wie es den Entwicklungshelfern ging und was mit ihnen geschah.

* * *

Eigentlich war den Entwicklungshelfern von Shelter Now von vornherein klar, dass sie von der Religions- und Sittenpolizei in eine Falle gelockt worden waren und dass es das eigentliche Ziel der Taliban gewesen war, das Hilfswerk Shelter Now zu vernichten und die Entwicklungshelfer als Geiseln zu verwenden. Je mehr sie darüber nachdachten, um so klarer fügten sich die Puzzleteile zusammen.

Im Nachhinein fiel den Entwicklungshelfern auf, dass die afghanischen Frauen ungewöhnlich dringend um einen Besuch gebeten und darauf bestanden hatten, diesen Film zu sehen. Darüber hinaus hatte ihr Sohn bereits in den Tagen zuvor mit einigen Freunden Dayna in ihrem Haus besucht und aufdringlich um ein Kinderbuch mit christlichen Geschichten gebettelt. Als Dayna ihm dies verwehrt hatte, war er höchst verärgert fortgegangen.

Beim Verlassen des Hauses der afghanischen Familie war Heather auch nicht, wie es allgemein üblich ist, von den Kindern und den Frauen zur Straße begleitet worden. Offensichtlich hatten sie von der geplanten Verhaftung gewusst. Und die Tatsache, dass die afghanische Familie nicht gleichzeitig mit den Besuchern verhaftet worden war, ergibt den eindeutigsten Hinweis darauf, dass sie von der Religions- und Sittenpolizei benutzt und unter Druck gesetzt worden war, die Entwicklungshelferinnen einzuladen und zu überreden, diesen Film zu zeigen. Auch dass Dayna und Heather vor dem Haus abgefangen worden waren, erhärtete diese Vermutung. Bei den ersten Verhören sprachen die Taliban ständig von drei Frauen, die die afghanische Familie besucht hätten. Es waren zwar drei Frauen eingeladen worden, aber nur zwei waren tatsächlich hingegangen, da Kati überraschenderweise doch nicht mitgekommen war. Die verhörenden Beamten waren demnach im Voraus informiert worden und hatten sich offensichtlich auf die wirkliche Sachlage nicht so schnell umstellen können.

Wenn es den Taliban tatsächlich um einen fairen Prozess gegangen wäre, wie sie behauptet hatten, warum hatten sie sich dann nicht an das klare Gebot Mullah Omars gehalten und die Entwicklungshelfer nach zehn Tagen des Landes verwiesen?

Warum hatten sie gleich einen Tag nach der Verhaftung des Shelter Now-Teams die meisten ihrer Hilfsprojekte zerstört und kurze Zeit darauf deren Häuser geplündert und nicht bis zum Ausgang der Gerichtsverhandlungen gewartet? Damit war klar, dass die Eliminierung der Hilfsorganisation eine beschlossene Sache gewesen war und es für die Taliban lediglich um einen Schauprozess ging.

Es liegt deshalb auf der Hand, dass Mullah Mohammed Omar, der als enger Vertrauter von Osama bin Laden sicherlich von dem Plan für den Terroranschlag am 11. September gewusst hatte, die Shelter Now-Mitarbeiter von vornherein als Geiseln für Verhandlungen mit den USA eingeplant hatte.

Bei den Verhaftungen hatten die Taliban ständig nach weiteren Namen von Amerikanern gefragt. Sie hatten offensichtlich so viele Amerikaner wie möglich in ihre Gewalt bekommen wollen.

Die acht Entwicklungshelfer sind in der Tat zweimal von dem afghanischen Außenminister Wakil Ahmad Muttawakil der US-Regierung zum Austausch angeboten worden. Einmal Anfang September gegen den in den USA inhaftierten Scheich Omar Abdel-Rahman. Der blinde Omar war 1995 wegen der Planung von Anschlägen, darunter der erste auf das World Trade Center in New York, zu lebenslanger Haft verurteilt worden. Ein zweites Mal versuchte der Außenminister Afghanistans am 6. Oktober einen Tauschhandel mit den USA: Freilassung der acht Inhaftierten, wenn Präsident George Bush seine Drohung mit einer Militäraktion fallen lassen und Verhandlungen aufnehmen würde.

# Bomben und Gebete

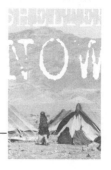

Am 17. September, eine gute Woche nach der ersten Anhörung vor dem »Obersten Gericht«, wurden die Männer und Frauen von Shelter Now überraschend an einen anderen Ort verlegt. Für die Frauen war es das zweite, für die Männer das dritte Gefängnis.

An diesem Tag stürmten die Wärter ohne jede Ankündigung zu den Frauen in den Innenhof und befahlen ihnen: »Packt eure Sachen zusammen! Ihr kommt in ein anderes Gefängnis. Wir fahren gleich los!«

Mit einer Verlegung hatten die Frauen nicht gerechnet. Sie hatten vielmehr auf eine Freilassung gehofft. Sechs Wochen lang hatten sie nun schon Tag für Tag auf ihre Freiheit gewartet und jetzt das.

Auf ihre Nachfragen, warum sie verlegt würden und wo es denn hinginge, gab es keine Antwort, sondern nur das ihnen nun schon allzu bekannte: »Schnell, schnell!« Deshalb blieb ihnen auch kaum Zeit, sich von den afghanischen Frauen zu verabschieden, mit denen sie die vergangenen sechs Wochen verlebt und mit denen sie zum Teil sogar Freundschaften geschlossen hatten.

• • • •

KATI JELINEK: Uns blieb tatsächlich kaum Zeit, unsere paar Sachen zusammenzukramen. Diese Hektikmache der Taliban war natürlich Absicht, um uns zu verunsichern. Alles ging vollkommen durcheinander und die afghanischen Frauen waren sehr bestürzt und traurig, uns so plötzlich zu verlieren. Muschtabah, die früher öfter an unserem Haus ihre Stickereien verkauft hatte, fing entsetzt an zu weinen. Deshalb traf ich mich heimlich noch schnell mit ihr auf der Toilette, wo sie sich schluchzend in meine Arme warf und mich gar nicht mehr loslassen wollte. Wir waren ihr im Gefängnis ein Stück Halt und Hoffnung geworden. Dann musste ich mich schweren Herzens von ihr lösen, doch später verfolgte mich noch tagelang diese herzzer-reißende Abschiedszene in meinen Gedanken, und ich fand erst Ruhe, als ich einige Zeit später erfuhr, dass Muschtabah entlassen worden war.

· · ·

Bei Georg Taubmann und Peter Bunch ging es genauso überraschend und hastig zu. Ein Wärter stürmte in ihre Zelle und bellte: »Los, zu-sammenpacken! Es geht an einen anderen Ort. Das Auto wartet schon!«

»Was soll das?«, wehrte sich Georg. »Wer hat das befohlen? Wir gehen nicht. Wir bleiben hier!«

»Nein! Das ist ein Befehl!«

Die beiden Männer widersetzten sich jedoch standhaft, sodass schließ-lich der Gefängnischef persönlich kommen musste und anordnete: »Ihr müsst gehen! Ihr habt keine andere Wahl. Wir bringen euch an einen bes-seren Ort außerhalb von Kabul, der außerdem sicherer und schöner ist.«

»Vielleicht bekommen wir jetzt Hausarrest und können endlich an-genehmer leben«, hofften die beiden auf Grund dieser Information. Also packten sie ihre wenigen Sachen zusammen und stiegen zu ihren Kolleginnen in den Wagen.

Wieder wurden sie während der Fahrt stark bewacht, denn ein Pick-up voll mit schwer bewaffneten Taliban folgte ihrem Kleinbus. Alle acht waren sehr verwundert und zum Teil recht verstört über diese plötzliche Verlegung, trotzdem nutzten sie die Zeit des Zusammenseins und er-zählten sich die aktuellsten Neuigkeiten. Währenddessen achtete Georg genau auf die Straßen, die sie entlangfuhren. Sie waren ihm vertraut, denn in diesem Stadtteil befand sich ihr Verwaltungsbüro.

Zu ihrer Verblüffung dauerte die ganze Fahrt nur gute zehn Minuten. Dann hielt der Wagen im Stadtteil Scharinau vor einem großen Torbo-gen an. Georg kannte dieses Tor, vor dem stets ein Taliban-Wächter saß, gut, denn er war früher bei seinen Erledigungen oft daran vorbeige-gangen. Damals hatte er sich immer gefragt, was sich wohl dahinter verbergen mochte. Nun fuhren sie durch diesen Torbogen. Nach etwa 50 Metern passierten sie ein weiteres Tor und befanden sich in einem Gefängnishof, umgeben von hohen Mauern und Stacheldraht.

Die Entwicklungshelfer protestierten sofort: »Ihr wolltet uns aus der Stadt herausfahren und an einen sicheren und schöneren Ort bringen! Das hier ist ja wieder ein Gefängnis!«

»Das ist euer neuer Aufenthaltsort. Hier werdet ihr bleiben. Steigt aus!«, war die kurz angebundene Antwort.

Wieder war das Shelter Now-Team belogen und betrogen worden. Das Gefängnis lag inmitten der Stadt und gehörte obendrein zum Geheimdienst. Damit war es natürlich absolut kein sicherer Ort, vor allem angesichts der zu erwartenden Bombardierungen durch die amerikanischen Streitkräfte.

Georg und Peter konnten sich kaum verabschieden, so schnell wurden die Frauen durch eine Seitentür in ihren Gefängnistrakt geschoben.

···

SILKE DÜRRKOPF: Das neue Gefängnis war ein Schock. Vor allem weil wir so leichtgläubig gewesen waren und ein besseres Quartier erwartet hatten. In dem kleinen Innenhof, umgeben von hohen Mauern mit Stacheldraht, wuchs überhaupt nichts; es gab nur festgestampften Lehm. An der Seite befand sich eine Wasserpumpe und dahinter in der Ecke ein kleines, mit einer Decke verhängtes Häuschen. Sollte das etwa unsere Toilette sein? Ich war entsetzt. Durch diesen Hof wurden wir ins Haus geschickt, wo wir unsere wenigen Habseligkeiten ablegen sollten. Alles war eng, düster und dreckig und ich dachte: »Hier halte ich es keine fünf Minuten lang aus!« Den anderen ging es ähnlich, deshalb stürmten wir gemeinsam zurück auf den Hof und setzten uns aus Protest dorthin. Daraufhin kam unsere neue Wärterin erneut auf uns zu und zeigte Diana und Heather noch einmal das Innere des Gebäudes. Dabei entdeckten sie dann sogar eine richtige Toilette. Doch die neue Zelle für uns sechs Frauen war leider nur etwa 20 m² groß und ihr Fenster war zugemauert.

»Keine Chance!«, protestierte ich. »In dieses dunkle Loch kriegt mich keiner rein.«

Der Gefängnisleiter, der gleich einen sympathischen Eindruck auf uns machte, schickte daraufhin nach einigen Männern und innerhalb einer Stunde waren die Steine herausgeschlagen und das Fenster neu verglast. Sie bemühten sich sogar, die Zelle zu putzen und stellten Betten hinein. So schnell wie diese Männer habe ich in Afghanistan noch nie jemanden arbeiten sehen.

Währenddessen saßen wir im Hof und zogen mit dem Schatten von einer Ecke in die andere um. Denn die Sonne strahlt in Kabul im September noch immer mit unverminderter Hitze vom Himmel.

Margrit ging es gar nicht gut. Sie hatte immer noch mit den Folgen einer Amöbenruhr zu kämpfen und lag erschöpft auf einer Matte.

Einige Zeit, nachdem wir an diesem zunächst doch recht unwirtlichen Ort angekommen waren, wurde uns Essen gebracht, das so lecker war, wie wir es im Gefängnis noch nicht bekommen hatten. Es war »Kabulli Kalau«, das afghanische Nationalgericht und bestand aus mit Rosinen vermischtem Reis, mehreren Sorten Fleisch und in Zucker geschmorten Karotten. Langsam konnten wir glauben, dass wir an einen besseren Ort verfrachtet worden waren.

Mit uns lebten noch drei inhaftierte afghanische Frauen mit etwa neun Kindern in diesem Teil des Gefängnisses. Sie wurden jedoch nach drei Tagen verlegt. Von da an waren wir die einzigen Inhaftierten in diesem Trakt.

Bald merkten wir, dass der für uns zuständige Gefängnisleiter Mullah Hamid uns sehr wohlgesinnt war und uns einige Privilegien einräumte. Wir nannten diesen Ort, an dem wir noch zehn Wochen verbringen sollten, irgendwann scherzeshalber »Hotel Hamid«.

• • •

Peter Bunch und Georg Taubmann wurden nach ihrer Ankunft in einen Hof geführt, der zu dem Männergefängnis gehörte. Dabei handelte es sich um einen alten, verkommenen Bau mit vergitterten Fenstern. Viele Gefangene standen draußen im Hof herum und schauten sie teils neugierig, teils apathisch an. Der erste Eindruck von diesem Ort war für beide schrecklich. Mit ihrem Gepäck in der Hand, eine Decke und eine Plastiktüte waren ihre ganze Habe, wurden sie durch den Eingang geführt, eine große rostige Eisentür. In dem Gebäude war es ziemlich finster, sodass sie kaum etwas erkennen konnten, als sie eine Art Betontreppe ins obere Stockwerk gingen. Oben angelangt ging es durch eine zweite vergitterte Tür und weiter einen dunklen Gang entlang. Rechts und links befanden sich Zellen mit Türen, die außen und innen mit Stahlblech beschlagen waren und in Augenhöhe ein kleines Guckloch hatten. Die Türen standen offen und die Gefangenen lungerten im Flur herum. Sie wirkten eingeschüchtert, ängstlich und deprimiert. Als dann aber die beiden Ausländer bei ihnen auftauchten, blickten sie ihnen erstaunt und neugierig nach. Einige folgten den beiden den langen Gang entlang nach.

Die Zelle, die Peter und Georg zugewiesen bekamen, war 2 x 3 m groß. Das Fenster war recht groß und vergittert. Es bot einen Ausblick in einen

Hinterhof und ließ erkennen, dass das Gebäude in L-Form angelegt worden war. Der Raum an sich war wieder extrem schmutzig und die Wände waren mit Namen und Daten ehemaliger Gefangener voll gekritzelt. Auf der linken Seite der Zelle stand ein verdrecktes Stahlregal und an der rechten Wand ein einziges wackeliges Eisenbett mit einer unglaublich verdreckten Matratze.

····

GEORG TAUBMANN: Peter und ich setzten uns auf das Bett und waren vollkommen fertig. Das mussten wir erst einmal verkraften. Wieder waren wir belogen und betrogen worden, denn anstatt in einem netten Haus waren wir nun im Gefängnis des Geheimdienstes gelandet.

Die afghanischen Gefangenen standen schweigend in der Tür und gafften uns an. »Was sollen bloß diese Ausländer hier?«, werden sie sich wohl gefragt haben. Irgendwie merkten sie, dass wir extrem geschockt waren, denn nach einiger Zeit sprach mich einer von ihnen auf Paschtu an, ob er uns irgendwie helfen könne. Und er war ziemlich erstaunt und erfreut, dass ich seine Sprache beherrschte. Sofort kam Leben in diese armseligen Gestalten und sie bestürmten uns mit Fragen.

Ich fragte: »Gibt es irgendwo noch ein zweites Bett für uns?«

Und schon zogen einige los, um sich nach einem umzusehen. Die anderen machten sich mit uns daran, die Zelle aufzuräumen und zu säubern. Es dauerte nicht lange, bis unsere Mitgefangenen ein zweites Eisenbett aufgetrieben hatten, und gemeinsam versuchten wir, es in die kleine Zelle zu bugsieren. Es klappte, aber leider blieb uns dadurch nur ein kleiner Gang von weniger als einem Meter zwischen den beiden Betten. Die Matratzen mochte ich kaum anfassen und die Kopfkissen hatten große Löcher und waren voller Ungeziefer. Zum Glück hatten wir etwas Geld, das wir einem der Gefängniswärter geben konnten, damit er uns ein Pulver besorgte, mit dem wir dann das Ungeziefer vertreiben konnten. Anschließend legte ich meinen zweiten Schalwar Kamies als Bettlaken auf die Matratze und mein zweites Handtuch, das ich von den Diplomaten erhalten hatte, über das Kopfkissen.

Nachdem die »Renovierungsarbeiten« an unserer Zelle abgeschlossen waren, machte ich einen Rundgang durch unsere Gefängnisetage, um die neue Umgebung kennen zu lernen. Und was ich entdeckte, war ein weiterer Kulturschock. So waren an den Toiletten die verfaulten Holztüren aus dem Rahmen gefallen und ein zerlöcherter Vorhang musste nun als Tür herhalten. Dahinter verbargen sich in einem Podest drei Löcher, die bis oben hin mit Exkrementen verstopft waren. Keiner kümmerte sich darum, dass dort irgendwann einmal sauber gemacht wurde. Der Gestank war so bestialisch, dass ich mich beinahe erbrochen hätte.

Während meines Rundgangs fand ich heraus, dass sich in diesem Trakt etwa 50 Gefangene aufhielten, denen es erlaubt war, sich im Gang frei zu bewegen; allein der Ausgang war vergittert und bewacht. Nachmittags durften die Gefangenen für eine Weile ins Freie auf den Gefängnishof. Das Beinevertreten war für mich nach den sechs Wochen Isolierhaft, in der ich erst zum Ende hin einige wenige Male kurz nach draußen gehen durfte, eine große Erleichterung. Und auch der freie Zugang zu den Mithäftlingen war neu für mich.

Ein neues Kapitel im Gefängnisalltag tat sich für mich auf: Bisher hatte ich nur Kontakt zu den Taliban-Wächtern gehabt, doch nun lernte ich durch die Geschichten der inhaftierten Männer eine Welt des afghanischen Alltags kennen, die mir bis dahin verschlossen gewesen war.

In den letzten 17 Jahren hatte ich Afghanen aus allen Gesellschaftsschichten kennen gelernt. Ich hatte mit reichen Afghanen in ihren prunkvollen Häusern in Peschawar und Kabul geplaudert. Ich war Gast auf verschwenderischen Hochzeiten gewesen und hatte mit einflussreichen Männern in vornehmen Hotels gespeist. Selbst unter den machtvollen Taliban hatte ich Freunde gewonnen.

Auf der anderen Seite hatte ich aber auch viel Zeit mit afghanischen Flüchtlingen in den Lagern verbracht, die wir aufgebaut und mit Wasser und Lebensmitteln versorgt hatten. Ich hatte ihren Leidensgeschichten und ihrer Odyssee durch Afghanistan zugehört. Viele hatten vor den Taliban flüchten, andere hatten ihre Häuser und Felder verlassen müssen, weil sie ihre Familie durch die jahrelange Dürre nicht mehr hatten ernähren können. In abgelegenen afghanischen Dörfern hatte ich mit den Fürsten der unterschiedlichsten Stämme zusammengesessen, darunter auch mit Führern der Mudschahedin. Manche von ihnen waren abenteuerliche Typen gewesen, die mit ihren riesigen Waffenarsenalen prahlten. Ich hatte in den Hutscharas übernachtet, den Gästehäusern der Paschtunen, und Tee in den Zelten der in der Steppe umherziehenden Nomaden getrunken.

Ich kannte also das Leben in der Stadt und das Leben auf dem Lande, ich wusste, wie die Reichen und wie die Armen lebten. Aber das Leben von

Afghanen, wie es sich mir hier in dem Gefängnis auftat, war mir so noch nie begegnet. Ich hatte zwar davon gehört, doch dass das Leid so unendlich groß war, hätte ich nie gedacht. Hier hinter den Gefängnismauern erfuhr ich, dass fast jede Familie in Afghanistan unendlich gelitten hatte, nachdem der König 1973 durch einen Putsch gestürzt worden war: Sie hatten ihr Eigentum verloren, waren vertrieben, verhaftet, gefoltert und hingerichtet worden. Fast jede Familie in Afghanistan hatte in den letzten mehr als 20 Jahren Tote zu beklagen gehabt.

Ich lernte einen Lebensbereich des afghanischen Volkes kennen, der mich zutiefst erschüttert und meine Liebe zu den Afghanen umso mehr vertieft hat. Die Entbehrungen in diesem grässlichen Gefängnis waren es wert, um diesen authentischen Einblick zu gewinnen. Ich hätte ihn nirgendwo anders bekommen können.

Vom ersten Tag an schloss ich Freundschaften zu diesen Männern, die alle eine einzigartige und tragische Geschichte erlebt hatten. Sie kamen in unsere Zelle, hockten sich auf unsere Matratzen und auf den Boden und wir erzählten einander aus unserem Leben, manchmal bis weit in die Nacht hinein.

Ich versuchte meinen afghanischen Mitgefangenen zu helfen, wo ich nur konnte: Ich sprach ihnen Mut zu, versorgte sie mit Medikamenten und lieh mir Geld von Silke, die von uns allen am meisten davon ins Gefängnis geschmuggelt hatte, um den Gefangenen und deren hungernden Angehörigen etwas zustecken zu können.

## Afghanistan – ein geschundenes Land

Afghanistan ist eines der ärmsten Länder der Erde, nicht zuletzt weil das Land äußerst schwierig zu bewirtschaften ist. Der Boden liefert nur im Süden und Südwesten ausreichend Nährstoffe für eine bescheidene Landwirtschaft. Im Norden prägen unwegsame Gebirgsketten und schwer zugängliche Hochtäler die Region.

Die Dürre in den letzten Jahren führte zu einer Flucht innerhalb des Landes, denn der ausgetrocknete Boden konnte die Familien in den Dörfern nicht mehr ernähren. Sie mussten mit ihrer wenigen Habe fortziehen und darauf vertrauen,

in den ärmlichen Lagern an der Grenze zum Irak und im
Norden Pakistans das Nötigste zum Überleben zu erhalten.
Noch stärker als die Landflucht haben die seit mehr als zwanzig
Jahren ununterbrochen tobenden Bürgerkriege den afghani-
schen Familien unendlich viel Leid gebracht. Die Menschen
sind zermürbt und ohne Hoffnung.
Seit 1973, nach dem Sturz des Königs Zahir Shah durch einen
Militärputsch, hat es für die Bewohner Afghanistans keinen
Frieden mehr gegeben. Der neue Machthaber, Daoud Khan, hat
sich zwar um eine Verbesserung der Lebensbedingungen der
Bevölkerung bemüht und eine neue Verfassung geschaffen, in
der auch Frauenrechte verankert wurden, doch er kämpfte ver-
geblich gegen den bedrohlich wachsenden Einfluss der Sowjet-
union, die sich über Afghanistan einen Zugang zum Indischen
Meer erhoffte. Im April 1978 wurde Präsident Daoud durch
einen Putsch von Seiten der Kommunisten aus der Macht gedrängt und schließlich umgebracht. Die neue kommunistische
Regierung setzte die Verfassung außer Kraft, verbot alle islamischen Sitten und Traditionen und verursachte damit den Beginn des nicht enden wollenden Bürgerkrieges in dem ethnisch
ohnehin stark zergliederten Land.
Ende 1979 marschierten russische Militärverbände in das Land
ein. Sie glaubten, das Land innerhalb kurzer Zeit unter ihre
Kontrolle zwingen zu können. Doch daraus wurde nichts.
Denn die westlichen Länder, die verhindern wollten, dass die
Russen Zugang zu den Häfen am Indischen Ozean bekamen,
finanzierten und bewaffneten afghanische und arabische Frei-
willigenheere. Der so geförderte Krieg zwischen Russland und
Afghanistan dauerte zehn Jahre, an dessen Ende sich die Russen
geschlagen geben und das Land verlassen mussten.
Doch auch anschließend kam Afghanistan nicht zur Ruhe, sondern der Bürgerkrieg zwischen der afghanischen kommunisti-
schen Regierung und den Mudschahedin ging weiter. Als die
kommunistische Regierung besiegt worden war, kämpften die
verschiedenen Mudschahedin-Gruppen untereinander um die

Herrschaft über das Land und verwüsteten dabei eine Anzahl von Städten, vor allem aber Kabul.

Schätzungsweise 1,5 Millionen Menschen sollen insgesamt durch den andauernden Krieg ums Leben gekommen sein. Weitere Millionen haben seitdem das Land verlassen oder ziehen in großen Flüchtlingstrecks von Ort zu Ort. Die Bevölkerung wurde durch die Kämpfe zwischen den verschiedenen Moslemführern und ihren Anhängern regelrecht aufgerieben. Ab 1994 griffen schließlich die radikalislamischen Taliban in den Bürgerkrieg ein. Im September 1996 eroberten sie Kabul und kontrollierten bis November 2001 rund 80 Prozent des Landes. Da die Taliban sich im Wesentlichen aus paschtunischen Koranschülern zusammensetzten, drangsalierten sie die Bevölkerung der anderen Volksstämme wie die Tadschiken, die Hasaren und die Usbeken, vor allem aber auch die Anhänger der Nordallianz unter Ahmed Schah Massud, die sich im Norden des Landes einen eigenen Machtbereich hatten erhalten können.

Das Zusammenhocken und Erzählen mit den Gefangenen in Georg Taubmanns und Peters Bunchs Zelle wurde leider nicht lange geduldet. Die Gefängnisleitung wurde misstrauisch, mischte Spione zum Aushorchen unter die Gruppe und verbot den afghanischen Gefangenen schließlich den häufigen Kontakt mit den Ausländern. Also änderte Georg seine Taktik und schlenderte ab und zu durch die verschiedenen Zellen, plauderte mal hier und mal dort und war dadurch schnell der Freund fast aller Gefangenen.

Die wenigsten der in diesem Gefängnis inhaftierten Afghanen waren Mitglieder des Volksstammes der Paschtunen, die meisten waren Tadschiken, Usbeken, Hasaren oder Anhänger des von El Kaida-Leuten ermordeten Nordallianzführers Massud. Dort waren alte und junge Männer aus ganz Afghanistan, die gefangen waren, nur weil sie der »falschen« Volksgruppe angehörten oder ihnen vorgeworfen worden war, mit Oppositionsparteien zusammengearbeitet zu haben.

Unter ihnen war zum Beispiel eine Gruppe von würdigen alten Männern mit weißen Bärten, die wirklich nichts Böses getan hatten, aber nun einmal mit den Taliban nicht auf einer Linie lagen. Und da gab es eine Gruppe von einfachen Nomaden, Kutschies genannt, die mit ihren Kamelen und Ziegen durch die Gegend zogen und die an Politik reichlich wenig interessiert waren. Sie waren einfach nur unter dem Vorwurf, Königstreue zu sein, eingesperrt worden. Georg unterhielt sich mit ihnen und fand heraus, dass sie noch nicht einmal den Namen des abgesetzten Königs kannten. Zum Glück konnte ihr Stamm hohe Schmiergelder bezahlen, sodass diese Männer bald freikamen.

Einer der Gefangenen hatte ein Schreibwarengeschäft gehabt, in dem die Häscher der Sittenpolizei Ansichtskarten mit Abbildungen von indischen Schauspielerinnen gefunden hatten. Daraufhin war er für sechs Monate eingesperrt worden.

Doch besonders von den Taliban gesucht waren die Männer, die dem ermordeten Führer der Nordallianz, Massud, anhingen. Schon wer nur verdächtigt wurde, mit ihm zu sympathisieren, wurde verhaftet und kam in dieses Geheimdienstgefängnis. Da reichte manchmal allein der Hinweis eines missgünstigen Nachbarn für eine Inhaftierung. Die meisten derart verdächtigten Männer blieben sechs Monate bis zu einem Jahr in diesem Gefängnis und wurden danach in andere Gefängnisse abgeschoben, in denen sie ihre restliche Haftzeit absitzen mussten.

Besonders bestürzend war, dass es keine Rechtsanwälte gab, die sich für diese Männer einsetzten. Die Angehörigen konnten lediglich zum »Richter« gehen und direkt mit ihm verhandeln. Doch dabei ging es immer nur um Schmiergeld. Die geforderten Summen waren dabei derart hoch, dass viele sie gar nicht zahlen konnten. Manche Familien verarmten vollkommen, wenn sie dennoch versuchten das Geld aufzubringen. Ein Gefangener erzählte Georg Taubmann, dass seine Familie gerade im Begriff war, ihr Haus zu verkaufen, um ihn freizubekommen. Aus diesem Grunde würde die gesamte Familie künftig in einem Flüchtlingslager leben müssen.

Viele Gefangene berichteten, dass sie die einzigen Brotverdiener für ihre Familie und meistens auch noch für weitere Verwandte waren. Dazu gehörten oftmals die Schwägerinnen oder die Schwestern mit ihren Kindern, deren Männer im Krieg gefallen waren und ebenfalls auf ihre Versorgung angewiesen waren – in Kabul waren im vergangenen Jahr über 10.000 Witwen gezählt worden. Und nun saßen diese Männer im Gefängnis und es gab keinen männlichen Verwandten mehr, der noch

Geld verdienen konnte. Kein Wunder, dass viele Familien ihre gesamte Habe verkauften, nur um überleben zu können. Und wer nichts mehr zu verkaufen hatte, musste hungern.

Die Männer, die mit Georg zusammensaßen und ihre Lebensgeschichten erzählten, berichteten übereinstimmend, dass jeder von ihnen bei der Verhaftung zunächst einmal schwer verprügelt worden war. Sie sprachen von den »cables«, das waren Stahlkabel, etwa so dick wie ein Mittelfinger, die mit einer Plastikschicht ummantelt waren.

»Ich bekam bei meiner Verhaftung 100 cables«, erzählte einer. Und ein anderer berichtete: »Ich bekam jeden Tag 50 cables.« Wieder andere berechneten ihre Folterungen in Zeitangaben wie: »Ich bekam zwei Stunden lang cables.«

Georg Taubmann und Peter Bunch hörten im Laufe ihrer Gefangenschaft nicht selten das Zischen der Schläge und die Schreie der Männer aus der Folterkammer. Da half auch kein Ohrenzuhalten. Während sie diese unbarmherzigen Folterungen mit anhören mussten, saßen Georg und Peter stets wie erstarrt in ihrer Zelle und konnten nichts anderes tun, als leise zu beten: »Herr, erbarme dich ihrer ...«

• • •

GEORG TAUBMANN: Bei unseren nachmittäglichen Ausgängen auf dem Gefängnishof sah ich an mehreren Tagen hintereinander einen Mann auf dem Rasen liegen, der sich in Schmerzen wand. Schließlich ging ich zu ihm hinüber, denn ich nahm an, dass er krank sei und Fieber oder Durchfall habe. Doch dann erfuhr ich von ihm, dass er täglich geschlagen wurde. Er zeigte mir seine Wunden und klagte über starke Schmerzen, woraufhin ich ihm die höchste Dosis an Schmerzmitteln gab, die ich auftreiben konnte.

Die Geschichte eines anderen Gefangenen, die eines Ingenieurs, verfolgte mich bis in meine Träume: Er war mir auf Grund seiner Hilfsbereitschaft und freundlichen Art gleich aufgefallen und wurde mir während der Haft zu einem echten Freund. Er war von den Taliban verhaftet worden, weil ihn ein Nachbar verleumdet hatte.

Zuvor war er schon einmal sieben Jahre lang in dem berüchtigten Pul-e-Tscharki Gefängnis eingesperrt gewesen, von denen er drei Jahre angekettet in einem Verlies unter der Erde verbracht hatte. Dort hatte er sich weder Haare noch Fingernägel schneiden können und seine Notdurft hatte er einfach unter sich fallen lassen müssen. Während dieser Zeit hatten seine Verwandten nicht gewusst, wo er sich befand, weshalb sie ihn schließlich für tot erklärt hatten. Er erzählte mir von seiner Einsamkeit und Verzweiflung während dieser Jahre, vor allem weil niemand ihn besuchen kam. Seine Mitgefangenen waren in der Zwischenzeit freigelassen oder hingerichtet worden, doch er hatte noch immer in Ketten vor sich hin vegetieren müssen. Als er dann schließlich doch freigelassen worden war, war er geistig verwirrt gewesen. Er war durch die Straßen geirrt und hatte sein Haus nicht wieder finden können. Eine Zeit lang hatte er daraufhin in einer Moschee übernachtet. Als er dann schließlich doch noch sein Haus gefunden hatte, war seine Familie über sein Aussehen und seinen Zustand vollkommen entsetzt gewesen. Erst zu diesem Zeitpunkt hatte er erfahren, dass sein Vater und sein Bruder mittlerweile gestorben waren. Und seine junge Frau war von seiner Verfassung so traumatisiert gewesen, dass auch sie einen Monat später durch diesen Schock starb.

Ich könnte noch viele tragische Geschichten erzählen. Ausgerechnet dieser Ingenieur, der so viel Leid erfahren hatte, war ein ungewöhnlich demütiger und hilfsbereiter Mann. Überhaupt fand ich heraus, dass viele von denen, die das Schrecklichste, was man sich nur vorstellen kann, erlebt hatten, ganz außergewöhnliche Persönlichkeiten waren. Mir fiel ihre anteilnehmende und hilfsbereite Haltung auf und dass sie sich über die geringsten Kleinigkeiten freuen konnten. Das waren andere Menschen als die Afghanen, die ich von »draußen« kannte.

Natürlich gab es unter denen, die sehr viel gelitten hatten, auch solche, die geistig verwirrt blieben oder Zuflucht in Drogen suchten. Doch ich gewann sie von Herzen lieb, redete mit ihnen und half ihnen mit meinen bescheidenen Mitteln, wo ich nur konnte.

Überhaupt gab es unter den Gefangenen erstaunlich wenig Spannungen und Auseinandersetzungen. Der Umgang war anders, als man es sich vielleicht in einem Gefängnis vorstellt oder es in Filmen gesehen hat. Einzig zwischen den verschiedenen Volksstämmen gab es immer mal wieder verbale Auseinandersetzungen, aber keine gewalttätigen Konflikte. Und natürlich traten Spannungen auf, nachdem die Gefängnisleitung einige Gefangene bestochen hatte, um unsere Gespräche und Freundschaften auszuspionieren. Es tat mir besonders weh, dass uns ausgerechnet einer meiner Mitgefangenen, dem ich oftmals beigestanden und auch mit Medikamenten ausgeholfen hatte, bei der Gefängnisleitung bis ins kleinste Detail anschwärzte.

Ein Brief von Georg Taubmann an Greg Gilmoor, den Leiter des Shelter Now-Projektes in Peschawar in Pakistan, illustriert noch einmal, welche albtraumhaften Erlebnisse die Gefangenen in beiden Gefängnissen durchgestanden haben. Alle in diesem Buch eingefügten Briefe wurden in der ersten Zeit von ihrem Rechtsanwalt und später von entlassenen Mitgefangenen zum Teil unter Lebensgefahr herausgeschmuggelt. Die offiziellen Briefe jedoch wurden zensiert und durften nur positive Aussagen enthalten.

Lieber Greg,                                                    25. 09. 2001

endlich bekomme ich die Gelegenheit, einige Briefe herauszuschmuggeln.

Ein Gefangener kommt morgen frei und wird sie mit nach Peschawar nehmen. Uns wird nicht erlaubt, Briefe zu schreiben und zu empfangen. Wir befinden uns hier im Gefängnis der Geheimpolizei (intelligence agency).

Wenn ich erst einmal frei bin, kann ich dir Horrorgeschichten erzählen. Es ist unbeschreiblich, was unsere Mitarbeiterinnen erdulden müssen, und erstaunlich, wie sie es durchstehen. Täglich wurden afghanische Frauen vor ihren Augen verprügelt und manchmal waren wir Zeugen von schrecklichen Prügelstrafen an Jungen in der Madrassa. Mir kommt es vor wie ein Albtraum.

Bitte erzähle Marianne nichts davon.

Es war schrecklich, als wir von den Terroranschlägen auf das World Trade Center in New York und auf das Pentagon in Washington hörten. Die Diplomaten und alle Hilfswerke, ja alle Ausländer, verließen daraufhin Afghanistan und jetzt sind wir wohl die einzigen Ausländer hier. Wir wurden sofort strenger bewacht und in dieses schreckliche Gefängnis gebracht.

Greg, wenn du es von außen sehen würdest, du bekämst einen Schock! Natürlich haben sie uns vorher angelogen, wir kämen an einen besseren und sicheren Ort, aber es geschah genau das Gegenteil. Als wir durch das Gefängnistor geführt wurden, war alles finster, voller Gestank und Dreck, so wie du es dir sicher nicht vorstellen kannst. Uns umgab eine bedrückende Atmosphäre und dann unsere Zelle – wir waren sprachlos: gerade mal 2 mal 3 Meter und total verdreckt und verwanzt. Die Toilette bestand aus drei stinkenden Löchern – und die für etwa 50 Männer. Dann hörten wir all die Geschichten der Gefangenen. Es ist so traurig und zutiefst erschreckend. Was die Leute hier gelitten haben, ist unbeschreiblich – und das meistens für nichts. Beim Zuhören packte mich oft die Angst. Wird es uns ähnlich ergehen? Wer könnte uns dann überhaupt schützen? Die Gefangenen sind so nett zu uns und versuchen uns zu ermutigen. Und trotzdem, Greg, manchmal denke ich, ich kann's nicht länger ertragen. Vor allem muss ich so oft an Marianne, Daniel und Benny denken. Diese Trennung und Ungewissheit ist so schmerzhaft für mich. Ich weiß rein gar nichts über sie. Wie geht es ihnen? Wo stecken sie? Was denken sie? Ich denke so oft an euch, an das ganze Team in Peschawar, an die Zukunft dieses Projektes, das wir mit so viel Mühe aufgebaut haben. Wenn ich doch nur etwas von euch erfahren könnte!

Hier im Gefängnis rücken sie nicht damit heraus, was sie mit uns vorhaben. Sie halten uns im Unklaren, sie belügen uns ständig und die Atmosphäre ist sehr angespannt. Glücklicherweise darf ich die Frauen einmal am Tag besuchen. Ständig fragen sie: »Was ist los? Gibt es was Neues? Wie geht es weiter?« Und ich kann ihnen nicht viel sagen. Greg, sag unseren Freunden, dass sie nicht aufhören sollen, für uns zu beten.

Es gäbe noch viel zu schreiben, aber das soll fürs Erste genug sein. Gott hat zugelassen, dass wir durch dieses Leid gehen, und oft haben wir geschrien, dass es genug sei – aber es ist noch schlimmer geworden. Bitte bete für uns, dass wir ohne Schaden herauskommen. Wir kommen uns vor wie Daniel im Feuerofen.

Dein Freund Georg

Als die afghanischen Frauen mit ihren Kindern aus dem Frauentrakt des Gefängnisses verlegt wurden, hatten die Shelter Now-Mitarbeiterinnen das kleine Areal ganz für sich alleine. Dadurch verlief der Alltag für sie natürlich wesentlich ruhiger als in dem ersten Gefängnis mit den vielen afghanischen Gefangenen um sie herum.

Auch das Essen war besser und reichhaltiger, denn der Koch des Gefängnisaufsehers kochte für sie mit. Sie erlaubten sich auch, mehr vom Bazar einkaufen zu lassen, da sie ja nun unter sich waren. So hatten sie jetzt mehr Obst und Gemüse zur Verfügung. Außerdem befand sich in ihren Räumen eine kleine Herdplatte, die sie benutzen durften. Dadurch konnten sie sich abends manchmal etwas Zusätzliches kochen und einen Teil davon zu Georg Taubmann und Peter Bunch hinüberbringen lassen.

Auch in diesem Gefängnis hatten die Frauen jeden Vormittag gegen 10 Uhr ihr Treffen, bei dem sie sich über ihr Befinden austauschten, in der Bibel lasen, sangen und beteten. Dieses Beisammensein wiederholten sie außerdem an den meisten Abenden.

Ansonsten verbrachten sie den Tag mit Lesen, wobei ihnen langsam die Bücher, die ihnen die Diplomaten und die Eltern von Dayna und Heather gegeben hatten, ausgingen. Deshalb verlegten sie sich von Zeit zu Zeit auf das Spielen mit selbst gebastelten Karten.

***

KATI JELINEK: Mit Gedächtnis- und Kartenspielen hatten wir schon nach Dianas Geburtstag angefangen. Einige Kartenspiele hatten wir, als wir zu Beginn unserer Gefangenschaft noch einmal in unsere Häuser durften, herausgeschmuggelt und bald kurz und klein gespielt. Danach erfanden und bastelten wir uns unsere eigenen Spiele. Etwa einmal pro Woche setzten wir sechs Frauen uns zusammen und spielten. Es tat gut, bewusst umzuschalten und einfach nur mal albern zu sein und Spaß miteinander zu haben. Gerade zum Ende unserer Zeit im Gefängnis, in der unsere Geduld arg strapaziert wurde und wir uns auch manchmal gegenseitig auf die Nerven gingen, lockerten die Spieleabende, die wir dann umso häufiger veranstalteten, die Atmosphäre auf und schweißten uns als Gruppe zusammen.

***

Alltägliche Arbeiten wie Abwaschen oder Wäsche waschen an der Pumpe, Gemüse putzen und in entkeimtem Wasser reinigen oder auch das Bad sauber halten, brauchten länger als üblich. Tagelang schrubbten sie ihr Bad und kippten haufenweise Bleiche in die Toilette, bis sie stolz waren, das hygienischste Bad aller afghanischen Gefängnisse vorweisen zu können.

Darüber hinaus erwies sich ihr Gefängnisaufseher, Mullah Hamid, als ein wirklich zuvorkommender Mann. Als er den Frauen versprach, dass sie sich jeden Tag mit den Männern treffen dürften, hielten sie dies zunächst für eine Lüge. Aber er hielt Wort und erlaubte es auf sein persönliches Risiko hin. Sein Boss, Mullah Jussuf, durfte jedoch nichts davon erfahren. Überhaupt verhielt sich Mullah Hamid den Frauen gegenüber respektvoll und bemühte sich, ihnen das Leben so angenehm wie möglich zu machen – soweit es in einem Gefängnis möglich war.

Fast jeden Nachmittag durften also die Männer für etwa eine halbe Stunde in den Frauentrakt, wo sie die Frauen bereits mit frischem Kaffee oder Tee erwarteten. Sie unterhielten sich und Georg Taubmann hatte durch seine vielen Gespräche mit den afghanischen Gefangenen immer irgendwelche Neuigkeiten und politischen Informationen auf Lager. Für die Frauen war diese tägliche halbe Stunde die einzige Möglichkeit, etwas vom Leben außerhalb der Gefängnismauern zu erfahren.

●●●

Eines Abends, es war der 4. Oktober, hörten die Shelter Now-Frauen im Innenhof vor ihrer Zelle einen ungewöhnlichen Lärm. Es waren die Stimmen der Wärter zu hören und eine Frauenstimme, die in englischer Sprache fürchterlich schimpfte.

Die sechs Frauen gingen daraufhin in den Hof und versuchten zwischen den Wärtern und der Neuankommenden zu vermitteln, die ungemein aufgebracht und wütend war. Offensichtlich hatte man ihr erzählt, man würde sie in ein Hotel bringen, und nun war sie bei den Shelter Now-Entwicklungshelfern im Gefängnis gelandet.

Glücklich, auf jemanden zu stoßen, der Englisch sprach, stutzte sie zuerst und stieß dann unvermittelt heraus: »Seid ihr etwa die Christen, die die Taliban verhaftet und eingesperrt haben?«

Sie stellte sich anschließend als Yvonne Ridley vor, eine britische Journalistin, die sich unter einer Burka verkleidet nach Afghanistan gewagt hatte, um vor Ort über die Kämpfe zu recherchieren und mit Einheimischen zu sprechen. Kurz vor dem Grenzübergang nach Pakistan war sie jedoch von einem Talib entdeckt und festgenommen worden.

Die Geschichte der Reporterin, die sich verkleidet nach Afghanistan gewagt hatte, ging um die Welt. Drei Tage teilte sie das Gefängnis mit den Shelter Now-Mitarbeiterinnen. Danach wurde sie bereits wieder freigelassen.

Auf diese Weise erfuhr von Yvonne Ridley jedoch erstmals die Weltöffentlichkeit, wie es den Shelter Now-Mitarbeitern wirklich ging. Während einer Talkrunde im Fernsehen wurde sie gefragt, welchen Eindruck die inhaftierten Frauen auf sie gemacht hätten. Ihre Antwort: »Obwohl sie alle sehr verschieden sind, haben sie eins gemeinsam: Sie sind starke Frauen. Sie strahlen eine so ungeheure Wärme aus und sind bescheiden. Manche Leute haben mich als mutig bezeichnet, aber diese Frauen sind es wirklich. Da war ihr starker Glaube an Gott, der ihnen offenbar half, dies alles durchzustehen.«

Yvonne Ridley berichtete weiterhin: »Es gab eine Nacht, in der ich im Gefängnishof saß und über meine Situation nachdachte. Die Mädels sangen eins ihrer selbst gedichteten Lieder (es waren vertonte Bibelverse), zur gleichen Zeit hörte ich draußen jemanden von einem Minarett die Aufforderung zum Gebet herabrufen. Für mich war es ganz merkwürdig: Dieses wunderbare Singen aus der Zelle heraus und gleichzeitig dieses Schreien vom Minarett! Ich habe diesen Frauen ganz besonders dafür zu danken, dass sie mir geholfen haben, den Kerker zu überstehen.«

••••

SILKE DÜRRKOPF: Yvonne wurde eines Abends sehr aufgebracht zu uns ins Gefängnis gebracht. Wir schlossen ziemlich schnell Freundschaft und ich genoss die Zeit mit ihr sehr, denn sie berichtete uns von den vielen politischen Neuigkeiten seit unserer Gefangennahme und wir hatten so manches nette Gespräch. Darüber hinaus empfand ich ihre Geradlinigkeit und ihre Menschenkenntnis als sehr angenehm. Und auch wenn wir noch lange auf unsere Freiheit warten mussten, so freuten wir uns doch sehr mit ihr, dass sie bald frei kam.

••••

KATI JELINEK: Yvonne war für uns alle eine nette Abwechslung. Ganz toll waren die vielen Informationen von der Außenwelt. Von ihr bekam ich zum Beispiel den ersten ausführlichen Bericht über die Terroranschläge in New York am 11. September. Außerdem erzählte sie uns nette Anekdoten aus ihrem Journalistenleben – zum Beispiel von der königlichen Familie. Das war schon lustig.

Den Wärtern gegenüber verhielt sie sich jedoch sehr provokativ. Sie schrie sie häufig an und einmal spuckte sie ihnen sogar vor die Füße. Das ließ uns des Öfteren um sie zittern. Uns sagte sie diesbezüglich, dass sie die schlimmste Gefangene sein wolle, die die Taliban jemals gehabt hätten. Ich glaube, es ist ihr gelungen.

## Ein Brief von Kati Jelinek an ihre Mutter

Liebe Mutti!                                      30. 09. 2001

Den letzten Brief konnte ich noch immer nicht abschicken, ich hoffe, du bekommst sie nun beide, wenn der Anwalt uns mal wieder besuchen kommt und sie mitnimmt.

Wir haben ein neues Hobby: Liederschreiben. All die Bibelstellen, die uns hier so viel bedeuten, machen wir nun zu Liedern. Silke, Dayna und ich wechseln uns mit dem Schreiben ab und die anderen müssen ihre grauen Zellen anstrengen, um die neuen Lieder zu lernen. Wir reden schon davon, eine Gefängnis-CD aufzunehmen – die Kabul-Six – und das Geld geht dann nach Afghanistan. Aber das ist natürlich Spinnerei. Margrit verwöhnt uns hin und wieder mit einer tollen Gemüsesuppe – eine wundervolle Abwechslung zu dem anderen Essen.

Alles Liebe, Kati

DIANA THOMAS: Während der langen Zeit im Gefängnis dachten wir uns so manche Späße aus, die nur wir verstehen konnten. Einige Wärter bekamen ihre Spitznamen und manche Alltagssituationen waren so urkomisch, dass wir jedesmal so richtig lachen mussten.

Oder auch darüber, dass wir, wenn wir erst wieder in Freiheit wären, mit unseren selbst gedichteten Liedern als Musikgruppe auftreten und uns die »Kabul–Six« nennen würden.

Und als uns die Mutter von Dayna zu unserer Beruhigung mitteilen ließ, wir würden sicherlich gute Psychiater bekommen, sobald wir erst einmal wieder frei wären, entfuhr mir ganz spontan: »Ich brauche keinen Psychiater, ich will einen Frisör! Das ist die Person, die ich als Erstes sehen will.«

Daraufhin kam dann der Spruch auf: »Okay, ich nehme einen Psychiater, wenn er mich auch frisieren kann!«

• • •

Drei Monate des Zusammenlebens auf engstem Raum unter katastrophalen hygienischen Verhältnissen, unter starken nervlichen Belastungen und Lebensgefahr führten verständlicherweise zwischendurch auch zu persönlichen Krisen und zu Spannungen untereinander. Schließlich kamen die sechs Frauen aus drei vollkommen unterschiedlichen Kulturen und jede von ihnen hatte ihre eigenen Gewohnheiten von zu Hause mitgebracht zum Beispiel, was die Essensgewohnheiten oder den Ordnungssinn betraf. Zudem waren auch die Altersunterschiede recht groß: von 24 bis 51 Jahre. Ganz zu schweigen von ihren doch sehr verschiedenen Temperamentstypen und ihrer unterschiedlichen Belastbarkeit. Das alles führte in den vielen Krisensituationen, in die die acht Shelter Now-Mitarbeiter während ihrer langen Haft unweigerlich gerieten, zu extremen nervlichen Zerreißproben. Eine dieser Krisensituationen waren die immer wiederkehrenden Bombardierungen, bei denen die eine oder andere auch einmal die Nerven verlor, vor Angst oder Frust geschrien oder gegen die Wand geschlagen hat und sich von den anderen nicht beruhigen oder trösten lassen konnte.

Und es kam auch vor, dass sich jemand abgekapselt und für einige Tage nicht an den Gruppentreffen teilgenommen hat, weil ihm das Zusammensein mit den anderen zu anstrengend war.

• • •

MARGRIT STEBNER: Trotz allem habe ich empfunden, dass wir diese lange Zeit miteinander ganz gut gemeistert haben. Natürlich gab es immer mal wieder Meinungsverschiedenheiten und man ging sich zwischendurch auch einmal aus dem Weg. Aber die Konflikte waren fast immer lösbar.

In den ersten Wochen empfand ich die Enge und die vielen Menschen für mich als sehr belastend, besonders weil es niemals ruhig war. Außerdem hatte ich einfach keinerlei Privatsphäre, noch nicht einmal auf der Toilette. Das war furchtbar für mich. Andererseits lernt man dabei aber auch, dass man auf die anderen Rücksicht nehmen und sich zusammenreißen muss und sich nicht einfach gehen lassen kann. Denn dann hätte es nur noch Streit gegeben.

Im zweiten Gefängnis verlief unser Leben wesentlich ruhiger und nachdem wir geklärt hatten, was jeder gern macht, und wir klare Dienstpläne aufgestellt hatten, waren eine Menge an kleinen Streitereien einfach verschwunden.

••••

KATI JELINEK: Wenn man so lange und so eng zusammenlebt, dann regen einen plötzlich Dinge, die einem sonst überhaupt nichts ausmachen, fürchterlich auf. Und manchmal sind es wirklich nur Kleinigkeiten: Die Wasserflasche steht am falschen Platz oder etwas anderes ist nicht weggeräumt worden. Ich habe in den drei Monaten ganz viel über Vergebung gelernt und darauf geachtet, Frust und Bitterkeit nicht in mir aufzustauen.

Ich musste ganz schön oft sagen: »Hey, Leute, das war eben albern von mir. Es tut mir echt Leid, euch angemotzt zu haben.« Und dann war die Sache meistens auch gegessen. Das biblische Prinzip des Bittens um Vergebung und dem anderen zu vergeben macht das Zusammenleben viel erträglicher. Ich glaube, ich habe noch nie in meinem Leben so oft um Vergebung gebeten und Vergebung gewährt wie in diesen drei Monaten. Und das betraf nicht nur meine Mitgefangenen, sondern auch die Wärterinnen und die Taliban überhaupt.

## Ein Brief von Silke Dürrkopf an ihre Freunde

Ihr Lieben,                                              25. 09. 2001

viele Grüße aus dem Knast. Wie es scheint, gibt es heute eine Möglichkeit, Post rauszuschmuggeln und so nutze ich die Gelegenheit. Wer weiß, vielleicht kommt ja die eine oder andere Nachricht an. Mir geht es den Umständen entsprechend gut. Wir sind inzwischen entlaust, entwurmt und haben zweimal Amöben besiegt. Wir wurden vor einer Woche in ein anderes Gefängnis verlegt. Dies ist Hilton-Klasse verglichen mit dem vorigen Ort, denn unsere Wärter versuchen unsere Wünsche zu erfüllen.
Das Essen ist gut und wir bekommen jetzt auch frisches Obst und Gemüse. Wir haben sogar eine kleine Herdplatte, auf der wir uns selbst etwas brutzeln können. Die Elektrik ist allerdings abenteuerlich –

nackte Drähte, die in einen ausgebrochenen Vielfachstecker gestakelt werden, bis es funkt. Das Wasser kommt aus einer Pumpe im Hof, sodass vor jedem Gang auf die Toilette erst einmal Arbeit ansteht. Alles in allem verläuft das Leben hier sehr ruhig, um nicht zu sagen langweilig. Seit die Botschafter vor zwei Wochen Afghanistan verlassen haben, bekommen wir keine Bücher mehr. Nun beschränken wir uns aufs Beten, Singen und Kartenspielen. Und natürlich braucht die Essenszubereitung viel Zeit, alles muss vielfach gewaschen und desinfiziert werden.

Seelisch geht es uns wirklich gut. Wir möchten natürlich alle bald das Ende erleben, aber wir wissen uns in Gottes Hand geborgen und mitten in seinem Plan für dieses Land. Ich habe noch nie so viel Zeit mit Beten verbracht wie hier! Wir sind Gott ganz nahe und ich würde diesen Weg immer wieder gehen, egal wie es ausgeht. Wir haben alle eine ganz neue, tiefere Liebe für dieses Land bekommen. Das Leid um uns herum ist unbeschreiblich. So viel Gewalt und Tränen! Wir fühlen uns fast schlecht wegen der zuvorkommenden Behandlung, die wir hier bekommen. Bitte betet für die Kinder unseres Projektes, auch sie wurden verhaftet und geschlagen, ebenso unsere Arbeiter. Die Kinder sind angeblich wieder frei, aber die festgenommenen Männer nicht. Sie leben unter schlimmsten Bedingungen, haben wochenlang kein Tageslicht gesehen und durften ihre Zelle nicht verlassen oder miteinander reden. Ihr einziges Verbrechen ist, für Shelter Now gearbeitet zu haben. Ihr Lieben, seid umarmt und gebt Grüße an alle! Ich bin in Gedanken viel bei euch. Bitte betet für dieses Land. Es braucht Gottes Schutz. Im kommenden Monat wird viel passieren. Habe euch alle lieb.

Eure Silke

SILKE DÜRRKOPF: Das mit der Kommunikation nach draußen war ein Riesenproblem. Wir schrieben viele Briefe, von denen nur wenige, wie wir später erfuhren, wirklich den Weg zu ihren Empfängern fanden. Wir wussten auch, dass viele Briefe an uns geschrieben wurden, aber sie kamen nur sehr spärlich an. Die Diplomaten und der Rechtsanwalt spielten Boten, aber nachdem auch sie nicht mehr kommen konnten, trat eine große Flaute ein.

Wir waren ständig in Ungewissheit, wer wirklich etwas über uns wusste und was man überhaupt von uns erfahren hatte. Zwei von uns Frauen haben alte Eltern, um die ihre Sorge natürlich besonders groß war.

Schlimm war auch, dass uns Deutschen die Post bewusst vorenthalten wurde, während die Australier und Amerikaner ihre Post regelmäßig empfangen konnten. An einem Tag kam ein gewisser Mr. Najibullah Khan vom Außenministerium, für mich ein unangenehmer und zynischer Mann, mit einem großen Stoß Post unter dem Arm und verteilte diese mit einem breiten Lächeln an die Australier und Amerikaner. Doch für mich war, wie schon seit Wochen, wiederum nichts dabei. Da verlor ich einfach die Fassung. Ich lief in den Hof, setzte mich auf die Treppenstufen und begann hemmungslos zu weinen. Der Wärterin tat ich wohl Leid, denn sie ging mir nach und versuchte mich zu trösten. Aber ich war so fertig und schimpfte laut in Paschtu drauflos: »Warum bekommen nur die anderen Post? Mr. Najibullah Khan ist ungerecht zu uns. Überhaupt sind die Taliban grausame Leute ...« und noch einiges mehr.

Das musste wohl unser Gefängnisleiter, Mullah Hamid, der sein Büro über unserem Frauentrakt hatte, zufällig mit angehört haben. Vermutlich hat er daraufhin Mr. Najibullah Khan tüchtig zugesetzt, denn anders kann ich mir nicht erklären, dass dieser zynische Mann noch am selben Abend mit einem Satellitentelefon kam und es uns ermöglichte, mit unseren Verwandten zu telefonieren. Es war das erste Mal nach acht Wochen Haft, dass ich mit meinen Eltern sprechen und sie überzeugen konnte, dass es mir den Umständen entsprechend gut ging und sie sich keine übermäßigen Sorgen zu machen brauchten.

···

PETER BUNCH: Für mich war es wie ein Wunder, nach so vielen Wochen der Isolation endlich mit meiner Tochter in Australien zu sprechen. Das war schon ergreifend, ihre Stimme zu hören und ihr versichern zu können, dass sie sich um mich keine übertriebenen Sorgen zu machen brauchte.

Ich konnte mir die Tränen einfach nicht verkneifen. Einer der Taliban lachte mich deshalb aus und sagte: »Ich wusste gar nicht, dass du so ein Schwächling bist und heulst.«

Ich fragte zurück: »Hast du auch eine Tochter? Liebst du sie? Wenn du sie liebst, dann hast du auch Gefühle für sie. Wenn ein Mann weint, dann zeigt das, dass er Gefühle hat – starke Gefühle. Und das bedeutet nicht, dass er schwach ist!«

Der Talib schaute mich daraufhin verdattert an, aber ich glaube, er hat die Botschaft ein wenig verstanden.

Manche Wärter hatten mich ohnehin auf dem Kieker, weil ich mich demonstrativ regelmäßig rasierte.

»Du bist schwach wie eine Frau, wenn du keinen Bart trägst«, sagten sie abfällig.

»Wie kann dich ein Bart stark machen?«, antwortete ich dann immer. »Ein Bart macht dich noch lange nicht zu einem richtigen Mann!«

Zum Teil waren diese Männer einfach eifersüchtig, besonders die jungen. Ich tat nämlich genau das, was ihnen verboten war.

• • •

Kurze Zeit nachdem Peter Bunch und Georg Taubmann in das Gefängnis des Geheimdienstes eingeliefert worden waren, wurde dort auch eine Gruppe von Studenten inhaftiert. Die Taliban hatten sie unter dem Vorwurf verhaftet, zu den Massud-Sympathisanten der Nordallianz zu gehören. Unter ihnen war ein Paschtune, Mohammed Scharif, der sehr gut Englisch sprach. Er kam aus einer Gegend Afghanistans, in der die Shelter Now-Hilfsorganisation eine Fabrik für Fertigbetonteile für Häuser errichtet hatte. Deshalb war Georg schon oft in Mohammed Scharifs Heimatort gewesen und kannte viele seiner Stammesleute.

Vor seiner eigenen Verhaftung hatte Mohammed Scharif bereits im Radio Scharia gehört, dass einige Ausländer wegen der angeblichen Verbreitung des Christentums inhaftiert worden waren. Sein Stamm hatte gleich vermutet, dass es die Shelter Now-Leute betraf und dass es sich dabei nur um einen Vorwand der Taliban handelte. Jetzt war er in das gleiche Gefängnis gesperrt worden und gespannt darauf, den in seinem Stamm so hoch geachteten Mr. George kennen zu lernen.

Beide Männer schlossen sich gleich gegenseitig ins Herz und verbrachten viel Zeit miteinander. Da Mohammed Scharif gut Englisch sprach, war es auch für Peter möglich, ihren Gesprächen zu folgen, denn sonst sprach Georg mit den anderen Gefangenen hauptsächlich in Paschtu.

Die Mittag- und Abendmahlzeiten nahmen die drei künftig gemeinsam ein. Dies war möglich, weil Mohammed Scharif im Gefängnis eine gewisse Sonderstellung hatte, denn er kam aus einem bekannten und mächtigen Volksstamm. Und der Gefängnischef, Mullah Hassan, wusste, dass er es mit dem Stamm zu tun bekäme, sobald er Mohammed wie die übrigen Gefangenen drangsalierte. Aus diesem Grund konnte Mohammed so oft mit Georg zusammen sein, wie er wollte. Außerdem musste er nicht an den üblichen Gefängnisarbeiten teilnehmen und konnte sich sogar im Gefängnisbüro frei bewegen. Dadurch hatte er die Möglichkeit, sowohl die Radionachrichten zu hören als auch die Gespräche der Taliban mitzuverfolgen.

Mohammed kümmerte sich rührend um Georg und Peter und setzte sich bei der Gefängnisleitung für sie ein. Er sorgte dafür, dass sie jeden Tag ihren Besuch im Frauengefängnis machen konnten und achtete darauf, dass über sie als Ausländer niemals schlecht gesprochen wurde. Einige Male verhinderte er sogar durch sein mutiges Auftreten und Dazwischengehen, dass seine Mitgefangenen zu sehr geschlagen wurden. Sein Einsatz war waghalsig und manchmal gefährlich, aber er hatte einen mächtigen Volksstamm im Rücken, der ohnehin darüber aufgebracht war, dass ihr Mr. George unschuldig eingesperrt war.

Mohammed Scharif war erstaunt, wie gut Georg seine Heimat und Gebräuche kannte. Deshalb wollte er möglichst alles über Georgs Leben erfahren und wie Georgs Hilfsorganisation seinen Landsleuten geholfen hatte. Und weil sie genügend Zeit hatten, saßen sie stundenlang zusammen und Georg erzählte und erzählte.

Mohammed Scharif und auch die anderen Mitgefangenen waren zutiefst beeindruckt, wie Peter Bunch und Georg Taubmann ihren Glauben praktizierten. Da zwischen den Zellen ein ständiges Kommen und Gehen herrschte, kamen die Mitgefangenen auch oft am Vormittag bei ihnen vorbei, wenn Peter und Georg gerade ihre Gebetszeit hatten und in der Bibel lasen.

»Könnt ihr uns bitte noch eine Weile allein lassen? Wir beten gerade«, bat sie Georg dann meistens.

Doch ihre Mitgefangenen blieben trotzdem im Türrahmen stehen und warteten einige Minuten, denn für sie war ein Gebet eine rituelle Handlung, die nur wenige Minuten in Anspruch nahm. Aber zu ihrer Verwunderung hörten diese Ausländer überhaupt nicht auf zu beten und wie lange sie in ihrem Heiligen Buch lasen! Und dass Georg außerdem noch jeden Freitag, dem Feiertag der Moslems, fastete, ließ ihn in ihrer Achtung noch mehr steigen.

»Ihr seid wirklich gläubige Männer«, sagten sie anerkennend, »nicht so wie viele Ausländer, die an keinen Gott glauben und kein Heiliges Buch besitzen.«

Manchmal kamen sie und wollten einfach nur einmal Georgs Bibel ansehen. Heilige Bücher waren ihnen schließlich nicht unbekannt, da der Islam insgesamt vier heilige Bücher kennt – den Koran, die Torat und den Sabur (die 5 Bücher Mose und die Psalmen) und die Inschil (das Neue Teastament). Doch eine »Inschil« hatten viele von ihnen noch nie gesehen und baten Georg, sie doch einmal in die Hand nehmen zu dürfen. Bevor sie dieses jedoch taten, wuschen sie sich erst ihre Hände, nahmen sie dann achtungsvoll an sich und drückten sie an ihr Herz. Einige küssten die Bibel sogar voller Ehrfurcht.

Manche unter den Gefangenen baten Georg, ihnen daraus vorzulesen. Sie waren neugierig und wissbegierig, obwohl sie von ihren Mullahs gelernt hatten, dass das heilige Buch der Christen eine Fälschung sei. Das Thema »Glauben« blieb ständig aktuell, sie führten lange Diskussionen darüber und oftmals verließen die Afghanen anschließend sehr nachdenklich den Raum. »Wie können diese Ausländer, die unseren moslemischen Glauben achten und selbst so gläubig sind und vielen afghanischen Flüchtlingen geholfen haben, hier nur eingesperrt sein?«, fragte sich manch einer ihrer Mitgefangenen.

Außerdem wurde Georg Taubmann und Peter Bunch immer wieder berichtet, was für gute und gläubige Frauen ihre Kolleginnen wären. Dies geschah wegen ihrer Lieder, die weithin zu hören waren und von denen die Afghanen wussten, dass die Frauen damit Gott anbeteten, aber auch auf Grund der Beobachtungen der Gefängnisleitung, die ihr Büro oberhalb des Frauengefängnisses hatte. So kam es, dass der Gefängnisleiter, Mullah Hamid, darüber tief beeindruckt war, wie sehr sich die Frauen entsprechend der ihnen doch fremden Kultur verhielten. So legten sie sich zum Beispiel nach afghanischer Sitte ein Tuch über den Kopf, sobald sie in den Hof gingen, und sei es nur um Wasser zu holen. Darüber hinaus verhielten sie sich stets höflich und zurückhaltend und konnten sogar ihre Sprachen Paschtu und ein wenig Dari sprechen.

»Das sind wirklich gläubige und ehrenvolle Frauen«, sagte der Gefängnisleiter eines Tages anerkennend zu Georg. Mehr als einmal bemerkte er sogar, dass sie für ihn wie »Schwestern« wären. Eine solche Bemerkung aus dem Munde eines Afghanen ist eine hohe Auszeichnung und bedeutet, dass diese Frau unter seinem besonderen Schutz steht.

Die große Aufgeschlossenheit Georg Taubmanns den Afghanen gegenüber und seine aufrichtigen Freundschaftsbeweise wie auch das kluge Verhalten der Frauen brachten den Shelter Now-Entwicklungshelfern sowohl bei den Mitgefangenen als auch bei den meisten Taliban-Wächtern viel Achtung ein. Dadurch waren die Hardliner unter ihnen und die Wächter, die generell Ausländer hassten, in ihren Attacken gegen sie gebremst. Wer weiß, wie es ihnen ergangen wäre, hätten sie die Kultur nicht so gut gekannt und sich nicht so weise verhalten?

Der Tag der Entlassung für die afghanischen Studenten kam schneller, als alle es erwartet hatten. Und normalerweise verschwanden die Gefangenen auch überglücklich und ohne sich groß zu verabschieden, sobald sie von ihrer Freilassung erfuhren. Doch Mohammed Scharif sah gar nicht glücklich aus.

Als er die gute Nachricht erhalten hatte, ging er sofort zu Georg Taubmann und meinte: »Ich habe die Mitteilung für meine Freilassung bekommen, aber ich werde nicht gehen. Ich bleibe bei euch, bis ihr endlich entlassen werdet. Ich habe mit meinem Vater und Großvater gesprochen und sie sind einverstanden, auch wenn sie mich natürlich gerne zurückhätten.«

Das war etwa Mitte Oktober und Mohammed Scharif konnte nicht ahnen, dass es noch vier Wochen dauern würde, bis die Shelter Now-Entwicklungshelfer befreit werden sollten. Diese Entscheidung war überdies sehr mutig von ihm, denn in Kabul war es durch die zunehmenden Bombenangriffe der US-Kampfflieger und die Kämpfe an der nur etwa 30 km nördlich liegenden Frontlinie zwischen Taliban-Kämpfern und Nordallianz sehr gefährlich geworden. Viele hatten bereits die Stadt verlassen und Schutz in den Dörfern gesucht.

Georg Taubmann und Peter Bunch waren von dieser aufrichtigen und freundschaftlichen Geste sehr gerührt und ihre Mitgefangenen tief beeindruckt.

»Danke, mein Freund«, sagte Georg bewegt, »danke für deine Freundschaft. Ich weiß, es gibt mehr Afghanen, die uns lieben, als solche, die uns Böses wollen.«

Es sollte sich in den nächsten Wochen noch zeigen, dass die Nähe Mohammed Scharifs sehr hilfreich war. Er erledigte so manche Botengänge für sie und versorgte sie mit den neuesten Radionachrichten aus dem Gefängnisbüro. Auf diese Weise konnte er ihnen präzise Auskunft über die politische Entwicklung und die Erfolge der Angriffe auf Afghanistan geben. Darüber hinaus half seine Anwesenheit, die Beziehung zu einigen Gefängniswärtern zu vertiefen. Das war sehr wichtig, denn andere Wärter wurden unter dem Druck der amerikanischen Bombardierungen zunehmend aggressiver. Ein Zeichen dieser anwachsenden Aggressivität war, dass Georg von ihnen den gehässig gemeinten Beinamen Mr. George »Bush« bekam.

---

Während der drei Monate in Gefangenschaft wurden drei Geburtstage gefeiert – der von Diana Thomas, Peter Bunch und Dayna Curry. Marianne Taubmanns Geburtstag am 3. Oktober musste leider wehmütig in ihrer Abwesenheit gefeiert werden. Diese Geburtstage werden von den einzelnen Betroffenen wohl nie vergessen werden.

---

PETER BUNCH: Bei dem eintönigen Gefängnisleben hätte ich nicht gedacht, dass mein Geburtstag so groß gefeiert werden würde. Georg hatte doch tatsächlich eine große Geburtstagstorte für mich bestellen können – sogar eine dreistöckige. Sie sah wirklich beeindruckend aus. Zuerst dachte ich: »Wer soll das nur alles essen?« Aber am Nachmittag feierten wir mit allen Gefangenen in unserem Trakt und jeder bekam ein Stück Torte. Selbst für die Wärter blieb noch eine große Portion übrig.

Während unserer Feier hielt Georg eine Geburtstagsansprache. Diese Lobrede auf mich und meine Arbeit wäre mir normalerweise peinlich gewesen, doch unter den damaligen Umständen war sie angebracht. Er sprach davon, dass ich vor drei Jahren nach Afghanistan gekommen sei, um den Menschen hier zu helfen.

»Mr. Peter ist Ingenieur«, erklärte Georg, »und hat in der Provinz Ghasni Hunderte von Brunnen repariert. Mr. Peter war außerdem zuständig für den Bau einer Klinik in Logar und bei einem anderen Projekt sorgte er dafür, dass Tausende von Brunnen gereinigt und repariert wurden.«

Die anwesenden Afghanen raunten einander ehrfurchtsvoll zu und auch einige von ihnen – unter ihnen ein würdevoller älterer Mann mit weißem Bart, ein angesehener General – hielten eine kurze Rede: »Wir danken euch Khorejis (Ausländer), dass ihr in unser Land gekommen seid und so viel Gutes für unser Volk getan habt. Wir sind sehr traurig, dass ihr im Gefängnis sein müsst. Wir hoffen und beten, dass ihr bald freigelassen werdet und eure Familien wieder sehen könnt. Wir schätzen und achten euch sehr.«

Die Feier mit den Gefangenen und den Wärtern wird mir wohl immer in Erinnerung bleiben. Sie war eines der bedeutsamsten Erlebnisse in meinem Leben. Später am selben Tag hatten wir außerdem die Gelegenheit, zusammen mit den Frauen zu feiern.

GEORG TAUBMANN: Mariannes Geburtstag verlief etwas wehmütiger. Zum Glück hatte ich aber einige Zeit vorher über unseren pakistanischen Anwalt einen Brief an sie mitgeben können und Silke, unsere Künstlerin, hatte eine wunderschöne Karte gemalt, auf der wir alle einen persönlichen Gruß an sie schickten. Als alles fertig war, hieß es nur noch inständig hoffen, dass die Sendung Marianne rechtzeitig erreichen würde.

Für mich war es während der Gefangenschaft das Schmerzhafteste, von Marianne und meinen Kindern getrennt zu sein. Ich glaube, Peter, der selbst zwei erwachsene Kinder hat, konnte das so richtig nachempfinden und mich auch etwas trösten.

Gleich morgens, als ich an diesem Tag aufwachte, waren meine Gedanken bei meiner lieben Frau und es durchfuhr mich ein heftiger Schmerz. Was mochte sie wohl denken? Wie war ihr zu Mute? Hatte sie genug Glaubenskraft, um nicht zu verzweifeln? Was hätte ich dafür gegeben, an diesem Tag mit ihr reden zu können!

Im Bazar hatte ich eine große Geburtstagstorte bestellt mit der Aufschrift »Happy Birthday, Marianne« und am Nachmittag hatten wir die Erlaubnis, mit den Frauen nebenan zu feiern. Sie hatten Kaffee gekocht und wir aßen alle gemeinsam von der Torte. Wir feierten so gut es eben ging und unsere Gefühle es zuließen. Außerdem war es für mich ganz besonders tröstlich, dass die anderen für Marianne und mich beteten. So fand ich schließlich mein inneres Gleichgewicht wieder. Gleichzeitig hoffte ich immer noch inständig, dass Marianne trotz der schmerzhaften Trennung einen schönen Tag hatte.

Erst später erfuhr ich, dass unsere Geburtstagsgrüße rechtzeitig angekommen waren und Marianne sehr getröstet haben. Zu diesem Zeitpunkt
befand sie sich übrigens wieder in Deutschland, wo sie mit unseren Freunden Udo, Siggi, Shelvy und Greg in Braunschweig einen schönen, aber
auch wehmütigen Abend verbrachte.

## Ein Brief von Georg Taubmann an Udo Stolte, den 1. Vorsitzenden von Shelter Germany

Hallo Udo,                                        Kabul, 03. 10. 2001

Grüße aus Kabul. Morgen verlässt jemand das Gefängnis und wird
diesen Brief mitnehmen. Das ist eine gute Gelegenheit, dir über unsere
Situation ein Update zu geben. Wenn wir offiziell Briefe verschicken,
dürfen wir nur schreiben, wie gut es uns geht, dass alles in Ordnung ist
usw. Einmal beschwerte ich mich bei einer Delegation über die Toiletten
und am nächsten Tag kam sofort der Boss und war sauer auf mich. Er
ist wahnsinnig brutal und verantwortlich für die Verhöre der Häftlinge.
Alle werden mit Stahlkabeln geschlagen und andere regelrecht gefoltert.
Vor ca. zwei Stunden habe ich vier Häftlinge gesehen – sie sind an uns
vorbeigegangen –, die fürchterlich geschlagen worden waren. Ihre
Hände und Füße waren dick angeschwollen und sie konnten kaum
gehen und sahen schlimm aus. Das ist unsere gegenwärtige Umgebung
und wir müssen ständig mit diesem Horror leben. Kein Wunder, dass
ich die meisten Nächte nicht schlafen kann, weshalb ich manchmal
starke Schlafmittel nehme.
Unsere 16 afghanischen Arbeiter sind in zwei Zellen in einem Seiten-
trakt zusammengepfercht. Ich habe sie neulich hinter ihren Gittern entdeckt. Sie wurden verhört und geschlagen und ich glaube, jetzt werden
sie in das schreckliche Pul-e-Tscharki-Gefängnis gebracht. Warum nur?
Sie werden wie Saboteure, Bombenleger und Schwerstverbrecher behandelt. Es ist absolut verrückt und ungerecht! Als ich für sie eintreten
wollte, wurde ich barsch mit den Worten abgewiesen: »Sie sind
schlimme Kriminelle.«

Inzwischen hat sich die Lage zugespitzt. Es gab mehrere antiamerikanische Demonstrationen, und wir haben von unserer Zelle aus gehört, wie sie geschrien haben. Anschließend an die Demonstration haben sie einen Teil der amerikanischen Botschaft abgebrannt. Ein hoher Beamter unseres Gefängnisses war auch dabei. Während dieser Demo hatten wir große Angst und haben viel gebetet. Denn unsere Wärter hätten uns sicher nicht beschützt, wenn sie unser Gefängnis gestürmt hätten.

Gott sei Dank ist bis jetzt noch nichts Lebensgefährliches passiert! Denn würde Amerika direkt angreifen, wäre hier sicher die »Hölle los«. Deshalb beten wir alle wie die Weltmeister, dass wir hier draußen sind, bevor es richtig losgeht. Die Nerven von einigen hier sind bereits ziemlich angeschlagen! Wir brauchen ein Wunder.

Udo, das sind nur ein paar Dinge, die wir hier durchmachen. Oft waren wir am Ende und hatten das Gefühl, dass wir keinen weiteren Tag hier aushalten können. Doch Gott gibt uns immer wieder neue Kraft.

Die Trennung von Marianne und den Kindern fällt mir am schwersten. Heute hat Marianne Geburtstag und ich kann sie noch nicht einmal anrufen, das schmerzt sehr. Udo, bitte sage ihr nichts von dem, was ich hier geschrieben habe.

Wir haben die starke Befürchtung, dass die meisten Leute keine Ahnung haben von dem, was wir durchmachen. Oft geben wir auch nur die schönen Dinge weiter, weil wir nicht wollen, dass unsere Verwandten sich noch mehr Sorgen machen. Ich muss jetzt aufhören.

Dein enger Freund Georg

Eines Tages sagten die Mitgefangenen: »Mr. George, wir haben erfahren, dass deine 16 afghanischen Angestellten auch hier inhaftiert sind. In zwei Zellen, die eine geht zum Innenhof und die andere nach hinten raus.«

Nachdem er diese Information erhalten hatte, suchte Georg Taubmann während seines nachmittäglichen Ausgangs im Gefängnishof mit seinen Augen die vielen Gitterfenster ab. Und tatsächlich, an einem der Fenster meinte er das Gesicht seines Projektleiters Gul Khan schemenhaft zu erkennen. Er schlenderte näher heran, immer Ausschau haltend, ob die Wärter ihn beobachteten oder nicht. Und wieder kamen für ganz kurze Zeit zwei Gestalten an das Gitterfenster. Wie zufällig hob Georg seine Hand und winkte ihnen kurz zu. Ein leichtes Aufleuchten in den Augen und ein gequältes Lächeln zeigten ihm, dass er erkannt worden war. Von da an machten Georg und Peter nun an jedem Nachmittag ihren Gang an diesem Fenster vorbei und jedes Mal erschien der eine oder andere Angestellte, dem sie zuwinken konnten.

Die anderen acht Angestellten entdeckte Georg eines Abends wie durch einen Zufall. Er schaute gerade aus seinem Fenster, als er vertraute Stimmen hörte. Mit seinen Augen suchte er die erleuchteten Fenster des anschließenden Gefängnistraktes ab und erspähte einen seiner Angestellten. Georg stand auf und winkte unermüdlich, bis er endlich dessen Aufmerksamkeit erheischen konnte. Alle acht traten daraufhin nacheinander ans Fenster und winkten ihm und dem herbeigeeilten Peter zu. Sie waren tief gerührt und kämpften mit den Tränen. Seit diesem Tag kamen jeden Abend einige der Männer an dieses Fenster und winkten Georg zu.

In der Regel hielten innerhalb der einzelnen Zellentrakte ausgesuchte Gefangene Wache. Einen dieser Wächter konnte Georg für sich gewinnen und über ihn seinen Angestellten kurze Briefchen zuschicken: »Es tut mir so Leid, dass ihr für uns leiden müsst«, schrieb er. »Macht euch keine Sorgen um eure Familien. Unsere Mitarbeiter aus dem Büro in Peschawar sorgen für sie.«

Die afghanischen Angestellten von Shelter Now wurden von den Taliban in strengster Haft gehalten, intensiv verhört und geschlagen. Auf diese Weise versuchten die Taliban Geständnisse aus ihnen herauszupressen, wie etwa, dass sie zum Christentum überredet oder anderweitig bestochen worden seien. Die Angestellten jedoch blieben standhaft und verleumdeten ihre Arbeitgeber nicht.

Eines Morgens beobachteten Georg und Peter von ihrer Zelle aus, wie ein alter Gefängnisbus vorfuhr und ihre sechzehn Angestellten dort hineinverfrachtet wurden. Durch ihre Informationskanäle erfuhren sie, dass sie in das berüchtigte »Pul-e-Tscharki«-Gefängnis mit etwa 6.000 Gefangenen gebracht wurden. Dort blieben sie dann auch, bis ihre Wärter am 13. November vor den anrückenden Truppen der Nordallianz flohen und sie sich mit den anderen Inhaftierten selbst befreien konnten. Es geschah genau das, was die Shelter Now-Mitarbeiter, die stets eine Hinrichtung ihrer Angestellten befürchtet hatten, nahezu täglich beteten: »Gott, wenn du uns aus den Händen der Taliban befreist, dann rette bitte unsere afghanischen Angestellten, bevor wir gerettet werden!«

```
Die Hilfsorganisation Shelter Now kümmerte sich
von Pakistan aus um die Angehörigen der inhaf-
tierten afghanischen Angestellten. Die Team-
Mitglieder in Peschawar besorgten Unterkünfte
für die Angehörigen, die nach Pakistan geflohen
waren, und zahlten die Gehälter der Männer an
die Familien weiterhin aus.
Während alle Hilfsprojekte in Afghanistan ge-
stoppt waren, wurde die Versorgung der Flücht-
lingslager in Pakistan von einheimischen
Angestellten Shelter Nows unvermindert weiter-
geführt; sie wurde in einigen Bereichen sogar
noch verstärkt.
Als die afghanischen Angestellten aus ihrem Ge-
fängnis in Kabul befreit worden waren, äußerten
sie alle den Wunsch, bei Shelter Now weiterhin
mitzuarbeiten.
```

An einem Sonntagnachmittag ging es los. Georg Taubmann und Peter Bunch machten gerade ihre Runde über den Gefängnishof, als plötzlich überall in Kabul aus allen Rohren geschossen wurde. Es waren vor allem Luftabwehrgeschütze, aber auch einzelne Kalaschnikows, die in den Himmel ballerten, denn dort kreiste ein einziges kleines Flugzeug – offensichtlich eine Aufklärungsmaschine.

Das sinnlose Verpulvern der Munition war sicherlich das Abreagieren der großen Spannung, die sich während der vergangenen Wochen in den Taliban mehr und mehr aufgebaut hatte. Jederzeit erwarteten sie den angekündigten Vergeltungsschlag der US-Kräfte, denn Tag für Tag zog sich der Kreis um Afghanistan enger. In Pakistan und Tadschikistan standen Truppen; Flugzeugträger ankerten einsatzbereit im Indischen Ozean. Und niemand wusste, wo, wann und wie heftig die Truppen zuschlagen würden. Alle warteten mit Spannung und Furcht.

Ganze viereinhalb Wochen ließ sich die »Allianz gegen den Terror« Zeit zur Vorbereitung des Gegenschlages, wodurch die Nerven der Taliban bereits ziemlich zermürbt waren.

* * *

GEORG TAUBMANN: Gleich als die Ballerei losging, bat ich darum, zu den Frauen hinübergehen zu können, und zum Glück wurde es mir auch gestattet.

»Die Bombardierung von Seiten der US-Allianz hat noch nicht begonnen«, beruhigte ich sie. »Da kreist nur ein Aufklärungsflugzeug über Kabul und die Taliban spielen verrückt. Aber heute Nacht könnte es losgehen. Lasst uns beten, dass Gott uns bewahrt und die Amerikaner wissen, wo wir stecken.«

Wir hatten ernst zu nehmende Hinweise, dass es den amerikanischen Streitkräften bekannt war, wo wir uns befanden, und sie sich bemühen würden, uns während ihrer Attacken zu verschonen.

Wie ich vermutet hatte, begann tatsächlich noch in der gleichen Nacht die Bombardierung ausgesuchter Objekte in Kabul. Während dieser Zeit waren wir Männer oben im ersten Stock eingesperrt. Wenn das Gefängnis getroffen worden wäre, hätte es für keinen von uns ein Entkommen gegeben. Wir wären alle umgekommen. Trotzdem herrschte unter den Gefangenen mehr Freude als Angst, denn für viele bedeutete der Anfang des Krieges auch die berechtigtere Hoffnung auf eine Befreiung.

»Wir beten fünfmal am Tag zu Allah, dass diese Regierung zerstört wird«, beteuerten einige meiner Mitgefangenen mir gegenüber immer wieder.

Das Einschlagen der Bomben und die darauf folgenden Explosionen brachen in Wellen über Kabul herein. An allen Ecken und Enden blitzte es und die Treffer waren so heftig, dass das ganze Gebäude erzitterte. Wir rannten von einer Fensterseite zur anderen und beobachteten, was um uns herum geschah.

Die zweite Nacht war noch heftiger, da die Flieger Ziele ganz in unserer Nähe aufs Korn nahmen. Es rumste gewaltig und die Wände bebten, sodass mir hin und wieder die Luft wegblieb. Vor allem, wenn ich auf die verrammelte Stahltür schaute und mir bewusst machte, dass es kein Entkommen gab. Es war wie in einem hochexplosiven Käfig.

Ganz in unserer Nähe musste es einen gewaltigen Treffer gegeben haben, denn das Gebäude wackelte wie bei einem Erdbeben und vor den

Fenstern wurde es durch die Explosion beinahe taghell. Am nächsten Morgen erfuhren wir dann, dass der in unmittelbarer Nähe stehende Sendeturm des Radio Scharia von einem einzigen Treffer exakt getroffen worden war.

In einer anderen Nacht wurden die Radaranlagen und der Fernsehturm weggeschossen. Der Turm hatte wie ein Wahrzeichen auf einem Berg mitten in Kabul gestanden. Als wir am nächsten Morgen aus dem Fenster schauten, sahen wir, wie die gesamte Spitze des Berges wie mit einem Messer wegrasiert worden war. Kein Turm und keine Radaranlage waren mehr zu sehen.

Durch einen ausländischen Sender erfuhren wir später, dass die Pilotin, die diese Glanzleistung vollbracht hatte, von Präsident Bush persönlich dafür geehrt worden war. Für die Taliban wiederum war es ein besonderes Ärgernis, dass eine Frau ihr Wahrzeichen zerstört hatte. In Kabul durfte eine Frau noch nicht einmal Auto fahren und jetzt pustete ausgerechnet eine Pilotin diesen für sie so wichtigen Turm weg.

KATI JELENIK: Also, die erste Bombennacht habe ich nicht als so schlimm empfunden, da bereits am Nachmittag der Kriegslärm mit dem Krach der Abwehrgeschütze begonnen hatte. Außerdem hatten Georg und Peter glücklicherweise zu uns rüberkommen können, um uns die Situation zu erklären. Am Abend folgten dann zunächst die Leuchtraketen, was mich sehr an Silvester erinnerte. Wir standen draußen und schauten uns das Spektakel an. Und erst in der Nacht, als wir bereits schliefen, ging das eigentliche Bombardement los.

Die zweite Nacht war jedoch wirklich heftig, denn da schlugen die Bomben so richtig in unserer Nähe ein. Deshalb verzogen wir uns alle – bis auf Silke – in den Flur, wo keine Fenster waren. In diesen Stunden hatte ich richtig Angst. Bei den vielen zischenden Geräuschen, den lauten Detonationen und diesem Rütteln im Fußboden verkrampfte sich mein Magen gewaltig. Nachts ist es ja außerdem noch schlimmer als tagsüber, denn da sieht man wenigstens, was um einen herum passiert. Ich betete immer wieder: »O Herr, verschone uns. Bring uns bitte unbeschadet hier heraus.«

In der darauf folgenden Zeit gewöhnte ich mich mehr und mehr an die Bombardierungen und oftmals schlief ich dabei sogar durch. Aber wenn ich wach war, fragte ich mich manchmal: »Warum habe ich eigentlich Angst? Vor dem Tod selbst nicht so sehr, denn dann bin ich bei Gott und alles ist gut!«

Im Grunde machte mir das Unberechenbare Angst, zu hören, wie ein Flugzeug kam, zu wissen, dass gleich eine Bombe fallen würde, und die Ungewissheit: Wo wird sie einschlagen? Vielleicht bei uns?

Ich hasse heute noch diese Flugzeuggeräusche und das zischende Pfeifen vor den Einschlägen.

····

MARGRIT STEBNER: Ich lag mit den anderen im Flur und schaute mir die Wände an, in denen ohnehin schon viele Risse waren. Im Grunde musste gar keine Bombe mehr auf unser Gefängnis fallen, es brauchte nur einmal so richtig zu wackeln und alles würde in sich zusammenfallen.

Als dann immer mehr Bomben fielen und in unserer Nähe einschlugen, da packte mich die Panik. »O Gott, was mache ich nur?«, durchfuhr es mich. »Ich kann ja gar nicht weglaufen. Ich kann hier überhaupt nicht raus!«

In diesem Moment war es mir jedoch plötzlich so, als würde mich jemand anstupsen und sagen: »Bleib ruhig. Dreh dich einfach um und schlaf. Es wird alles gut werden!«

Gott war die ganze Nacht über da! Das hat mich tief beruhigt. Ich bin der festen Überzeugung, dass man sich so etwas nicht einbilden kann. Entweder man erlebt es und kann ruhig bleiben oder man dreht durch.

····

Nachdem die amerikanische Luftwaffe wochenlang die wichtigsten militärischen Anlagen gezielt angegriffen und zerstört hatte, konzentrierte sie sich auf die Verteidigungslinie der Taliban gegen die Nordallianz, die zu dieser Zeit etwa 30 Kilometer nördlich von Kabul bei Schamalie lag. Die Gefangenen hörten die Flugzeuge über ihr Gefängnis rauschen und das dumpfe Grollen der Einschläge.

Was die Taliban besonders entsetzte, war das Auftauchen eines Flugzeuges aus heiterem Himmel, das gezielt ein einzelnes Gebäude in Kabul zerschoss und anschließend wieder verschwand. Die Präzision, wie einzelne Gruppen von Taliban-Führern ausgelöscht wurden, verblüffte sie und versetzte sie in Angst und Schrecken.

Deshalb war es auch kein Wunder, dass die Spannung zwischen manchen Taliban-Wärtern und den acht Ausländern wuchs, besonders den beiden Männern gegenüber. Einer der Wärter bemerkte aggressiv: »Wenn wir hier fliehen müssen, dann werden wir zuerst die Ausländer umbringen.«

In manchen Nächten konnten Georg Taubmann und Peter Bunch kaum schlafen, denn sie wussten: Je stärker die Taliban getroffen werden, desto gefährlicher werden sie. Georg verglich manche mit einem wilden Tier, das, je stärker es verwundet wird, umso unberechenbarer wird. Aus diesem Grunde gingen die beiden Männer an Tagen mit besonders zielsicheren Treffern sicherheitshalber nicht in den Gefängnishof. Die aggressive Stimmung hätte sich dort leicht an ihnen entladen können.

Der Gefängnisaufseher, Mullah Hamid, der die Ausländer regelrecht in sein Herz geschlossen hatte, machte sich große Sorgen um ihre Sicherheit.

Mehr als einmal sagte er besorgt zu Georg: »Mr. George, ich habe Angst, dass die gefürchteten Taliban von Kandahar, die El Kaida-Kämpfer, herausfinden, dass ihr hier seid und euch entführen oder Rache an euch nehmen. Und dann weiß ich nicht, wie ich euch schützen kann.«

Über Mullah Hamid stand leider noch sein Vorgesetzter, Mullah Jussuf, ein skrupelloser Mann, der zwar seltener ins Gefängnis kam, aber wenn er dort war, die Gefangenen eigenhändig folterte. Zudem war er den Ausländern gegenüber überhaupt nicht wohlgesinnt.

So kam es, dass Georg Taubmann und Peter Bunch eines Morgens nach unten zur Gefängnisleitung gerufen wurden. Als sie dort eintrafen, erwartete sie eine Gruppe von Taliban in einer Art Wintergarten, in dem besondere Delegationen empfangen wurden. Mullah Jussuf saß dort mit einem offensichtlich sehr bedeutsamen anderen Mullah, der einen extrem großen Turban trug, und vier oder fünf anderen Taliban zusammen. Georg hatte diese Männer noch nie gesehen. Sie beäugten die beiden Ausländer genau, stellten ihnen ein paar Fragen und unterhielten sich dann in Dari über sie, sodass Georg nichts von ihrem Gespräch verstehen konnte. Anschließend standen sie auf und gingen.

Die finsteren Gestalten flößten Georg eine Menge Angst ein und wie sich herausstellen sollte, nicht unberechtigt. Denn später erfuhr er von einem der befreundeten Wärter, dass diese Delegation aus Kandahar gekommen war. Dies bestätigte seine Befürchtung, dass sie sich in großer Gefahr befanden, verschleppt zu werden.

## Zwei Briefe aus dem Gefängnis in die Heimat

21. 10. 2001

Liebe Sabine, lieber Armin,

habt ihr überhaupt irgendwelche Post von mir empfangen?
Die Situation hat sich dramatisch verändert, wie ihr sicherlich schon mitbekommen habt. Und um euch die Wahrheit zu sagen, wir sind jetzt wirklich in Gefahr, aber ich bleibe trotzdem zuversichtlich, dass wir bald sicher herauskommen werden.
Ich hätte niemals von mir gedacht, dass ich eine Kriegssituation so gut durchstehen würde. Und zur gleichen Zeit im Gefängnis zu sein, macht es noch schlimmer, denn du kannst nicht einfach weglaufen. Man sieht nichts, aber hört all diesen Bombenlärm. Die Nächte sind oft wirklich unerträglich mit dem ständigen Krach. Manchmal liegt man nur da und wartet auf die nächste Bombe und hofft, dass das Gefängnis nicht getroffen wird.
Aber ich bin wirklich erstaunt, dass ich trotzdem so viel Ruhe in meinem Herzen und kaum Angst habe. Ich bekomme eine Menge Kraft aus meinem Glauben. Und trotzdem – ich wünschte, ich könnte hier sofort raus; es bleibt doch sehr schwer.
Nachts schlafen wir jetzt oft im Innengang, falls das Glas in den Fenstern unserer Zelle splittern sollte. Aber wir sind nicht allein. Wir teilen unser Etablissement mit Kakerlaken, Spinnen und anderen netten kleinen Tieren. Man kann sich an eine Menge Dinge gewöhnen.

Mit herzlichen Grüßen
Margrit

20. 10. 2001

Lieber Udo,

Grüße aus Kabul. Wir haben bisher alle Bombenangriffe gut überstanden. Seit gestern ist alles sehr ruhig. Manchmal waren die Detonationen sehr nahe und sehr laut. Schlimm ist dabei, dass wir hier im ersten Stock eingesperrt sind, sodass wir, falls das Gebäude getroffen wird, die Ersten sind, die »gehen« werden. Es ist uns nicht möglich, in tiefere Etagen zu flüchten, denn alles ist mit Stahltüren verschlossen.
Die Lage wird immer angespannter. Wir müssen uns mehr und mehr auf Gott und seine Verheißungen konzentrieren, sonst ist es nicht auszuhalten. Menschlich gesehen gibt es nur wenige Möglichkeiten. Die Gerichtsverhandlung ist bestimmt schon längst vergessen. Es gibt kaum noch Taliban-Beamte hier, die eine höhere Position innehaben. Die meisten sind geflüchtet. Nur noch die weniger wichtigen Leute sind hier. Unser Anwalt und sein Kollege sind vor ca. einer Woche gegen unseren Willen abgereist. Sie haben uns hier »sitzen lassen«, obwohl wir sie immer wieder gebeten haben zu bleiben. Alle waren sehr enttäuscht, doch wir sind nun ganz alleine auf Gott angewiesen. Wir bekommen auch keinerlei Faxe oder irgendwelche Nachrichten mehr, da die Leute vom Außenministerium, die uns die Faxe brachten, scheinbar alle geflohen sind. Das ist für uns alle sehr entmutigend. Die Bombardierungen, Spannungen und die Ungewissheit sind eine wahnsinnig starke Herausforderung. Wir wissen inzwischen auch, dass wir als Geiseln festgehalten werden, und das von Leuten, die uns hassen ...

Dein bester Freund Georg

Georg Taubmann und Peter Bunch richteten sich in ihrer Zelle gerade für den Abend ein, als Georg plötzlich nach unten ins Büro gerufen wurde. Etwas erstaunt, was dieser Appell um diese Tageszeit sollte, ging er den dunklen Gang hinunter. Im Büro erwarteten ihn Mullah Hamid, der Gefängnisleiter, und dessen Boss Mullah Jussuf, der bestgehasste Mann im Gefängnis. Dieser ergriff gleich das Wort: »Packt eure Sachen. Ihr werdet für heute Nacht in ein anderes Gefängnis gebracht!«

Wieder setzte er diese rücksichtslose Überraschungstaktik ein und Georg musste sich sehr bemühen, seine Angst nicht erkennbar werden zu lassen.

»Wieso müssen wir hier weg? Warum das Ganze?«, protestierte Georg.

»Wir bringen euch an einen besseren Ort. Außerdem ist er sicherer, besonders wegen der Bomben in der Nacht.«

Georg glaubte die Lügengeschichte nicht und antwortete: »Wir brauchen keinen besseren Ort. Hier ist es gut. Wir wollen hier bleiben.«

Daraufhin wurde Mullah Jussuf aggressiv und antwortete scharf: »Wer gibt hier eigentlich den Ton an? Wer befiehlt hier? Du oder ich?«

»Natürlich du!«

»Dann holt eure Sachen und seht zu, dass ihr runterkommt!«

Nach dieser Anfuhr gab Georg lieber klein bei und sagte Peter Bescheid. Schnell packten sie ein paar ihrer Sachen zusammen und verriegelten zuletzt von außen ihre Zellentür mit einem Vorhängeschloss. Als sie anschließend ihren Zellentrakt verließen, war ihnen gar nicht wohl zu Mute. Sie machten sich Gedanken: »Was machen die jetzt mit uns? Wo bringen sie uns hin?«

So seltsam es klingen mag, in den vergangenen fünf Wochen war dieses Gefängnis für sie irgendwie zu einem Zuhause geworden. Sie hatten Beziehungen aufgebaut, kannten die Wärter, wussten, wie das System funktionierte und fühlten sich in gewisser Weise sicher. Auch hatten die afghanischen Gefangenen ihnen immer wieder beteuert, dass sie sie schützen würden, sollte es zu Übergriffen radikaler Taliban kommen. Einige hatten sogar gesagt: »Wenn uns die Kämpfer der Nordallianz befreien, könnt ihr erst einmal bei uns unterschlüpfen. Unsere Häuser sind ganz in der Nähe.«

Jetzt waren sie entsetzt und fragten sich: »Was werden sie mit den Ausländern tun?« Ihr Freund Mohammed Scharif ging ganz aufgelöst noch ein Stück mit ihnen den Gang entlang und blieb dann mit hängenden Schultern stehen. Er konnte ihnen nicht beistehen. Wieder war alles ungewiss und gefährlich. Sie waren Geiseln ohne Rechte, ohne Beistand.

Als die beiden Männer gemeinsam mit den Frauen in den Kleinbus stiegen, stand auch ihnen das Entsetzen ins Gesicht geschrieben. Sie hatten ebenfalls den Beteuerungen der Wächter, dass sie nur für eine

Nacht weggebracht werden würden, nicht geglaubt und all ihr spärliches Hab und Gut zusammengepackt.

Als derjenige mit der besten Ortskenntnis achtete Georg wieder genau auf den Weg, den der Konvoi einschlug. Die Fahrt verlief nur durch die Innenstadt: Zuerst an der türkischen Botschaft, dann an der chinesischen Botschaft vorbei. Anschließend fuhren sie um die Kurve und hielten neben der ehemaligen DDR-Botschaft vor dem berüchtigten Riasat 3-Gefängnis des Geheimdienstes. Dort mussten sie aussteigen und wurden wieder voneinander getrennt. Die Frauen kamen in die erste Etage des Gebäudes und die Männer wurden in den Keller geführt.

••••

GEORG TAUBMANN: Peter und ich wurden einen finsteren Gang entlanggeführt, der an einer großen Stahltür endete. Dahinter ging es eine Treppe in den Keller hinunter. Was uns dort erwartete, war das Schlimmste, was ich je erlebt habe. Die ersten Gefangenen, die wir sahen, hatten ganz ausdruckslose, traurige Gesichter. Vielen sah man an, dass sie schwer traumatisiert oder geistesgestört waren. Diese Zuckungen in ihren Gesichtern, die Leere in den Augen – uns starrte die pure Hoffnungslosigkeit an. Mir raubte es die Luft zum Atmen. Die Atmosphäre ist kaum zu beschreiben: Die Luft war feucht und kalt, viele Männer krank und wie unter Schock. Überhaupt, dass wir unter der Erde in eine Zelle gesteckt wurden, bereitete mir, der ich schon einiges gewohnt war, zum ersten Mal Platzangst. Nur oben unter der Decke war ein kleiner Lichtschacht, der einen Meter unter der Erde nach draußen zeigte.

Fassungslos hockten wir uns auf unsere Matratzen und mussten wohl so ähnlich ausgesehen haben wie die Gefangenen, die uns anstarrten.

Zwei der Inhaftierten, die nicht ganz so mitgenommen waren wie die anderen, sahen uns wohl an, dass wir unter Schock standen, und kümmerten sich erst einmal um uns. Der eine stellte sich als Mustafa vor, ein kluger Mann, wie ich bald feststellen sollte, mit dem ich schnell Freundschaft schloss. Er kochte erst einmal einen Tee und beschrieb uns das Gefängnis. Es war eines von den vielen Hochsicherheitsgefängnissen des Geheimdienstes.

»Es gibt in Kabul Riasat 1 bis hin zu Riasat 12«, erklärte er uns. »Hier sind viele, die zum Tode verurteilt sind, andere warten als Strafe auf eine Amputation. Die meisten sind unschuldig eingesperrt, nur wenige haben wirklich etwas verbrochen. Und es gibt noch einen Trakt in diesem Gefängnis, der wesentlich schlimmer ist als der hier.«

Peter und ich waren wirklich verzweifelt. Wir hockten in der Zelle und wussten nicht, was wir sagen sollten. Zum Glück hatten wir an diesem Tag vor dem Abtransport Post bekommen. »Jetzt lese ich die Briefe, um auf andere Gedanken zu kommen«, sagte ich mir.

Es waren einige Briefe von Marianne dabei, die nun so weit von mir entfernt war. Bis vor kurzem hatte ich noch gedacht, sie wäre mit den Kindern in Pakistan, aber sie hatten wegen der großen Gefahr nach Deutschland fliegen müssen. In dem Moment, als ich noch einmal darüber nachdachte, brach meine ganze Trostlosigkeit über mir zusammen. Es war furchtbar, sie so weit entfernt auf der Weltkugel zu wissen. In dem ersten Brief stand, dass ihr Vater verunglückt wäre, im zweiten, dass er im Koma liege und im dritten Brief erfuhr ich, dass er gestorben und beerdigt worden war. Wie hatte Marianne das nur überstanden? Wie konnte sie ihre Mutter trösten? Und meine Jungen? Für sie war es das erste Mal, dass jemand in der Verwandtschaft gestorben war. Was mochte bei der Beerdigung durch ihre Köpfe gegangen sein, wenn sie an ihren eigenen Vater dachten?

Dieser Gedanke gab mir den Rest! Ich wusste nicht mehr, was ich machen sollte. Ich schlug meine Bibel auf und fing an zu lesen. Dabei stieß ich auf Verse aus Psalm 91: »Du fürchtest dich nicht vor dem Schrecken der Nacht ... Denn du hast gesagt: Der Herr ist meine Zuflucht! Denn er bietet seine Engel auf, dich zu bewahren auf all deinen Wegen.« Diese Worte trösteten mich ungemein. Nachdem ich sie immer wieder gelesen hatte, beteten Peter und ich gemeinsam für unsere Familien und schütteten unsere Herzen vor Gott aus.

In der Nacht konnte ich trotz zweier Schlaftabletten nicht schlafen, denn die Gerüche und Geräusche um mich herum waren zu fremdartig und unheimlich. Mit Entsetzen hatte ich bei meiner Ankunft gesehen, dass es unter den Gefangenen Männer gab, die in Ketten geschmiedet waren. Während ich vor mich hin döste, verfolgten mich die klirrenden, kratzenden Geräusche ihrer kleinen Schritte auf dem Gang.

· · ·

Der Morgen kam und die Zeit verstrich, ohne dass sie wieder abgeholt wurden. »Haben die Taliban uns etwa tatsächlich angelogen? Müssen wir wirklich in diesem schrecklichen Gefängnis bleiben?«

Georg Taubmann und Peter Bunch liefen unruhig in dem Gang hin und her. »O Gott, hol uns hier heraus. Wir halten es hier nicht aus. Wir werden noch verrückt wie die anderen Gefangenen, wenn wir hier bleiben müssen! Bitte verändere die Herzen der Taliban, damit sie uns zurückholen!«, beteten die beiden verzweifelt.

Endlich kamen gegen elf Uhr die Wärter und befahlen kurz angebunden: »Nehmt eure Sachen und kommt mit!«

Georg und Peter war es fast so, als wären sie befreit worden. Zurück im alten Gefängnis waren sie sofort von den anderen Gefangenen umringt, die überglücklich waren, sie wieder bei sich zu haben. Es war wie ein Nachhausekommen!

Mohammed Scharif erzählte Georg, dass am frühen Morgen ein Wärter versucht hätte, ihre Zelle aufzubrechen, um ihre Sachen herauszuholen. Es war ihm aber nicht gelungen. Offensichtlich hatten sie ihre Habseligkeiten in das andere Gefängnis bringen und sie dort schmoren lassen wollen. Später hatten die Wärter heftig darüber diskutiert, was sie mit den Ausländern anfangen sollten und sich dann plötzlich entschlossen, sie doch zurückzuholen. Für Georg und Peter war das eine eindeutige Erhörung ihres inständigen Gebetes.

In den kommenden Wochen bis zu ihrer Entführung nach Kandahar wurden sie häufig über Nacht in dieses Hochsicherheitsgefängnis gebracht. Dies geschah eine Zeit lang jede Nacht, manchmal auch nur jede zweite oder dritte. Gegen 18 Uhr wurden sie dorthin gefahren und gegen 7 Uhr am anderen Morgen wieder zurückgebracht. Warum das passierte, konnten die acht nur ahnen. Ein Grund mochte sein, dass sie im Hochsicherheitsgefängnis vor den nächtlichen Bomben sicherer waren. Es war aber auch gut möglich, dass die Taliban befürchteten, ein Spezialkommando der US-Kräfte könnte sie gewaltsam befreien wollen.

• • •

MARGRIT STEBNER: Das Riasat 3 war ein reines Männergefängnis. Wir waren in den Nächten die einzigen Frauen dort und in der ersten Etage untergebracht. Eigentlich war es ein Bürotrakt, der am Eingang mit einer großen Gittertür verschlossen war. Wir hatten zwei Zimmer: ein kleines für Silke und Kati und ein größeres für uns restliche vier Frauen. Da wir schon Ende Oktober hatten, war es in den Nächten bitterkalt, denn die Fensterscheiben waren kaputt und nur eine Plastikfolie gab notdürftigen Schutz.

Auf dem Flur saß ständig ein männlicher Wärter, was wir unverschämt fanden. Deshalb protestierten wir so lange, bis wir ein Vorhängeschloss bekamen, mit dem wir unsere Tür von innen verschließen konnten.

Die Atmosphäre in diesem Bau war unheimlich, was mich nachts einfach nicht schlafen ließ. Dazu kam, dass vor unserem Fenster eine Menge Fledermäuse kreischend umherflogen. Ihre Geräusche kann man gar nicht richtig beschreiben: Mal klang es wie Babygeschrei, dann wieder wie ein hässliches hohes Gekreische.

Die nächtlichen Bombardierungen waren dort im ersten Stock recht bedrohlich, denn es hätte für uns kein Entkommen gegeben, wenn eine Bombe eingeschlagen hätte. Aber unter der Erde, wie Georg und Peter, hätte ich deswegen auch nicht schlafen wollen.

Wenn ich so zurückdenke, dann waren diese düstere Atmosphäre und die Fledermäuse wirklich furchtbar.

⋯

GEORG TAUBMANN: Wenn Peter und ich am Abend in das Hochsicherheitsgefängnis gebracht wurden, warteten unsere beiden Gefängnisfreunde schon auf uns. Sobald sie unseren Wagen kommen hörten, setzte Mustafa Tee auf und wir hockten bis spät in die Nacht hinein beieinander und unterhielten uns.

Erst nach zwei Wochen traute ich mich, diesen unheimlichen Gefängnistrakt weiter zu erforschen. Gleich links, wenn man die Treppen runterkam, ging ein dunkler Gang noch tiefer in die Erde. Einmal wagte ich es, dort hineinzugehen, und entdeckte, dass dort die Gefangenen zu sechst in kleinen Zellen hausten. Auf jeder Seite dieser Räume waren drei Bettgestelle aus Holzbrettern im Eigenbau übereinander gebaut. Sie hatten eine kleine Luke nach oben, durch die ein wenig Licht kam. Doch meist war es finster, denn der Strom fiel sehr oft aus. Wie die Menschen es in diesen Verliesen nur monatelang aushielten? Viele husteten beständig in der klammen Luft; einige hatten Tuberkulose.

Und es gab noch andere Zellen, in denen die Männer zu dritt eingepfercht waren und nur morgens und abends kurz zum Toilettengang hinausgelassen wurden. Viele von ihnen hatten Fußketten, wodurch sie nur ganz kurze Schritte machen konnte. In der Mitte der Fußkette war ein weiteres Kettenstück angebracht, dessen Ende der Gefangene in der Hand hielt. Dieses Ende zog er beim Gehen mit seinen Händen nach oben, damit er die Füße leichter voreinander setzen konnte und die Fußkette nicht so laut auf der Erde schleifte. Das ganze düstere Szenario erinnerte mich an die Verliese im Mittelalter.

Mein junger Freund Mohammed Scharif hatte mir schon vor einiger Zeit aus dem Bazar ein kleines Radio mit Kopfhörern besorgt, das ich sorgsam versteckt ständig am Körper trug. Wenn wir in unserem Nachtgefängnis ankamen, schlossen wir uns mit Mustafa in unserer Zelle ein und hörten heimlich die Nachrichten der ausländischen Sender. Wir mussten dabei sehr vorsichtig sein, damit wir nicht entdeckt wurden, denn unter den Gefangenen gab es Spitzel der Taliban. Mustafa hatte früher in der Armee gedient und kannte sich deshalb in der gesamten geographischen Lage Afghanistans sehr gut aus. Er erklärte uns, wo gerade gekämpft und welche Städte von der Nordallianz mit der Unterstützung der US-Kräfte eingenommen wurden. Geschickt zeichnete er eine Karte von Afghanistan, zeichnete die einzelnen Städte ein und erklärte uns die Kampfplätze. Ein sehr entscheidendes Ereignis war die Eroberung der stark umkämpften Stadt Masar-i-Sharif im Norden des Landes. Denn von diesem Zeitpunkt an ging die Truppenbewegung der Nordallianz rasant voran.

In der darauf folgenden Nacht erfuhren wir, dass die nächste Stadt erobert worden war und dann die nächste und die nächste. Innerhalb weniger Tage war fast der ganze Norden eingenommen worden bis hin nach Herat. Wie gebannt saßen wir vor dem kleinen Gerät und lauschten den Siegesnachrichten. Als dann die Linien der Taliban im Norden von Kabul in der Gegend von Shamalie angegriffen wurden, waren wir sicher, dass es nur noch wenige Tage dauern konnte, bis die Nordallianz in Kabul einmarschieren würde.

Ich machte mir jede Nacht Notizen und wenn wir am Morgen mit den Frauen zu unserem Tagesgefängnis zurückgefahren wurden, steckte ich ihnen heimlich diese Zettel zu. Sie konnten dann nach dem Frühstück immer ihre »Zeitung« lesen.

An einem der nächsten Tage wurde es in dem Tagesgefängnis am Spätnachmittag auf einmal unruhig. Die Wärter liefen aufgeregt hin und her, waren gereizt und es lag eine aggressive Anspannung in der Luft.

Gerade sollte eine Suppe vom Frauengefängnis zu Georg Taubmann und Peter Bunch herübergebracht werden, als plötzlich Mullah Hamid zusammen mit seinem Boss Mullah Jussuf in die Zelle stürmte und beide befahlen: »Los, aufstehen! Wir müssen euch sofort ins Nachtgefängnis bringen.«

»Warum so eilig? Wir haben noch nicht einmal gegessen.«

»Dann nehmt eure Suppe mit! Wir müssen sofort los!«

Es blieb den beiden Männern nichts anderes übrig, als zu gehorchen, und in großer Hektik wurden sie gemeinsam mit den Frauen in den Kleinbus gestopft und früher als sonst zu ihrem Nachtgefängnis gebracht. Dort angekommen stolperten Georg und Peter die düsteren Treppen in ihr Kellerverlies hinunter, wo sie bereits ein aufgeregter Mustafa erwartete.

»Es ist so weit«, teilte er ihnen mit. »Heute Nachmittag habe ich in den Nachrichten gehört, dass die Truppen der Nordallianz ihren Angriff auf die Frontlinien von Shamalie begonnen haben und jetzt auf dem Vormarsch auf Kabul sind. Sie sind nur noch zehn Kilometer entfernt. Es kann nicht mehr lange dauern, bis sie in der Stadt sind.«

Die Aufregung unter den Gefangenen war unheimlich groß, unruhig liefen sie in den Gängen hin und her. Wie würde die Eroberung Kabuls ausgehen? Würden sie von den Truppen der Nordallianz befreit werden oder würden die Wächter vorher noch einige von ihnen umbringen? Besonders die zum Tode Verurteilten fürchteten dieses Schicksal. Und was würde mit den gefangenen Entwicklungshelfern geschehen?

* * *

Zu Beginn des Buches berichtete Georg Taubmann bereits von den Schutzmaßnahmen und Befreiungsplänen seines afghanischen Mitgefangenen Mustafa. Doch diesen Plänen waren schwer bewaffnete Taliban zuvorgekommen, die in das Gefängnis gestürmt waren und die acht Shelter Now-Mitarbeiter verschleppt hatten. Ihr Ziel war Kandahar gewesen, die Hochburg der El Kaida-Milizen und Residenz von Mullah Mohammed Omar.

Nach der unbequemen, eiskalten Nacht in einem Frachtcontainer hatte der Konvoi einen zweiten Zwischenstopp in der von Taliban kontrollierten Stadt Ghasni gemacht und die Ausländer waren in dem dortigen städtischen Gefängnis untergebracht worden.

Plötzlich waren in der Stadt Kämpfe zwischen den lokalen Volksstämmen und den Taliban-Besatzern ausgebrochen. Die Aufständischen hatten das Gefängnis gestürmt. Und ihre Übermacht war so groß gewesen, dass die Taliban, ohne ihre Geiseln mitnehmen zu können, hatten fliehen müssen. Alle Gefangenen waren befreit worden, unter ihnen auch die acht Shelter Now-Entwicklungshelfer. Und anschließend waren sie alle zusammen in einem Triumphzug durch die Stadt gezogen.

# In letzter Minute befreit!

Die acht Shelter Now-Entwicklungshelfer wurden von einer Gruppe von Kämpfern und der ständig wachsenden neugierigen Menschenmenge durch die Straßen von Ghasni zu einer Art Büro geführt.

Dort begrüßte sie ein Mann, der ein wenig Englisch sprechen konnte.

»Willkommen, ich bin Mohammed Salim und ein Sicherheitsbeamter in dieser Stadt«, stellte er sich vor.

Er war offensichtlich der Chef der Gruppe, die sie aus dem Gefängnis befreit hatte. Sofort wurde Tee gebracht, sie konnten zur Toilette gehen, sich frisch machen und erst einmal zur Ruhe kommen. Mohammed Salim war sehr freundlich und schien die Lage im Griff zu haben. Das Büro war brechend voll mit Menschen und es kamen ständig noch mehr bewaffnete Männer herein. Manche waren nur neugierig auf die Ausländer, andere empfingen Befehle und eilten wieder fort.

Es herrschte eine aufgeregte und spannungsgeladene Atmosphäre. Die Einwohner Ghasnis waren von der Befreiung ihrer Stadt aus den Händen der Taliban wohl völlig überrascht und sich noch nicht einig geworden, wer nun die Führung übernehmen sollte.

Im Laufe des Vormittags kam eine Gruppe wild aussehender Kämpfer in dieses Büro gestürmt, dessen Anführer unbedingt mit den Shelter Now-Leuten sprechen wollte, was ihm Mohammed Salim aber verwehrte. Sie stritten sich lauthals in Dari und sprachen so durcheinander, dass die acht Ausländer kaum etwas von ihrem Gespräch verstehen konnten, und anschließend schickte der Sicherheitsbeamte diese Gruppe dann doch wieder fort.

Georg Taubmann, der die Situation und die Atmosphäre um sich herum genau beobachtete, merkte gleich, dass die verschiedenen ethnischen Gruppen dieser Stadt miteinander um die Macht rangelten und er offensichtlich mit seinen Mitarbeitern unter der Obhut von Mohammed Salim und seiner Gruppe stand. Da dieser Mann einen besonnenen und kompetenten Eindruck machte, war ihm das nur recht.

So gegen 12 Uhr wurde schließlich ein Mittagessen ins Büro gebracht, Kabulli Palau, Reis vermischt mit Rosinen und Fleisch, ein richtiges Festessen. Alle genossen gemeinsam das ausgiebige Mahl, schwatzten durcheinander, freuten sich und ließen der Erleichterung über ihre Befreiung freien Raum. In dem Büro herrschte eine Superstimmung.

GEORG TAUBMANN: Ich stellte mir alles Weitere ganz einfach vor. Ich nahm an, dass wir nur irgendwo ein Büro mit einem Telefon finden, von dort die deutsche Botschaft in Pakistan anrufen und sagen müssten: »Hallo, wir sind frei! Schickt einen Hubschrauber nach Ghasni und holt uns ab!«

Also bedrängte ich unsere neuen Gastgeber: »Wo ist hier ein Telefon? Ich muss unbedingt mit unserer Botschaft in Islamabad telefonieren und ihnen sagen, dass wir hier in Freiheit sind.«

»Gleich, gleich«, antwortete mir Mohammed Salim. »Wir haben in der Stadt zwei oder drei Büros, die Satellitentelefone besitzen.«

Endlich fuhren wir los, das heißt Mohammed Salim und ich und eine ganze Gruppe von Bewachern. Die anderen sieben aus unserem Team warteten im Büro.

Auf den Straßen tummelten sich viele Menschen. Es herrschte immer noch Freude über die Befreiung von den Taliban, aber gleichzeitig lag auch eine spürbare Spannung in der Luft. In Ghasni lebten drei ethnische Bevölkerungsgruppen zusammen: Paschtunen, Tadschiken und Hasaren, die jetzt dabei waren, ihre Machtbereiche gegeneinander abzugrenzen. Aus diesem Grund liefen eine Menge bewaffneter Männer herum.

Unser Weg führte uns an geplünderten Geschäften vorbei. Ich sah, dass bereits Straßensperren errichtet worden waren und es wurde auch vereinzelt geschossen. Die Stimmung schlug langsam um in Misstrauen den anderen Volksgruppen gegenüber, wahrscheinlich aus Furcht vor Racheakten. Diese war auch nicht unbegründet, denn die Paschtunen, von denen sich viele zu den Taliban zählten, hatten sich in der Vergangenheit gegenüber den Tadschiken und Hasaren brutal verhalten.

Endlich erreichten wir das öffentliche Telefonzentrum, doch es war bereits zerstört und ausgeplündert. Also ging unsere Suche weiter, aber die zwei Geschäfte, die ebenfalls Satellitentelefone besitzen sollten, waren geschlossen, wahrscheinlich aus Angst vor Plünderungen. Ohne etwas erreicht zu haben, mussten wir deshalb zum Büro zurückfahren. Mohammed Salim war sichtlich nervös und die Posten an den Straßensperren beäugten uns misstrauisch, bevor sie uns passieren ließen.

●●●

Nach einer kurzen Beratung beschloss Mohammed Salim, die Shelter Now-Mitarbeiter bei einem Verwandten namens Hamischa Gul unterzubringen, der am Stadtrand ein großes Haus besaß. Um dort hinzugelangen, mussten sie durch einen Stadtteil fahren, der hauptsächlich von Hasaren bewohnt war. Immer wieder begegneten ihnen Gruppen von Männern, die mit Gewehren und Granatwerfern bewaffnet waren. Der Fahrer lenkte den Kleinbus so schnell wie möglich durch die Straßen und alle atmeten auf, als sie endlich das Anwesen am Stadtrand erreichten.

Der Besitzer musste ziemlich wohlhabend sein, denn zu dem Anwesen gehörten mehrere Gebäude, die von hohen Mauern umgeben waren. Sie wurden freundlich empfangen und die Frauen bekamen gleich ein Zimmer zugewiesen, wo sie sich ausruhen konnten. Es war geräumig und mit sauberen Matratzen und Teppichen ausgelegt. Endlich konnten sie duschen und zur Ruhe kommen.

●●●

MARGRIT STEBNER: Ich konnte mich hinlegen und ausruhen. Saubere Matratzen und eine friedliche Umgebung, das war richtig heilsam für mich. Und ich genoss die Gastfreundschaft der Leute. Außerdem besorgte mir ein Arzt Tabletten, da ich von einer Amöbenruhr noch immer stark geschwächt war. Der ganze Tag verlief angenehm und wir waren sehr dankbar für die Fürsorge und Gastfreundschaft. Der Gefahr, in der wir uns bereits wieder befanden, waren wir uns noch nicht bewusst. Georg sprach nicht darüber, um uns zu schonen, und er war ohnehin die meiste Zeit unterwegs.

●●●

Während sich die Frauen erholten, saß Georg Taubmann mit den afghanischen Männern in einem Nebenraum zusammen und trank mit ihnen Tee.

Endlich konnte er sein Radio, das er in seiner Westentasche versteckt hatte, anstellen und Nachrichten hören. Dadurch erfuhr er, dass Kabul noch in der gleichen Nacht, in der sie entführt worden waren, von den Truppen der Nordallianz eingenommen worden war. Auf den Straßen in Kabul wurde gefeiert und getanzt. Es schmerzte ihn, denn das hätten sie gerne miterlebt. Dann dachte er wieder darüber nach, wie er nur an ein Telefon herankommen konnte, um die deutsche Botschaft in Islamabad zu erreichen. Die Situation in Ghasni war wirklich beängstigend. Die Zeit drängte, es musste etwas geschehen.

• • •

GEORG TAUBMANN: Ich fand einfach keine Ruhe und ging nach draußen in den Hof. Plötzlich kam ein etwa zwölfjähriger Junge zu mir herüber und sagte: »Ich kenne dich. Ich habe dich in Kabul im Gefängnis gesehen.«

»Wie kommt denn das? Wo warst du denn da?«, fragte ich erstaunt zurück.

»Ich war in dem Gefängnis für Kinder und Jugendliche neben eurem Gefängnis und konnte euch sehen, wenn ihr in den Innenhof gelassen wurdet.«

»Warum warst du denn in diesem Gefängnis?«

Jetzt war ich total verblüfft. Was hatte der Sohn dieses wohlhabenden Mannes an diesem schlimmen Ort zu suchen? Dort wurden die Kinder und jungen Männer nicht nur streng religiös erzogen, sondern auch grausam geschlagen und gequält, wenn sie sich nicht einfügten. Wir hatten in unserer Zelle ihre Schreie gut hören können.

»Ich habe zu viel dumme Sachen angestellt, was meinen Vater verärgert hat. Darum hat er mich dorthin gebracht.«

»Wie bitte? Dein Vater? Der hat dich dort ins Gefängnis geschickt?«

Ich konnte es nicht fassen. Was musste dieser Mann, unser neuer Gastgeber, für ein fanatischer Moslem sein, dass er seinen Sohn in diese grausame Anstalt steckte?! Das war ein echter Schock für mich.

Kurze Zeit später erfuhr ich, dass dieser Mann ein Talib war, der nach dem Aufstand schnell umgeschwenkt war und nun mit den neuen Machtgruppierungen in der Stadt zusammenarbeitete. Er war sogar ein guter

Freund des Chefs der Gefängnisse, in denen wir in Kabul inhaftiert gewesen waren. Jetzt war mir überhaupt nicht mehr wohl in meiner Haut und meine anfängliche Euphorie schwenkte in plötzliche Angst um. Wo waren wir so kurz vor unserem Ziel nur hingeraten? Wer wollte jetzt schon wieder die Kontrolle über uns ergreifen?

•••

Während sich die anderen Mitarbeiter von Shelter Now weiterhin entspannten und ausruhten, fuhr Georg Taubmann mit einer Eskorte von Bewachern zurück in die Stadt. Dieses Mal ging es zum Büro des Internationalen Roten Kreuzes, in der Hoffnung, von dort aus telefonisch Islamabad erreichen zu können.

Georg kannte dieses Gebäude bereits, denn vor drei Jahren hatte er auf einer Reise zu einem der Shelter Now-Projekte in Kandahar mit drei Freunden in deren Gästezimmer übernachtet und mit den Angestellten gute Kontakte geknüpft. Als sie dort ankamen, wurde er auch gleich wieder erkannt. Die afghanischen Rote Kreuz-Mitarbeiter hatten in den letzten Monaten das Schicksal der Shelter Now-Leute mitverfolgt und waren glücklich, sie jetzt unversehrt und frei zu wissen.

Sofort boten sie Georg alle Hilfe an, die ihnen möglich war. Sie kontaktierten das Internationale Rote Kreuz in Islamabad und fragten an, wie sie die acht Ausländer sicher aus dem Land bekommen könnten.

Zufrieden mit diesem Teilerfolg fuhr Georg zurück in seine neue Unterkunft und harrte der Dinge, die da kommen würden. In der Nacht konnte er jedoch kaum ein Auge zubekommen, denn Peter und er mussten einen Raum mit zehn bis fünfzehn Männern teilen, die ständig Radio hörten, rauchten und sich miteinander unterhielten.

Die Afghanen wechselten sich mit der Bewachung des Hauses ab. Ständig patrouillierten fünf von ihnen draußen auf und ab und bewachten das Haus, denn sie hatten begründete Sorge, dass die Hasaren sich an dem Besitzer rächen und das Haus angreifen würden. Schließlich hatte der Besitzer mit den Taliban zusammengearbeitet, die diesem Volksstamm arg zugesetzt hatten.

•••

Gleich am Mittwochmorgen ging es wieder ins Rote Kreuz-Büro. Die Angestellten hatten inzwischen Antwort aus Islamabad bekommen, doch leider konnte das Rote Kreuz keinen Hubschrauber stellen, um sie auszufliegen. Das wäre der schnellste und einfachste Weg gewesen.

Aber das Rote Kreuz war bereit, die Entwicklungshelfer nach Kabul zu fahren, denn die Stadt war mittlerweile befreit und die acht hätten von dort leichter ausgeflogen werden können. Doch auf der Strecke dorthin gab es noch zu viele von den Taliban kontrollierte Straßenposten, wie sie schnell herausfanden. An denen wären sie sicherlich entdeckt und festgenommen worden. Den Landweg zu nehmen war damit ausgeschlossen. Die einzige verbleibende Möglichkeit war, sich mit den amerikanischen Streitkräften in Verbindung zu setzen, um von ihnen ausgeflogen zu werden.

»Aber dann ist es eine Militäraktion und mit vielen Risiken verbunden«, wandte der Rote Kreuz-Angestellte ein.

Doch das war für Georg die geringste Sorge und er stimmte zu.

· · ·

GEORG TAUBMANN: Endlich kam Bewegung in die festgefahrene Situation. Es wurde Kontakt zur amerikanischen Botschaft in Islamabad aufgenommen. Die reagierten schnell und die Planung unserer Befreiung konnte beginnen.

Obwohl es auf Grund der Unruhen in der Stadt für sie sehr risikoreich war, waren die Amerikaner bereit, mit Hubschraubern ihre Spezialkräfte zu schicken, um uns herauszuholen. Es musste nur ein Ort ausgemacht werden, an dem wir aufgenommen werden konnten.

Das Palaver unter den Afghanen in dem engen Büro war groß, bis sie sich schließlich auf einen freien Platz außerhalb der Stadt einigten. Dieser Standort wurde den Amerikanern durchgegeben und mir wurde von ihnen eingeschärft, dass ich in der kommenden Nacht mit meinem Team pünktlich um ein Uhr morgens dort bereitzustehen hätte.

Für mich war das die schönste Nachricht seit langem. Ich atmete tief durch. Alles schien reibungslos zu laufen.

· · ·

In der Zwischenzeit, während die Verhandlungen hin und her gingen, war ein Bote ihres Gastgebers gekommen und hatte Georg mitgeteilt, dass er mit seinen Mitarbeitern unbedingt in ein anderes Haus umziehen müsse.

»Da draußen am Stadtrand ist es zu gefährlich«, begründete er die Anordnung. »Wir können euch dort nicht genügend schützen, falls wir von den aufgebrachten Hasaren angegriffen werden sollten. Wir haben ein anderes Haus näher an der Stadt, aber deine Teammitglieder weigern sich, ohne deine Zustimmung umzuziehen. Bitte, schreib einen Brief, dass du einverstanden bist.«

Georg Taubmann konnte seine Leute gut verstehen. Zu oft waren sie schon unter großen und wortreichen Versprechungen verlegt worden und die Situation hatte sich anschließend stets verschlimmert. Kein Wunder, wenn in einer solchen Situation Zweifel und Ängste hochkamen. Aber er verstand ebenso die Gründe ihres Gastgebers und sah, wie sich die Gefahr immer mehr zuspitzte, also schrieb er schnell eine Notiz: »Es ist okay, wenn ihr in das andere Haus umzieht. Ich bin hier noch am Verhandeln, komme aber so schnell wie möglich zu euch ins neue Haus. Es geht gut voran.«

Nachdem noch ein paar Einzelheiten geklärt worden waren, wurde Georg von Mohammed Salim und seinen Begleitern zu dem neuen Haus gefahren. Dieses neue Quartier direkt am Stadtrand war etwas kleiner, aber auch, wie in Afghanistan üblich, mit einer hohen Mauer umgeben. Sie aßen dort zusammen zu Mittag und Georg informierte seine Teammitglieder über den Verlauf der Verhandlungen: »Stellt euch vor, wir werden tatsächlich heute Nacht um ein Uhr mit Hubschraubern von den Amerikanern hier herausgeholt. Von einem Platz außerhalb der Stadt. Wir dürfen aber kein Gepäck mitnehmen, nur das, was wir am Körper tragen.«

Das war natürlich eine aufregende Nachricht. Die Entwicklungshelfer waren außer sich vor Freude und rätselten, wie die Befreiung wohl ablaufen würde.

Danach fuhr Georg sofort wieder mit Mohammed Salim zurück ins Büro des Roten Kreuzes.

* * *

KATI JELINEK: Das war eine tolle Nachricht, die Georg uns da brachte. Wir konnten es kaum fassen und waren ganz aufgeregt. Wir schauten auf unsere paar Habseligkeiten und berieten, was wir davon irgendwie mitnehmen könnten. Es war ja nicht viel. Aber das Wenige, was wir hatten, war schon kostbar: Tagebücher, Briefe, die Blätter mit den selbst gedichteten

Liedern, unsere Bibeln, die restlichen Kosmetikartikel. Alle Kleidungsstücke, die wir hatten, zogen wir übereinander. Wir steckten hier noch was hin und schoben dort noch etwas drunter. Wir fühlten uns wie in einer Wurstpelle und machten darüber unsere Späße. Mit der Zeit wurde die Verkleidung jedoch lästig und wir begannen uns wieder auszupellen.

»Wo bleibt nur Georg? Hoffentlich kommt uns nicht doch noch in letzter Sekunde etwas dazwischen«, fragten wir uns ein wenig besorgt.

· · ·

GEORG TAUBMANN: Im Büro wartete Hamischa Gul mit seinen afghanischen Begleitern und den Angestellten des Roten Kreuzes schon auf uns.

Obwohl alles geklärt schien, tauchte plötzlich ein Problem nach dem anderen auf. Die einen wollten zunächst einmal mit den neuen Machthabern von Ghasni über unsere Befreiung durch die US-Spezialkräfte reden. Doch andere unter ihnen waren dagegen: »Nein, das ist zu gefährlich! Unter den neuen Kommandanten könnten noch heimliche Anhänger der Taliban stecken, die unsere ausländischen Freunde womöglich an die Taliban ausliefern. Wer weiß, vielleicht verlangen sie auch noch Geld von uns, weil sie denken, dass wir für unsere Hilfe bezahlt werden.«

Die Befreiungsaktion musste also unbedingt ein Geheimnis bleiben. Keiner sollte erfahren, dass sie es waren, die uns geholfen hatten freizukommen.

Dann weigerte sich plötzlich einer der wichtigsten Männer, uns zu dem vereinbarten Treffpunkt zu fahren. »Der Platz liegt zu weit außerhalb. Es ist Ausgangssperre und viel zu gefährlich, um diese Zeit noch durch die Stadt zu fahren.«

Schließlich war keiner mehr bereit, uns an diesen Ort zu bringen. Die nächtliche Befreiungsaktion war ihnen zu gefährlich. Ich merkte, dass sie auch große Angst davor hatten, Probleme mit den neuen Machthabern dieser Stadt zu bekommen.

Genervt und enttäuscht rief ich die Amerikaner an: »Leute, es klappt alles nicht! Die Afghanen hier machen nicht mit. Es ist ihnen einfach zu gefährlich. Ihr müsst uns tagsüber holen.«

»Das geht auf keinen Fall!«, lautete die entschiedene Antwort der amerikanischen Militärs. »Ihr müsst in dieser Nacht herausgebracht werden, und zwar zu der bereits festgelegten Zeit!«

Die US-Streitkräfte waren über die Situation in
Ghasni sehr gut informiert. Die allgemeine Lage
war extrem unsicher und konnte von einer Minute
zur anderen umschlagen. Sie hätten deshalb bei
ihrer Befreiungsaktion schnell in einen Bürgerkrieg innerhalb der Stadt hineingezogen werden
können.
Da es sich in Ghasni um einen unerwarteten
lokalen Aufstand handelte, konnten die amerikanischen Spezialkräfte bei der Befreiung nicht
mit der Unterstützung der Nordallianz rechnen.
Deren Truppen waren weit weg. Ghasni lag wie
eine Insel, ringsherum umgeben von Gebieten,
die fest unter der Herrschaft der Taliban
standen. Außerdem wussten die Amerikaner, dass
sich die geflohenen Taliban bereits auf einen
Gegenangriff auf die Stadt vorbereiteten.
Die Lage war explosiv und die Zeit knapp.
Deswegen drängten sie Georg Taubmann, ihre
vorgegebene Zeit um ein Uhr morgens unbedingt
einzuhalten.

Georg teilte also den anwesenden Afghanen die Anordnungen der Amerikaner mit.

»Unmöglich!«, war daraufhin deren hitzige Antwort und von da an
ging es den ganzen Nachmittag lang hin und her.

Georg wandte all seine Überredungskunst auf, seine afghanischen
Gastgeber umzustimmen. Doch es half nicht! Dann wurde er ärgerlich
und versuchte sie bei ihrem Stolz zu packen: »Ihr Afghanen seid bekannt
als tapfere Männer. Wie kommt es, dass ihr plötzlich so zögerlich seid?
Habt ihr etwa Angst?«

Da Georg wusste, dass unter Afghanen die Gastfreundschaft sehr
hoch geachtet wird, reizte er sie mit den Worten: »Wir sind doch eure
Gäste und es ist eure Verpflichtung, uns zu schützen. Bitte, lasst uns
nicht einfach hängen, sondern helft uns bei unserer Befreiung!«

Georg konnte sie jedoch nicht dazu bewegen und war schließlich erschöpft, tief enttäuscht und verzweifelt. Die Afghanen fühlten sich in der Klemme und suchten nach neuen Lösungen.

»Nun gut, wir bringen die Ausländer morgen früh um fünf Uhr, gleich nach Aufhebung der Ausgangssperre, an diesen Ort«, einigten sie sich letztendlich. Doch das klang nicht sehr überzeugend.

Wiederum rief Georg in Islamabad an und teilte diesen Vorschlag mit.

»Darauf können wir nicht eingehen! Es muss in dieser Nacht um ein Uhr passieren. Das ist eure einzige Chance. Du musst das durchsetzen. Entweder dann oder gar nicht!«, lautete der Befehl an Georg.

Was sollte Georg dazu sagen? Er wusste, dass er seine afghanischen Gastgeber nicht würde umstimmen können. Total entmutigt teilte Georg den Amerikanern zu guter Letzt ihren Umzug in das neue Haus und dessen Standort mit. Nach kurzer Zeit kam eine Rückmeldung aus Islamabad: »Ganz in der Nähe eures neuen Quartiers ist eine kleine freie Fläche. Ihr könnt dort zu Fuß hingelangen. Wir erwarten euch dort um ein Uhr. Was auch geschieht, du musst es schaffen, deine Leute bis dahin dorthin zu bringen!«

Zuletzt folgten noch eine genaue Wegbeschreibung von dem Haus zu dem Ort ihrer möglichen Rettung und einige weitere Anordnungen, die sie genauestens einzuhalten hatten.

Mittlerweile war es bereits gegen acht Uhr abends und in nur fünf Stunden wollten die Amerikaner sie aufnehmen. Georg hatte jedoch keine Ahnung, wie er das bewerkstelligen sollte. Wohlweislich sagte er den Afghanen jedoch nichts von dieser letzten Anweisung.

• • •

Da die Ausgangssperre bereits begonnen hatte, drängten die Afghanen zum Aufbruch ins Nachtquartier. Die Straßen war wie leergefegt bis auf die Posten der Straßensperren. Georg Taubmanns Bewacher fuhren mit ihm mit entsicherten Kalaschnikows im Anschlag nach Hause. Und als ein Pick-up mit bewaffneten Männern auf sie zukam, richteten sowohl seine Bewacher als auch die Männer in dem anderen Wagen ihre Waffen aufeinander. Georg lief es kalt den Rücken hinunter. Die Kämpfer beäugten sich feindselig und fuhren schnell weiter.

Als Georg in der neuen Unterkunft ankam, warteten seine Mitarbeiter schon gespannt auf ihn. Schließlich hatten sie ihn den ganzen Nachmittag über nicht gesehen und miteinander gefiebert, ob alles wie geplant klappen würde.

Vollkommen niedergeschlagen hockte sich Georg zu seinen Leuten und begann zu berichten: »Die Amerikaner wollen uns um jeden Preis in ein paar Stunden hier ganz in der Nähe abholen. Aber unsere afghanischen Gastgeber und deren Kommandant weigern sich hartnäckig, uns in der Nacht aus dem Haus zu lassen. Ich weiß nicht, wie wir bei den hohen Mauern um dieses Haus und der strengen Bewachung hier rauskommen sollen. Ihr müsst beten! Ich versuche noch einmal die Männer hier im Haus umzustimmen.«

Georg redete verzweifelt auf die Wächter ein: »Bitte, lasst uns hier raus! Macht das Tor auf! Unsere Befreiung ist so nahe! Habt ihr denn kein Erbarmen?«

»Nein, wir sperren das Tor nicht auf. Wir lassen euch nicht raus. Das kann nur der Kommandeur anordnen und der ist nicht hier.«

»Dann schickt ihm doch eine Nachricht oder holt ihn her!«

»Das geht nicht. Es ist Ausgangssperre. Wir können das Haus nicht verlassen.«

So ging es hin und her und die Männer waren nicht zu erweichen. Ihre Angst, gegen den Befehl des Kommandeurs zu verstoßen, war zu groß. Schon fingen sie an, ärgerlich zu werden, weil Georg nicht locker ließ, deshalb änderte er nun seine Verhandlungstaktik: »Die Amerikaner wissen, wo wir sind. Sie werden uns befreien, ob ihr es wollt oder nicht. Sie sind schon mit den Hubschraubern unterwegs!«

Und tatsächlich, kurze Zeit später waren die Fluggeräusche eines Kampfflugzeuges, das seine Kreise über der Stadt zog, zu hören. Jetzt wurden die Afghanen von Angst gepackt.

»Das könnt ihr nicht machen! Ihr bedroht unser Leben und das unserer Familien hier in diesem Haus. Die Amerikaner dürfen nicht kommen.«

Der Hausbesitzer und die anderen Männer gerieten in Panik und flehten sie an, etwas dagegen zu unternehmen. Dennoch wagten sie es nicht, das Tor zu öffnen und die Shelter Now-Leute hinauszulassen. Ihre Angst vor der Strafe ihres Kommandeurs war zu groß.

Georg ging zu den Frauen hinüber und stöhnte: »Es wird alles immer verrückter. Sie lassen uns einfach nicht aus dem Haus.«

161

»O Gott, hilf uns. Wir stehen so kurz vor unserer Befreiung. Tu ein Wunder, damit sie uns laufen lassen«, beteten sie gemeinsam.

Inzwischen war die Uhr schon auf halb zwölf vorgerückt. Es war fürchterlich, die Zeit davonlaufen zu sehen. Die Spannung wurde unerträglich: Einerseits waren da die verzweifelten Hausbewohner, die Georg unter Druck setzten, und andererseits war die Rettung so nah. Georg war zu Mute, als würde ihm der Kopf platzen. Die Hubschraubergeräusche der Befreier waren mittlerweile deutlich über der Stadt zu hören und sie waren wie in einem Käfig eingesperrt. Es war nicht mehr auszuhalten!

Da fuhr plötzlich ein Auto vor und es wurde heftig an das verrammelte Tor geklopft. Alle zuckten erschrocken zusammen. Wer mochte um diese Zeit und dann noch während der Ausgangssperre kommen? Helfer oder Feinde?

Einige ihrer Bewacher gingen ängstlich nach unten. Wenig später hörte Georg, wie am Tor verhandelt wurde, und dann sah er den Kommandeur die Treppen hinaufkommen. Wo kam der nur so schnell her?

»Danke, Gott!«, dachte Georg.

Der Kommandeur hatte in seinem Haus zuerst die Flugzeuggeräusche und dann den Lärm der Hubschrauber gehört und sich ausrechnen können, dass die amerikanischen Befreier trotz seiner Weigerung, die Entwicklungshelfer freizugeben, nahten. Aus diesem Grund wollte er die acht so schnell wie möglich von dort an einen anderen Ort bringen.

»Ihr müsst sofort dieses Haus verlassen«, rief er ihnen zu. »Die Geheimdienstleute, die euch hier nach Ghasni verschleppt haben, sind zurückgekommen. Sie wissen, wo ihr seid, und wollen euch töten. Nehmt schnell eure Sachen. Ich bringe euch an einen sicheren Ort.«

· · ·

GEORG TAUBMANN: Ich war vollkommen geschockt, ja, wie gelähmt. »Das darf nicht wahr sein. Sind die Leute schon wieder hinter uns her? Jetzt, so kurz vor unserer Befreiung! Hört der Terror denn gar nicht auf?«, ging es in meinem Kopf herum.

Im nächsten Moment wusste ich glasklar: »Was der Kommandeur da sagt, das stimmt nicht! Das ist nur ein Trick!« Der Kommandant wusste um unsere Angst vor unseren Entführern und wollte nur verhindern, dass wir mit den amerikanischen Befreiern zusammentrafen.

Äußerlich gefasst ging ich deshalb auf den Mann zu, stellte mich vor ihn hin und sagte: »Wir kommen nicht mit. Wir haben die Nase voll. Warum lasst ihr uns nicht gehen? Ihr hört's doch, die Hubschrauber kommen schon. Wir rühren uns nicht von der Stelle, dann müsst ihr uns schon erschießen!«

In Kabul hätte ich so etwas nicht gewagt auszusprechen, denn die grausamen Männer dort hätten sofort geschossen. Aber jetzt ließ ich es darauf ankommen. Irgendwie waren diese Leute hier doch menschlicher. Unsicher wandten sie sich von mir ab, liefen nervös hin und her und diskutierten wild miteinander. Ich stand nur da, betete still und wartete ab. Nervös zog mich der Kommandant von den anderen Männern weg zur Seite und redete auf mich ein, doch nachzugeben und ihm zu folgen. Wiederum gab ich ihm ganz ruhig die gleiche Antwort: »Wir kommen nicht mit dir mit. Dann müsst ihr uns schon erschießen!«

Meine Standhaftigkeit schien ihn zu verwirren, denn er wandte sich mir abrupt zu und schimpfte: »Dann geht! Dann geht!«

»Wohin? Wohin?«, fragte ich zurück.

»Zu den Hubschraubern. Los, weg mit euch!«

»Was? Wirklich?«, dachte ich bei mir. Ich konnte nicht fassen, dass er uns tatsächlich laufen ließ.

Ich rief meinem Team im Nebenraum zu: »Kommt raus! Er lässt uns gehen! Wir dürfen gehen! Schnell! Beeilt euch!«

Und dann rannten wir los. Einige der afghanischen Wächter folgten uns.

· · · ·

MARGRIT STEBNER: Den ganzen Nachmittag hatten wir unter großer Anspannung verbracht. Und unsere Stimmung hatte ständig zwischen Hoffen und Bangen geschwankt. Es war dann auch schon ziemlich spät, als Georg zurückkam. Wir sahen ihm sofort an, dass er absolut fertig war.

»Es wird wohl nichts mehr mit heute Nacht«, sagte er ganz deprimiert und erklärte uns die verfahrene Situation. Als er dann noch einmal zu unseren Wächtern in den Hof ging und versuchte sie umzustimmen, fingen wir wieder an zu beten.

Die afghanischen Frauen, die bei uns saßen, hatten Angst, dass ihnen bei der Befreiungsaktion durch die Amerikaner etwas zustoßen könnte, und als es dann noch ans Tor klopfte, bekamen sie Panik. Sie zogen uns ins

Haus, weinten und zitterten vor Angst. Auch wir standen kurz davor zu verzweifeln.

Ich bekam mit, wie Georg im Hof mit jemandem verhandelte. Und plötzlich hörten wir ihn rufen: »Es klappt doch! Los, kommt raus! Schnell, lasst alles liegen! Lauft!«

Da rannten wir los. Es war vollkommen dunkel und der Weg holperig. Ich fiel in ein Schlagloch, doch Katie fasste mich bei der Hand und wir liefen weiter. Weit war es nicht, wir brauchten etwa 20 Minuten, bis wir den Platz erreichten.

* * *

Eine Weile vor der verabredeten Zeit saßen die acht Entwicklungshelfer, so wie es ihnen zuvor angeordnet worden war, in einer Reihe auf dem eiskalten Boden und hörten die Hubschrauber immer näher kommen. In der Eile hatten die Entwicklungshelfer nur eine kleine Lampe als Erkennungszeichen mitnehmen können, die jedoch zu wenig Licht abgab, um aus der Höhe gesehen zu werden. Außerdem entsprach sie nicht den Vereinbarungen mit den amerikanischen Spezialkräften.

Überall in der Stadt flackerten kleine Feuerstellen. Wie sollten da die Befreier ihre Lampe von den anderen Lichtern unterscheiden können? Die Bewohner des Ortes hatten diese Feuer entzündet, weil ihnen kalt war, denn aus Sorge vor der Rückkehr der Taliban-Milizen waren sie aufgeblieben und hielten draußen Wache.

Dann dröhnte plötzlich ein riesiger Hubschrauber sehr niedrig und dicht an ihnen vorbei.

»Hat er uns gesehen? Bestimmt hat er uns entdeckt! Hier sind wir!«, schrien die acht gegen den Lärm an und winkten wie wild. Doch die Maschine zog nach oben und flog weg in Richtung eines anderen Stadtteils. Die Shelter-Leute waren entsetzt: »Haben die Amerikaner etwa aufgegeben? Fliegen sie jetzt wieder weg?«

Dann kam der Hubschrauber zurück und flog an der anderen Seite ganz dicht an ihnen vorbei. Dabei machte er natürlich einen fürchterlichen Lärm. Die Leute vor ihren Häusern wurden unruhig und fragten herum, was sich da abspielte. Einige kamen herübergelaufen zu der Stelle, an der die acht Ausländer auf dem Boden kauerten. Also versuchten die afghanischen Begleiter, die Neugierigen zu beruhigen und wegzuschicken.

Immer wieder überflog der Hubschrauber die acht Entwicklungshelfer, zum Teil so dicht, dass der Staub wild aufwirbelte und sie vollkommen durchgeschüttelt und verdreckt wurden, aber sie wurden einfach nicht entdeckt. Die Lage wurde immer gefährlicher. Schließlich bestand eine strenge Ausgangssperre und da hockten die acht einfach am Rande einer kleinen freien Fläche, die an die Ruinen von mehreren Häusern angrenzte. Kein Wunder, dass es in der Stadt immer unruhiger wurde, vor allem weil der Hubschrauberlärm ohrenbetäubend und damit bestimmt nicht zu überhören war. Die Hubschrauber hätten beschossen werden können. Afghanen hätten die Shelter Now-Mitarbeiter festhalten und an die Taliban ausliefern können.

»Es hat keinen Sinn. Die Hubschrauber finden euch nicht mehr. Gebt auf und kommt mit. Die Leute werden schon auf euch aufmerksam«, bedrängten sie ihre afghanischen Begleiter.

»Georg, bitte noch nicht aufgeben. Gib den Amerikanern noch eine Chance«, bestürmten ihn Margrit und Dayna, die direkt neben ihm saßen.

* * *

GEORG TAUBMANN: Die Spannung wurde für mich schier unerträglich. Ich war sogar mehrmals so weit, dem Drängen der afghanischen Begleiter nachzugeben und zum Haus zurückzukehren. Aber was dann? Was hätten wir dann tun können? Die ganze Stadt hätte am nächsten Tag gewusst, dass Hubschrauber da waren und die Ausländer noch in der Stadt wären. Es gab keinen Ort, an den wir hätten gehen können. Der Landweg nach Kabul war versperrt und es war nur eine Frage der Zeit, bis unsere Entführer wieder in der Stadt waren. Dann wären wir doch noch in Kandahar gelandet! Und das wäre unser aller Ende gewesen. Wir mussten in den Hubschrauber, komme was wolle. Er war unsere einzige Möglichkeit zum Überleben!

Ich war am Rande der Verzweiflung und ich schrie: »Gott, bitte hilf uns, bitte hilf uns! Warum lässt du das zu?«

Die Rettung war so greifbar nahe. Wir sahen sie und trotzdem konnten wir sie nicht erlangen. Die Gefühle, die in uns allen aufwallten, kann man gar nicht richtig beschreiben. Ich kam mir vor wie ein Ertrinkender im Meer, an dem ein Schiff vorbeifährt. Er schreit und winkt, doch die Leute sehen ihn nicht und fahren einfach weiter. Die Kraft verlässt ihn und er sinkt ins Bodenlose.

SILKE DÜRRKOPF: Es war saukalt und mir kam es vor, als würden wir eine Ewigkeit dort hocken. In Gedanken diskutierte ich mit Gott: »Gott, jetzt ist es so weit! Jetzt mach mal was! Wir brauchen ein Wunder, hol uns hier raus!«

Ich bemerkte, dass Georg nach all dem, was er an diesem Tag durchgemacht hatte, kurz vor einem Zusammenbruch stand, deshalb betete ich beständig für ihn. Er brauchte unseren Beistand. Die Afghanen redeten unaufhörlich auf ihn ein, er solle endlich aufgeben und zum Haus zurückkommen. Doch ich war auf keinen Fall bereit umzukehren. Was hätten wir denn danach tun können? Ich wollte nur dort sitzen bleiben und endlich befreit werden.

»Georg, gib nicht auf! Lass uns sitzen bleiben und noch eine Runde warten!«, bat ich ihn.

· · · ·

MARGRIT STEBNER: Ich hatte auf die Uhr geschaut; als wir an dem Platz angekommen waren, war es 23:30 Uhr gewesen. Als wir endlich in den Helikopter stiegen, war es zwei Uhr morgens. Das war eine unendlich lange Zeit. Und es war das Härteste, was ich in den dreieinhalb Monaten erlebt habe! Wir saßen fast eine Stunde lang in der Kälte, bis die Hubschrauber überhaupt auftauchten. Und dann flogen sie über uns hinweg und sahen uns einfach nicht. Wir waren richtig verzweifelt und hatten furchtbare Angst. Mir schien es, als wäre die ganze Stadt von dem Krach wach geworden. Alle Hunde in Ghasni bellten wie verrückt.

Irgendwann kam ein Hubschrauber angedröhnt und flog ganz dicht über uns hinweg, wobei er eine Menge Staub aufwirbelte. So etwas habe ich noch nicht erlebt: Diese Lautstärke, der Dreck im Gesicht, man wurde fast umgeweht. Der Hubschrauber flog mindestens fünfmal über uns rüber. Und wir konnten nichts machen – nur beten: »Gott, lass sie noch einmal kommen! Mach, dass sie uns endlich sehen!« Es war zum Verrücktwerden!

· · · ·

»Wir müssen ein Feuer machen, damit sie uns endlich erkennen«, rief Heather und band sich ihren Tschador ab. Sie tränkte das Tuch mit etwas Kerosin aus der Lampe, entzündete es und winkte damit wie wild hin und her. Die anderen machten es ihr nach und entzündeten weitere

Kleidungsstücke. Die umstehenden Afghanen erkannten, was sie vorhatten, und brachten aus den umliegenden Trümmern Holzstücke, mit denen sie ein großes Feuer entfachten.

Wieder dröhnte ein Hubschrauber so beängstigend dicht über ihnen, dass ihnen die Funken ins Gesicht schlugen. Heathers Kleid fing Feuer. Sie schrien und winkten. Er flog davon. Die Entwicklungshelfer waren wie gelähmt und die meisten von ihnen gaben in diesem Moment die Hoffnung auf, jemals gerettet zu werden. Doch dieses Mal hatte der Pilot das große Feuer und die Personen erkannt.

Für die acht schien eine Ewigkeit zu verstreichen. Dann endlich: Aus der Finsternis tauchten plötzlich und völlig unerwartet schwarze Gestalten auf. Die Entwicklungshelfer starrten sie erstaunt an.

Schnell zählten die Befreier sie durch und gaben ihnen ihre Anweisungen. Die acht folgten ihnen so schnell sie konnten, liefen an den Häusern entlang, dann um die Ecke und ehe sie es sich versahen, hockten sie im Inneren eines Hubschraubers. Alles um sie herum war stockdunkel und ohrenbetäubend laut. Das Ungetüm hob ab.

Endlich auf dem Weg in die Freiheit!

· · ·

Georg Taubmann: Mir ging alles viel zu langsam. Ich rannte unseren Befreiern davon, direkt auf den Hubschrauber zu. Dabei stürzte ich in ein Loch, krabbelte heraus, rannte weiter und sprang schnell in das schwarze Ungetüm. Dabei prallte ich voll gegen eine Metallwand und fiel auf den Boden. Heather, die hinter mir lief, stürzte über mich. Ich kroch wie betäubt auf allen vieren weiter, aber wir waren endlich am Ziel.

Als der Hubschrauber in die Luft abhob, war es für mich wie im Traum. Ich hatte nicht mehr geglaubt, dass sie es schaffen würden, uns da rauszuholen.

Das Gefühl war unbeschreiblich. »Ich kann es nicht glauben! Ich kann es nicht glauben!«, jubelte ich immer wieder. Die Rotorblätter waren so laut, dass man nicht miteinander sprechen konnte, also hockten wir nur stumm auf dem Boden. Überglücklich kroch Heather zu mir rüber und schrie mir ins Ohr: »Wir sind frei! Wir haben es geschafft! Wir fliegen!«

· · ·

Um fünf Uhr morgens erreichten die Hubschrauber unversehrt einen Flugplatz in Pakistan, direkt hinter der Grenze zu Afghanistan. Dort stiegen die Shelter Now-Entwicklungshelfer um in ein bereits wartendes Frachtflugzeug, das gleich aufstieg und gegen acht Uhr in Islamabad landete.

Dort wurden sie glücklich von den Eltern der Amerikanerinnen und den Vertretern der einzelnen Botschaften empfangen. Anschließend wurden sie in ihren jeweiligen Botschaften untergebracht. Dort konnten sie endlich duschen, schlafen, essen und einkaufen gehen. Und dann begannen die ersten Pressekonferenzen. Alle Welt war gespannt auf die Erlebnisse der Shelter Now-Entwicklungshelfer in den vergangenen 105 Tagen.

• • • •

Die Befreiung verlief in Wahrheit noch viel dramatischer, als hier beschrieben werden konnte. Die Shelter Now-Entwicklungshelfer sind den Soldaten der US-Spezialeinheit, die diesen Einsatz gewagt haben, zutiefst dankbar. Diese Männer riskierten unter den schwierigsten Umständen ihr Leben für sie. »Danke, dass ihr nicht aufgegeben habt!«

Um die Durchführung weiterer Befreiungsaktionen nicht zu gefährden und um Personen in Afghanistan, die den Mitarbeitern beigestanden haben, zu schützen, mussten Szenen verschoben und Details verschwiegen werden. Auch die Namen der meisten im Buch erwähnten Afghanen wurden verändert.

Die Shelter Now-Mitarbeiter werden die Hilfe und den zum Teil lebensgefährlichen Einsatz ihrer afghanischen Freunde niemals vergessen und sie immer dankbar in ihren Herzen tragen.

• • • •

## Das Wunder von Ghasni

Die Befreiung der acht Entwicklungshelfer aus Ghasni war
nicht nur äußerst risikoreich, sondern auch von Umständen
begleitet, die manch ein Leser als Zufall oder Glückstreffer
betrachten könnte, die die Shelter Now-Mitarbeiter jedoch
eindeutig als Gottes Eingreifen bezeichnen:

- Noch einen Tag vor ihrer Ankunft in Ghasni hielten sich dort
  etwa 200 der gefürchteten El Kaida-Kämpfer auf, die sich auf
  dem Weg nach Kandahar befanden. Wären die Entführer mit
  ihren Geiseln einen Tag früher nach Ghasni gekommen oder
  hätten die El Kaida-Kämpfer einen Tag länger in dieser Stadt
  verbracht, dann wären die Entwicklungshelfer unweigerlich
  mit nach Kandahar verschleppt worden.
- Die Entführer aus Kabul waren mit den Gefangenen gerade
  eine Stunde in der Stadt, als der Aufstand der Bürger gegen
  die Taliban ganz plötzlich begann. Hätte der Aufstand eher
  begonnen, dann hätten die Entführer Ghasni sicherlich ge-
  mieden und wären auf direktem Weg nach Kandahar weiter-
  gefahren.
- Der Aufstand war für die Geiselnehmer so unvorhergesehen
  und heftig, dass sie bei ihrer Flucht aus der Stadt keine Zeit
  hatten, ihre Geiseln mitzunehmen.
- Kurze Zeit später war die Stadt bereits wieder fest unter
  Talibanherrschaft.

Die acht Shelter Now-Mitarbeiter sind Gott zutiefst dankbar,
dass er in seiner Liebe und Souveränität für eine kurze Zeit
Ruhe in diese umkämpfte Stadt gebracht hat, in der sie von den
US-Spezialkräften aufgenommen und herausgeflogen werden
konnten. Wenn sie nicht in dieser Nacht befreit worden wären,
wären sie wieder in die Hände der Taliban gefallen.

# Wir machen weiter!

Ich war gerade zusammen mit Georg Taubmann mit Korrekturarbeiten an dem Manuskript dieses Buches beschäftigt, als uns ein Telefonanruf unterbrach. Ein Freund aus Afghanistan rief ihn an.

»Mr. George, ich habe gestern eine Kuh und drei Schafe geschlachtet und alle umliegenden Stammesführer zu einer großen Feier eingeladen«, tönte es in gebrochenem Englisch durch die Leitung. »Alle haben lobend von Shelter Now gesprochen und möchten, dass du mit deinen Leuten ganz schnell nach Afghanistan in unsere Provinz kommst. Am Ende des Festes haben wir ein Schreiben aufgesetzt. 12 Stammesfürsten haben es unterzeichnet. Sie laden dich ein, mit euren Hilfsprojekten in unserer Provinz zu beginnen. Ich schicke dir die Einladung ganz schnell zu.«

Wenige Tage später hielten wir das Schreiben in den Händen. Georg kannte die Stammesführer, die unterzeichnet hatten, zum größten Teil persönlich. Shelter Now hatte in dieser Provinz über 100.000 Betondachträger hergestellt und zu einem stark subventionierten Preis an die Bevölkerung weitergegeben. Und einer der Unterzeichnenden war sogar auf der Afghanistan-Konferenz auf dem Petersberg in Bonn dabei gewesen.

Wednesday  January 9, 2002

To Shelter Xnowx International

Germany

Many many greetings from Khost tribal leaders to head of Shelter now international (Mr. George)
From along ago there was your project of Guarders, which was lead by shelter now International
And these project was very Helpful to Khost people, As you have information that Afghans people
Have seen many problems and suffered in many fighting, but It was very helpful Project for Khost
Tribal people. But we re get to say that this project was looted and was closed by Taliban and It
was dark age . but nowadays situation is very excellent than anyother time and today we have a big
Meeting in Khost about your project. And we have decided today to Invite formally shelter now
International to take part in the rehabilitation of Khost province, we suggest for you to open a
project in Khost as soon as possible and also we love germen people very much. Because they have
Served to khost people very well, before also there were a lot of projects and now also, but we
know Mr. George Head of shelter now  and he is a kind, noble and helpful person and we know
him very well and he can work better than anyother person and project, because he is familiar with
our culture we would like German people very much and they know our problems very well and
they can work better that anyother people. And we hope that you will never forget Afghans people .
Especially Khost people.
It is true that you have seen many difficulties and you were in Jail. And we were very very unhappy
, but we couldn't help you on that time. Because the first people were khost people. Against of
Taliban and now we will sign these letters. We love Mr.Goerge very much .

Love to Mr.Goerge a head of shelter now International and German
People.

1.  Sayder Jan

2.  Haji Shaswer Khan (Tanai)

3.  Naeem (Kochai)

4.  Haji Wazir  (Mangal)

5.  Abdul Qayoom Khan

6.  Mirbadod (Tanai )

7.  Shah Khan (GurBuz)

8.  Dr.Mohammad Din Gul

9.  Haji Sher Gul (GurBuz)

10. Deputy Governor of Khost Province Mustafa
    (Khostwal).

11. Governor of Khost Badshah –Khan  (Jadran)

12. Speaker of khost showra and province (Khostwall)

## Eine auszugsweise Übersetzung des englischsprachigen Briefes an Shelter Now

Mittwoch, 9. 01. 2002

An Shelter Now in Deutschland

Viele, viele Grüße von den Stammesführern aus der Provinz Khost an den Direktor von Shelter Now, Mr. George.

Schon lange gibt es in unserer Provinz euer Projekt (eine Fabrik für Betondachträger), das für unsere Leute sehr hilfreich war. Leider ist dieses Projekt von den Taliban zerstört und geschlossen worden, was sehr traurig für uns ist.

Wir Stammesführer haben uns heute entschlossen, eine formelle Einladung an Shelter Now zu schreiben: Bitte helft uns, unsere Provinz so bald wie möglich wieder aufzubauen. Wir schätzen das deutsche Volk sehr für alle vergangene Hilfe und wir kennen Mr. George als eine edle und hilfreiche Person. Er kann uns besser als jeder andere helfen, weil er unsere Kultur und unsere Probleme sehr gut kennt. Es schmerzt uns, dass Mr. George so viele Schwierigkeiten hatte und im Gefängnis war. Wir waren sehr unglücklich, dass wir ihm nicht helfen konnten.

Jetzt unterschreiben wir diesen Brief in großer Liebe für Mr. George und Shelter Now

Es sind nicht nur viele Türen in Afghanistan weit offen für die Hilfsorganisation Shelter Now, auch die Mitarbeiter, die während ihrer Gefangenschaft so viel an Leid und Gefahren durchlitten hatten, sind fest entschlossen, wieder zurückzukehren.

Es waren vor allem zwei Dinge, die die Weltöffentlichkeit erstaunte, als sich die acht Shelter Now-Entwicklungshelfer in Islamabad das erste Mal den Medien stellten: Ihre gute physische und psychische Verfassung nach über drei Monaten Gefangenschaft und die Aussage: »Wir gehen wieder zurück nach Afghanistan! Wir machen weiter!«

● ● ●

GEORG TAUBMANN: Meine Frau und ich möchten wieder nach Afghanistan zurückkehren. In den vergangenen 18 Jahren haben wir in Pakistan und Afghanistan gewohnt und den Flüchtlingen dort geholfen. Unsere beiden Söhne sind in Pakistan geboren und aufgewachsen. Es ist ihre Heimat und sie möchten auch wieder zurück.

In diesen Jahren ist eine tiefe Verbundenheit zu dem afghanischen Volk entstanden. Und diese Zuneigung hat sich durch meine Gefängniszeit noch vertieft. Zehntausende, wenn nicht Hunderttausende von Afghanen haben Ähnliches durchlitten und viele sind aus den schrecklichen Gefängnissen nicht mehr zurückgekehrt. Wir glauben, dass kaum ein Volk so viel gelitten hat wie die Afghanen.

Jetzt, wo durch die neuen Entwicklungen in Afghanistan endlich ein Hoffnungsschimmer aufleuchtet, möchten wir verstärkt mithelfen, dieses zerstörte Land wieder aufzubauen. Mit Gottes Hilfe und dem Beistand von Freunden haben wir die schrecklichen Ereignisse der letzten dreieinhalb Monate gut verarbeitet und denen vergeben können, die uns beraubt und so viel Leid zugefügt haben.

···

MARGRIT STEBNER: Ich will wieder zurückgehen – trotz aller schwierigen Erfahrungen und Gefahren. Die Erlebnisse im Gefängnis haben mir geholfen, die Afghanen besser zu verstehen und mich mit ihren Nöten zu identifizieren. Wir haben ein Stück mit ihnen gelitten und ich wünsche mir, dass uns das einander näher bringt.

Außerdem haben wir jetzt die berechtigte Hoffnung, mehr erreichen zu können, vor allen Dingen auch Projekte für Frauen. Ich lasse mich nicht entmutigen und will der Not begegnen, so gut ich es kann.

···

KATI JELINEK: Afghanistan ist einfach mein Platz! Man sagt ja: »Not schweißt zusammen!« Ich habe eine tiefere Liebe für das Land und die Afghanen bekommen, als ich sie ohnehin schon hatte. Ich freue mich auf die Erweiterung des Kinderprojektes in Kabul und ganz besonders darauf, dass wir endlich die Mädchen mit hineinnehmen können.

Afghanistan steht vor einem Neuanfang und ich möchte dabei sein. Das ist die Aufgabe, die Gott mir gegeben hat und mein Leben sinnvoll macht .

···

SILKE DÜRRKOPF: Meine Aufgabe als Lehrerin für die Kinder der Entwicklungshelfer wurde während der Gefangenschaft nur unterbrochen, ich fühle mich ihnen gegenüber verpflichtet. Wenn die Familien wieder nach Afghanistan fliegen, werde ich dabei sein.

Mir liegen auch die Straßenkinder und der Aufbau von Schulen sehr am Herzen. Vor einigen Wochen habe ich in der Frankfurter Allgemeinen Zeitung auf einem Bild von einer Menschenmenge in Kabul zufällig drei unserer Straßenkinder entdeckt. Sie trugen Schuhe und Jacken, die sie von uns im letzten Winter bekommen hatten. Als ich sie dort auf dem Bild sah, spürte ich erneut, dass ich nach Afghanistan gehöre.

* * *

PETER BUNCH: Ich liebe das Volk der Afghanen. Ich mag Kabul. Am Anfang war ich bitter und wütend auf die Taliban, die uns dieses große Unrecht angetan haben. Aber nun kann ich mit Jesu Worten sagen: »Sie wissen nicht, was sie tun!«, und ihnen vergeben, so wie Jesus es tat.

Die Not ist so riesengroß. Und Gott hat mir nicht gesagt: »Bleib zu Hause!« Also gehe ich! Wo sonst kann ich meine Fähigkeiten als Ingenieur besser einsetzen?

* * *

Diana Thomas hatte schon längere Zeit vor der Inhaftierung den Entschluss gefasst, für einige Zeit nach Australien zurückzukehren und dann in einem anderen Land ihre Fähigkeiten einzubringen.

Heather Mercer und Dayna Curry werden sich von Amerika aus im Rahmen ihrer Kirchengemeinde für Afghanistan einsetzen.

## Gespräch von Eberhard Mühlan mit Udo Stolte, dem 1. Vorsitzenden von Shelter Germany

Um die Arbeit der Organisation Shelter Now im Detail vorstellen zu können, habe ich Herrn Stolte gebeten, mir einige Fragen zu der bisherigen Arbeit und auch den Plänen für die Zukunft zu beantworten. Herr Stolte ist erster Vorsitzender von Shelter Germany mit Sitz in Braunschweig, der die selbständigen Zweigorganisationen Shelter Pakistan und Shelter Afghanistan in der Öffentlichkeit vertritt und sich um Finanzmittel für die verschiedenen Hilfsprojekte bemüht.

Ihre Hilfsorganisation hatte große Pläne für Afghanistan. Was hätten die Shelter-Entwicklungshelfer auf die Beine gestellt, wenn sie nicht inhaftiert und Shelter Afghanistan nicht zerstört worden wäre?

Udo Stolte: In der Woche vor der Verhaftung der Mitarbeiter in Kabul waren wir zu dritt – Georg Taubmann, Leiter von Shelter Afghanistan, Len Stitt, sein Stellvertreter und Leiter des Büros in Herat, und ich – für eine knappe Woche in Herat und führten Gespräche mit dem Vertreter des Ministeriums für Flüchtlinge und Märtyrer. Es ging vor allem darum, wie wir den Flüchtlingen in einem Lager bei Herat helfen könnten, insbesondere im Blick auf den bevorstehenden Winter.

Bei Herat befindet sich das größte Flüchtlingslager der Welt, das Maslakh Camp, mit nach offiziellen Schätzungen etwa 300.000 Flüchtlingen.

Von afghanischer Seite waren alle Türen offen, sofort mit Hilfsprojekten zu beginnen. Die Welternährungsorganisation (World Food Programm, WFP) hatte uns gebeten, mit unserer Hilfsorganisation die gesamte Nahrungsmittelverteilung in diesem riesigen Lager zu übernehmen. Schon seit Jahren arbeitet WFP mit unseren Ernährungsprojekten unter afghanischen Flüchtlingen in Pakistan erfolgreich zusammen. In Afghanistan haben wir für unsere «Food for Work»-Projekte (Nahrungsmittel für Arbeit) von WFP bereits Hunderte von Tonnen an Weizen bekommen. Unter anderem hätten wir im Maslakh-Camp Weizen im Wert von 600.000 Euro pro Monat verarbeitet und als Brot an die Bevölkerung ausgeteilt. Bisher wurde der Weizen dort als Trockenrationen an die Familien verteilt. Shelter Afghanistan hätte jedoch noch vor dem Herbst 2001 dort etwa 50 Bäckereien gebaut, in denen der Weizen gleich zu Brot verbacken und an die Bevölkerung verteilt worden wäre.

Dies wäre wahrscheinlich unser größtes Nahrungsverteilungsprojekt geworden. Wir hätten dazu unsere erfahrensten afghanischen Mitarbeiter aus Pakistan eingesetzt, die das Projekt vor Ort geleitet und einige Hundert afghanische Flüchtlinge angestellt hätten. Unser Prinzip ist, stets mit der Bevölkerung zusammenzuarbeiten und Hilfe zur Selbsthilfe zu leisten.

Außerdem war geplant, circa 6.000 Lehmhäuser für die Flüchtlingsfamilien bauen zu lassen. Auf die Herstellung von Lehmhäusern sind wir in afghanischen Flüchtlingslagern in Pakistan schon seit vielen Jahren spezialisiert. Viele Flüchtlinge in dem Maslakh-Camp wohnen lediglich in Zelten, die jedoch für das dortige Wüstenklima ungeeignet sind. Bei den starken Winden verschleißen Zelte schnell, sind im Sommer unerträglich heiß und bieten im Winter keinen Schutz gegen die Kälte. Vor allem kann in einem Zelt die Privatsphäre einer Familie schlecht gewahrt bleiben, die besonders für eine afghanische Frau sehr wichtig ist. Von den Kosten her besteht kaum ein Unterschied. Wir bauen ein solches Haus mit einer Größe von 20 m² und integrierter Toilette zum Stückpreis von etwa 160 Euro.

Der Vertreter des afghanischen Ministeriums war von unseren vorgelegten Plänen begeistert und bat uns, so viele dieser Häuser wie nur möglich zu bauen.


Wie muss man sich so ein Flüchtlingslager vorstellen?

UDO STOLTE: Diese Lager sind unterschiedlich. In Pakistan haben wir drei große Lager maßgeblich mit aufgebaut und versorgen die afghanischen Flüchtlinge dort – Nasir Bagh, Akora Katthhak und Shamshattoo. Unsere Lager wurden von einem Vertreter der UN-Flüchtlingskommission als mustergültig bezeichnet und auch sonst zeigten sich viele Vertreter verschiedener Hilfsorganisationen sehr beeindruckt.

Diese Lager liegen meist weit außerhalb der Städte in der Wüste. Die Neuankömmlinge wohnen zunächst in provisorischen Zelten oder unter Plastikplanen und zusammengeflickten Stoffffetzen, bis ihnen ein ordentliches Zelt oder ein Lehmhaus zugewiesen werden kann.

Unsere Organisation hat in diesen Lagern außerdem Lehmhäuser für Witwen, Waisen und Behinderte sowie Schulen und ambulante Kliniken gebaut. Ganz wichtig ist auch der Bau von Brunnen und die tägliche Versorgung mit Frischwasser. In Zusammenarbeit mit der UN-Flüchtlingskommission (UNHCR) und dem UN-Welternährungsprogramm (WFP) stellt Shelter Pakistan die monatliche Grundversorgung von 15.000 Familien sicher, das entspricht einer Zahl von etwa 100.000 Personen mit einem Finanzvolumen von über 200.000 Euro monatlich. Im Winter werden regelmäßig Decken und Kleidung verteilt.

Neben der besonderen Fürsorge für Witwen und Waisen liegt ein weiterer Schwerpunkte von Shelter Now in der Versorgung von neu ankommenden Flüchtlingen. Shelter Pakistan ist momentan die führende internationale NGO (Nichtregierungsorganisation), die für die Versorgung neu ankommender Flüchtlinge in der nordwestlichen Grenzprovinz (NWFP) Pakistans Verantwortung übernimmt.

Verantwortung übernimmt oder übernahm? Während der Kämpfe in Afghanistan mussten doch alle ausländischen Shelter Now-Entwicklungshelfer nicht nur Afghanistan, sondern auch Pakistan verlassen.

UDO STOLTE: Die Hilfsprojekte in Pakistan liefen unter einheimischer Verwaltung unvermindert weiter. Viele unserer Freunde nahmen irrtümlicherweise an, die gesamte Shelter Now-Hilfsorganisation wäre zusammengebrochen. Das traf aber nur auf Afghanistan zu, in Pakistan wurden die Hilfsprojekte in den Flüchtlingslagern sogar noch ausgeweitet. Wir haben sehr gute und zuverlässige einheimische Mitarbeiter, auf die wir sehr stolz sind.

Zurück zu Herat. Wie sieht dieses weltweit größte Flüchtlingslager aus?

UDO STOLTE: Es liegt außerhalb von Herat sehr weitläufig verteilt in der Wüste. Bei unserem Besuch fuhren wir auf einer schnurgeraden Sandpiste durch die Wüste und plötzlich sahen wir Unmengen von Zelten, die sich nahezu endlos vor uns erstreckten. Rechter Hand geht die Wüstenlandschaft nach etwa 500 Metern in eine Bergregion über.

Das Interessante ist, man erkennt die Zelte zuerst gar nicht richtig, weil sie in den Boden eingegraben sind und nur die Spitzen herausschauen. Das ist ein erschütternder Anblick, aber dieses Eingraben ist wegen der

177

starken Wüstenwinde und als Schutz gegen die Kälte im Winter unbedingt notwendig. Der so genannte »100-Tage-Wind«, ein über 100 Tage im Jahr beständig wehender heftiger Wüstenwind, ist fürchterlich. Ich hatte an einem dieser heftigen Tage trotz eines Gesichtsschutzes meine Augen ständig voller Sand, sodass ich kaum etwas sehen konnte. Der Sommer ist wegen seiner Hitze schon unerträglich, aber der Winter ist noch schlimmer. Im vergangenen Winter sind bei einem Kälteeinbruch von bis zu minus 20 Grad Celsius innerhalb von drei Tagen 500 Menschen erfroren.

Um eine weitere Katastrophe zu verhindern, wollten wir deshalb so schnell wie möglich vor dem Winter 2001 so viele der geplanten 6.000 Häuser bauen wie nur möglich. Dies wurde jedoch durch die Gefangennahme unserer Entwicklungshelfer durch die Taliban vereitelt. Ich weiß nicht, wie viele Menschen dort in diesem Winter erfroren und verhungert sind. Ich möchte es auch lieber nicht erfahren. Wenn man dieses Elend dort einmal miterlebt hat und gleichzeitig weiß, mit wie wenig Mitteln Leben erhalten und Hoffnung geweckt werden kann, kann man an der Ohnmacht verzweifeln und zornig auf die Menschen werden, die diese Hilfe vereiteln.


Was für Flüchtlinge befinden sich in dem Lager bei Herat? Weswegen haben sie ihre Dörfer verlassen?

Udo Stolte: Die Leute, die in diesem Lager leben, sind nicht wegen des Krieges dorthin geflüchtet, sondern wegen der Trockenheit. Man nennt sie IDPs (Internally Displaced Persons) – Menschen, die innerhalb des Landes flüchten. Gerade im Westen Afghanistans hat es seit Jahren nicht mehr geregnet. Nahezu alles ist vertrocknet, das Vieh ist verdurstet. Im Maslakh-Camp leben hauptsächlich Dorfbewohner, die nach mehreren Missernten und dem Tod ihrer Haustiere zum Überleben keine Grundlage mehr hatten. Sie mussten ihre Dörfer verlassen und zogen durch die Wüste in die Umgebung von Herat nahe der Grenze zum Iran und nach Turkmenistan, in der Hoffnung Arbeit zu finden oder zumindest eine Minimalversorgung zu bekommen. Dieses Lager wuchs rasend schnell innerhalb eines guten Jahres auf über 300.000 Flüchtlinge an.

Ähnliche, aber kleinere Lager entstanden in anderen Gebieten Afghanistans, zum Beispiel bei Masar-i-Sharif, und natürlich an der Grenze auf pakistanischer Seite, wo wir schon seit nahezu 20 Jahren tätig sind.

Georg Taubmann und sein Team wollen, sobald es nur möglich ist, ihre Hilfsprojekte in Afghanistan fortsetzen. Wie werden die ersten Schritte aussehen?

Udo Stolte: Ein kleines Team wird sobald wie möglich nach Kabul fliegen, um sich einen Überblick über die aktuelle Situation zu verschaffen. Wir müssen uns den Zustand unserer ausgeplünderten Häuser, Büros und Fabriken anschauen und sehen, wie wir sie wiederherstellen können. Dann werden wir uns auch mit Regierungsvertretern treffen, um zu erfahren, wo Hilfe am notwendigsten ist.

Der Außenminister der Übergangsregierung in Kabul hat Shelter Afghanistan bereits eine herzliche Einladung ausgesprochen, sich mit Hilfsprojekten am Wiederaufbau Afghanistans zu beteiligen. Die Führer eines weitläufigen Gebietes des Volksstammes in Khost haben Georg Taubmann inständig gebeten, sich am Wiederaufbau ihrer Provinz zu beteiligen.

Nach diesen Vorgesprächen werden wir konkrete Projektbeschreibungen aufstellen und uns um die Finanzen für die Umsetzung kümmern, das heißt, wir werden bei westlichen Regierungen vorstellig werden und bei Spendenorganisationen, die ihre Aufgabe nicht darin sehen, eigene Projekte durchzuführen, sondern die Aktionen vertrauenswürdiger Organisationen zu finanzieren. Unser Büro in Braunschweig betreibt die gesamte Öffentlichkeitsarbeit: Es hält den Kontakt zu unserem Freundeskreis und informiert die Medien und Kirchen.

Welche Projekte würden Sie am liebsten anpacken? Haben Sie Träume?

Udo Stolte: Als Erstes möchten wir all das wieder instand setzen und aufbauen, was wir vorher bereits in Betrieb hatten, vor allem unsere Fabriken zur Herstellung von Dachbetonträgern u.a. in Khost, Kandahar, Jalalabad und Helmand. Diese Betonträger sind in Afghanistan sehr begehrt. Da die Häuser dort mit Flachdächern versehen sind, nimmt man normalerweise Holzbalken als Dachträger. Holz ist jedoch absolut knapp in Afghanistan und so teuer, dass es sich kaum jemand leisten kann. Wir lassen in unseren Fabriken von afghanischen Arbeitern Betonträger für Häuser herstellen, die wir dann preiswert an die Bevölkerung verkaufen. Lehm gibt es genug und ist kostenlos, sodass sich die meisten Familien ihre Häuser selbst bauen können.

Wir würden auch gern das im August 2001 geplante Hilfsprogramm für das Flüchtlingslager in Maslakh bei Herat wieder aufgreifen: die Nahrungsmittelverteilung und den Häuserbau.

Auch das vor der Verhaftung der Mitarbeiter gerade begonnene Kinderprojekt würden wir gern wieder aufbauen und möglichst auch erweitern. Die etwa 28.000 Straßenkinder (die exakte Zahl ist sehr schwer zu bestimmen) brauchen unbedingt Hoffnung. Sie dürfen sich erst gar nicht an das Herumstreunen und Betteln gewöhnen, sondern brauchen menschliche Wärme, Nahrung sowie eine Schul- und Berufsausbildung. Jetzt endlich können wir auch die Mädchen mit einbeziehen, was uns bisher verwehrt war. Die Möglichkeiten sind nahezu unbegrenzt. Unsere Pläne sind, das Kinder-Ernährungsprogramm zu erweitern, die zerstörten Werkstätten wieder aufzubauen, damit die Kinder etwas Geld verdienen und eine Ausbildung machen können.

Darüber hinaus möchten wir die Schulbildung fördern – gerade auch für Mädchen. Wir möchten Schulräume erstellen und afghanische Lehrer anstellen. Um das alles verwirklichen zu können, benötigen wir allerdings sehr viele Geldmittel.

Aber wir träumen schon seit langem von einem neuen Projekt, von dem wir meinen, dass jetzt die Zeit reif ist , es umzusetzen. Wir haben diesem Projekt den Namen »Hope Village« gegeben. Wir möchten mit Hilfe der Einwohner ganze Dörfer wieder aufbauen, sie mit Bewässerungssystemen und einer gesamten Infrastruktur versehen, sodass die Afghanen wieder in ihrer Heimat leben können. Die meisten Familien in den Flüchtlingslagern würden sehr gern in ihre Heimatdörfer zurückkehren, wenn sie dort wieder eine Existenzgrundlage hätten.

Shelter Now hat das Know How und die Möglichkeiten, ihnen das zu geben. Wir haben die Fabriken zur Herstellung von Baumaterialien, können zusätzlich Schulen und medizinische Einrichtungen erstellen und wir haben langjährige Erfahrungen und die Fachleute für das Erstellen von Bewässerungsanlagen, um das notwendige Wasser für das Wachstum auf den Feldern zu beschaffen.

s Maslakh-Camp in der Nähe Herat

Die Flüchtlinge leben sowohl in Zelten als auch in von Shelter Now gebauten Lehmhäusern

Frauen erhoffen sich von Shelter Now Hilfe

Ein kleines Mädchen holt Wasser für seine Familie

Am schwersten haben es im Lager die Kinder

Im Jahr 2000 wurden von Shelter Now an 10 000 Familien je drei Steppdecken verteilt

Ein Flüchtlingskind freut sich über neue Decken und etwas zu essen

Im Jahr 2000 wurden von Shelter Now an 4500 Familien ca. 13 000 Kindersandalen verteilt

Täglich werden von Shelter Now 60 000 Liter Trinkwasser verteilt

Von Shelter Now wurden mehr als 2000 Brunnen gebohrt beziehungsweise alte Bewässerungssysteme – Kareez genannt – wieder instand gesetzt

Ein neuer Brunnen, der rege in Benutzung genommen wird

Shelter Now versorgt täglich 10–15 000 Menschen mit einer warmen Mahlzeit

Um an die Mahlzeiten zu kommen, heißt es jedoch, lange anstehen

Neben den Suppenküchen wurden auch Bäckereien gebaut, in denen die Flüchtlinge selbst ihr Brot backen lassen können

In von Shelter Now errichteten Betonfabriken werden in Ermangelung von Holz Betondachträ zur Erstellung von Dachkonstruktionen hergeste

Männer beim Bau ihrer Lehmhäuser. Jedes der ca. 20 m² großen Häuser besteht aus einem Raum und hat ein angebautes Toilettenhäuschen

In den letzten Jahren stellte Shelter Now das Material für etwa 7000 Häuser

Katrin Jelinek bei ihrer Arbeit mit den Straßenkindern von Kabul

In diesem Projekt basteln Straßenkinder Papierblumen, die sie später verkaufen. Der Erlös stellt einen Teil ihres Lebensunterhaltes dar

Hier wird mit alten afghanischen Stempeln, die Silke Dürrkopf in sorgsamer Kleinarbeit restauriert hat, Papier bedruckt, das später von den Kindern verkauft wird

Eine der vielen Schulen, die auch für den Unterricht von Mädchen von Shelter Now gebaut wurden

Wie funktionieren diese Bewässerungssysteme?

UDO STOLTE: In Afghanistan, wie auch in anderen Gebieten des Orients, gibt es schon seit vielen Jahrhunderten traditionelle, aber gut ausgeklügelte Systeme für das Bewässern von Feldern. Die Afghanen nennen sie Kareez. Nur sind diese Bewässerungssysteme durch die Kriegsereignisse in den letzten Jahrzehnten stark vernachlässigt worden und vielfach verfallen.

Die Kareez funktionieren wie in der Skizze auf der nächsten Seite dargestellt.

Ein unterirdischer Kanal wird von dem Dorf mit einem leicht ansteigenden Gefälle an den nächstliegenden Hügel oder Berg herangetrieben. Dieser Stollen wird dann immer wieder von oben durch Brunnenschächte weitergeführt, das heißt, von oben werden Brunnenschächte hinunter an das Ende des Stollens gegraben, der Stollen wird ein Stück verlängert, ein weiterer Brunnen wird gegraben, der Stollen wiederum verlängert usw. Das Ganze ist wie eine Batterie von Brunnen, die an ihren tiefsten Punkten miteinander verbunden sind. Der letzte Brunnen kann eine Tiefe von bis zu 50 Metern haben. Unten im Stollen sammelt sich das Grund- und Regenwasser und fließt mit leichtem Gefälle bis zum Dorf, tritt dort automatisch an die Oberfläche und kann dann, ohne dass eine Pumpe benötigt wird, auf die Felder geleitet werden. Ein einfaches, aber sehr wirksames System, das ein Dorf das ganze Jahr über mit Wasser versorgen kann.

In den vergangenen Jahren haben wir bereits mehr als 2.000 Brunnen repariert, erweitert oder neu gebaut. Bei diesen Projekten hatten wir über 1.800 afghanische Arbeiter in Lohn beziehungsweise in Brot (food for work).

Die Afghanen, die in den Flüchtlingslagern zum Teil schon seit Jahren ohne jede Zukunftsperspektive leben, fühlen sich entwurzelt und wünschen sich nichts sehnlicher, als sich in ihrer Heimat wieder eine eigene Existenz aufbauen zu können.

Shelter Afghanistan möchte ihnen die Möglichkeit geben, in ihre Heimat zurückzukehren und Hoffnung für ihre Zukunft schaffen.

Das Projekt »Hope Village« ist ein wichtiger Schlüssel zur Verwirklichung dieses Traums.

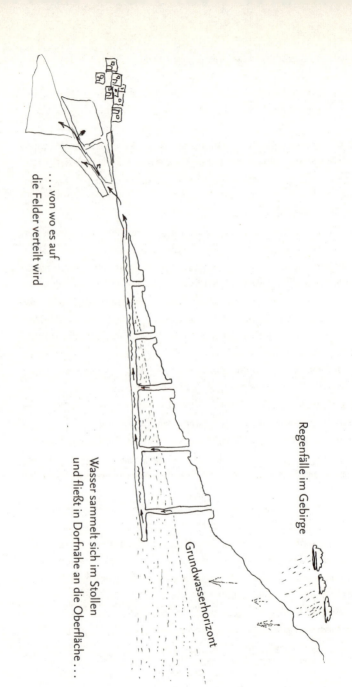

... von wo es auf die Felder verteilt wird

Wasser sammelt sich im Stollen und fließt in Dorfnähe an die Oberfläche ...

Regenfälle im Gebirge

Grundwasserhorizont

# 105 Tage gefangen in Afghanistan – eine Chronologie

**Tag 1: 3. August 2001**
Die amerikanischen Shelter Now-Mitarbeiterinnen Heather Mercer und Dayna Curry besuchen am Nachmittag auf Grund einer Einladung eine afghanische Familie. Sie verteilen kleine Geschenke und schauen auf einem Laptop eine Dokumentation über das Leben Jesu an. Dayna muss die Familie vorzeitig verlassen, da sie noch eine Verabredung hat. Während der Fahrt in einem Taxi wird sie von der Religions- und Sittenpolizei verhaftet. Als Heather am frühen Abend das Haus verlässt und in ein Taxi steigt, wird sie ebenso verhaftet.

**Tag 2: 4. August 2001**
Die Shelter Now-Entwicklungshelfer treffen sich, um sich zu beraten und miteinander zu beten. Sie treffen Vorkehrungen, falls noch mehr Mitarbeiter verhört oder verhaftet werden sollten.
Georg Taubmann, der deutsche Leiter des internationalen Teams, nimmt Verbindung zu einem hoch gestellten befreundeten Taliban-Beamten auf. Er drängt auf eine schnelle Klärung des Falles. Ihm wird gesagt, dass dies schwierig sei, da er keinen Einfluss auf die Taktiken der Religions- und Sittenpolizei habe. Das Ministerium für die »Überwachung der islamischen Moral und die Bekämpfung der Sünde« agiere vollkommen eigenständig.

**Tag 3: 5. August 2001**
Die Büros von Shelter Now in Kabul werden durchsucht und anschließend alle Dinge konfisziert. Georg Taubmann sowie seine Sekretärinnen Margrit Stebner aus Deutschland und Diana Thomas aus Australien werden verhaftet. Ebenso der australische Ingenieur Peter Bunch.

Die deutschen Mitarbeiterinnen Kathrin Jelinek (Leiterin eines Kinder-Hilfsprojektes) und Silke Dürrkopf (Lehrerin von Daniel und Benjamin Taubmann) werden in ihrer Privatwohnung festgenommen.

Weiterhin werden 16 afghanische Angestellte verhaftet und 64 Jungen des Kinder-Hilfsprojektes in eine Umerziehungsanstalt eingesperrt.

## Tag 4: 6. August 2001

Der Ehefrau Marianne Taubmann gelingt es, mit ihren beiden Söhnen Daniel und Benjamin und den übrigen Shelter-Mitarbeitern auf dem Landweg nach Pakistan zu entkommen. Die meisten Hilfsprojekte von Shelter Now in Afghanistan werden zerstört.

### Pressemeldung (dpa) 07.08.2001

Die Familie des in Afghanistan festgenommenen deutschen Hilfsprojektleiters hat die Hauptstadt Kabul verlassen und ist auf dem Weg nach Pakistan. »Sie sind wohlauf und in Sicherheit«, sagte Saleem Afridi von der Organisation »Shelter Now« in Peschawar. Die Frau und die beiden Kinder des Deutschen sowie die Familie eines anderen Ausländers werden heute in Pakistan erwartet.

Der Projektleiter aus Bayern, drei Mitarbeiterinnen aus Niedersachsen, zwei US-Bürger und zwei Australier sowie 16 Afghanen waren von der Religionspolizei der Taliban verhaftet worden. Ihnen wird christliche Missionierung vorgeworfen.

Darauf steht in Afghanistan die Todesstrafe.

Beobachter erwarten, dass die ausländischen Helfer möglicherweise nach einem Schauprozess ausgewiesen werden. Die afghanischen Angestellten könnten dagegen schwer bestraft werden.

Die deutsche Botschaft in Pakistan hat von den Taliban die Freilassung der Festgenommenen verlangt und will einen Diplomaten nach Kabul schicken. Die USA forderten Zugang zu den Gefangenen.

## Tag 9: 11. August 2001

Die Taliban lassen die 64 Jungen frei, die mit den Shelter Now-Entwicklungshelfern festgenommen worden waren.

**Tag 11: 13. August 2001**

Diplomaten aus Deutschland, Australien und den USA reisen nach Kabul, bekommen aber keine Erlaubnis, die Gefangenen zu besuchen.

Pressemeldung (Die Welt) 14.+17.08.2001

Kabul – Drei westliche Diplomaten sind in der afghanischen Hauptstadt Kabul angekommen, wo sie sich um Zugang zu acht inhaftierten Ausländern bemühen wollen. »Wir sind hierher gekommen, um die Gefangenen zu sehen und eine endgültige Lösung für diesen Fall zu finden«, sagte der deutsche Diplomat Helmut Landes, der mit Gesandten aus Australien und den USA in Kabul eintraf. Die radikalislamische Taliban-Regierung hatte die Einreise erlaubt, den Zugang zu den Gefangenen jedoch ausgeschlossen.

Bei ihrem dritten Treffen mit Vertretern des Außenministeriums in Kabul wurden sie aufgefordert, ins benachbarte Pakistan zurückzukehren und dort das Ende der Ermittlungen gegen ihre Landsleute abzuwarten. Das Beharren auf der Forderung nach Zugang zu den Inhaftierten könne die Untersuchungen nur komplizierter machen, warnte ein Taliban-Beamter. Die Visa der Diplomaten würden nicht über den 21. August hinaus verlängert.

Der deutsche Diplomat Helmut Landes betonte, er und seine Kollegen aus den USA und Australien blieben in der Nähe und bestünden auf ihrer Forderung nach konsularischem Zugang zu den Inhaftierten. Die Taliban jedoch seien »völlig stur und nicht bereit, auch nur ein Minimum an Zugang zu den Inhaftierten zu akzeptieren«, sagte Landes. Sie hätten aber zugesagt, einige Gegenstände weiterzuleiten. Die Diplomaten haben das Außenministerium gebeten, Hygieneartikel und Mitteilungen von Verwandten der Inhaftierten weiterzuleiten. Ob die Mitteilungen weitergeleitet würden, sei jedoch unklar.

Der US-Diplomat David Donahue nannte die Isolation der westlichen Häftlinge »psychische Folter«.

**Tag 12: 14. August 2001**

Taliban-Vertreter legen »Beweismaterial« für angebliche illegale Missionstätigkeit vor, darunter Kruzifixe, die mehr an katholische Volksfrömmigkeit erinnern als an evangelikales Christentum. Es wird von mehreren tausend Videokassetten christlichen Inhalts und von 10.000 Bibeln gesprochen, die angeblich im Shelter-Büro gefunden worden seien. Das »Beweismaterial« konnte allerdings niemals vorgelegt werden.

**Tag 19: 21. August 2001**

Nach erfolglosen Bemühungen um die Freilassung der inhaftierten Shelter Now-Entwicklungshelfer müssen die westlichen Diplomaten Kabul wieder verlassen. Ihre Visa sind abgelaufen und werden nicht erneuert.

**Tag 24: 26. August 2001**

Eine Rot Kreuz-Delegation von zwei Ärzten und einer Krankenschwester besucht die inhaftierten Shelter Now-Entwicklungshelfer.

**Tag 25: 27. August 2001**

Die Diplomaten aus Deutschland, Australien und den USA sowie der Vater von Heather Mercer und die Mutter von Dayna Curry werden erstmalig zu den Festgenommenen vorgelassen.

---

**Pressemeldung (Die Welt) 27.08.2001**

Kabul – Drei Wochen nach der Festnahme von acht Ausländern in Afghanistan hat die radikalislamische Taliban-Miliz erstmals Besucher zu den inhaftierten Geiseln vorgelassen. Eine fünfköpfige Delegation des Internationalen Komitees vom Roten Kreuz (IKRK) erhielt am Sonntag in Kabul Zutritt zu den vier Deutschen, zwei Amerikanern und zwei Australiern, die in einer Besserungsanstalt festgehalten werden. Nach wochenlangem Tauziehen kündigten die Taliban am Samstag außerdem an, Angehörigen der Inhaftierten und westlichen Diplomaten Besuche zu erlauben.

Der Delegation gehörten unter anderem zwei Ärzte und eine Krankenschwester an. Der Leiter Robert Monin sagte anschließend, die inhaftierten sechs Frauen und zwei Männer seien glücklich über den Besuch gewesen. Die Ärzte konnten die Mitarbeiter der Hilfsorganisation Shelter Now zwar untersuchen, wegen der IKRK-Regeln dürfe Monin aber nichts über die Befunde sagen. Die Taliban hätten versprochen, weitere Besuche zuzulassen. »Wir werden sie so bald wie möglich wieder besuchen«, sagte Monin.

Die Männer und Frauen werden nach seinen Angaben in zwei getrennten Räumen festgehalten. Monin übergab ihnen Briefe ihrer Angehörigen und erklärte, heute Schreiben der Inhaftierten für die Verwandten entgegenzunehmen.

### Tag 33: 04. September 2001

In Kabul beginnt der Prozess gegen die acht ausländischen Entwicklungshelfer von Shelter Now unter Ausschluss der Öffentlichkeit.

---

```
Pressemeldung (dpa/rtr) 05.09.2001
```

Vor einem islamischen Gericht in Kabul hat der Prozess gegen acht ausländische Mitarbeiter der Hilfsorganisation Shelter Now begonnen.

Weder die Angeklagten noch deren Angehörige oder Diplomaten ihrer Heimatländer waren zugegen, als die 21 Richter des Obersten Gerichts ihre Beratungen hinter verschlossenen Türen begannen. Über die Prozessführung werde das Gericht erst entscheiden, wenn es das vom Taliban-Regime vorgelegte Beweismaterial gesichtet habe, sagte der vorsitzende Richter Nur Mohammed Sakib vor Journalisten: »Wir werden alles ansehen und, wenn nötig, weitere Untersuchungen verlangen, denn der Fall hat viele Facetten.«

Sakib machte keine Angaben, ob der Prozess öffentlich oder geheim geführt werde, welches Recht zu Grunde gelegt werde und wann eventuell mit einem Urteil zu rechnen sei.

Über das Strafmaß für die sechs ausländischen Frauen und zwei
Männer gibt es unterschiedliche Einschätzungen. Sie reichen
von einigen Monaten Haft mit anschließender Ausweisung bis
zu fünf Jahren Gefängnis. Den 16 inhaftierten afghanischen
Mitarbeitern der Hilfsorganisation droht die Todesstrafe.
Das Oberste Gericht werde sein Urteil auf Basis der Beweise
und des islamischen Rechts fällen. Aber Taliban-Führer Mullah
Mohammad Omar habe die Autorität, das Urteil zu ändern,
sagte Sakib weiter.

## Pressemeldung (dpa/AP) 06.09.2001

Erstmals haben die radikalislamischen Taliban in Afghanistan
offiziell von der Möglichkeit der Todesstrafe für die vier in
Kabul inhaftierten Deutschen gesprochen. Bei einer Verurtei-
lung drohe den acht ausländischen Mitarbeitern der Hilfsorganisation Shelter Now – neben den Deutschen zwei Amerikanerinnen und zwei Australiern – die Exekution, sagte der Vorsitzende Richter, Nur Mohammed Sakib, der afghanischen
Nachrichtenagentur AIP.
Die Bedrohung mit der Todesstrafe ist nach Expertenmeinung
»sehr ernst« zu nehmen. »Die Inhaftierten sind in der Tat in
großer Gefahr«, sagte Andreas Rieck vom Deutschen Orient-
Institut in Hamburg. Sakib gelte als einer der Hardliner des
Taliban-Regimes. Diese Ultra-Fundamentalisten verfolgten mit
einer möglicherweise harten Bestrafung der Ausländer hauptsächlich zwei Ziele: die eigene Bevölkerung einzuschüchtern
und »eine Retourkutsche gegen den Westen zu fahren«.

## Tag 37: 08. September 2001

Die Angeklagten werden überraschend und ohne Vorbereitung zu
einem Gerichtstermin vor dem »Supreme Court« gefahren. Zu den
gegen sie erhobenen Vorwürfen erklären sie sich für nicht schuldig im
Sinne der Anklage.

## Pressemeldung (Die Welt) 10.09.2001

Zum ersten Mal seit ihrer Festnahme am 3. August sind acht
ausländische Mitarbeiter der Hilfsorganisation »Shelter Now«
vor einem Gericht in Kabul erschienen. Die sechs Frauen, drei
Deutsche, zwei Amerikanerinnen und eine Australierin, zeigten
sich völlig verschleiert, entsprechend den Taliban-Vorschriften
in Burkas gekleidet. Sie wurden ebenso wie die beiden Männer
der Gruppe von bewaffneten Wächtern des Ministeriums für
Förderung von Tugend und für Verhinderung von Lastern
begleitet. Diplomaten, Angehörige der Angeklagten und Journalisten waren zur Beobachtung des Prozesses zugelassen.
Kameraleute und Fotografen durften hingegen das Gebäude
nicht betreten. Die Beschuldigten erfuhren erst am Donnerstag
vom Prozessbeginn. Als belastendes Material sollen von der
Polizei sichergestellte Bibeln, Videos und Disketten dienen.
Projektleiter Georg Taubmann gab vor dem Chefrichter Nur
Mohammad Sakib eine Erklärung ab. Er sagte, die Gruppe sei,
abgeschnitten von der Außenwelt und ohne jeden Kontakt zu
Familienangehörigen, bislang weder über Vorwürfe noch
Gründe für die Festnahme in Kenntnis gesetzt worden. Niemand von Shelter habe jemanden konvertiert. Alle Mitarbeiter
seien schockiert über die Taliban-Vorwürfe. Diese entsprächen
nicht der Wahrheit.

## Tag 38: 09. September 2001

Der afghanische Außenminister Waki Ahmad Muttawakil hält einen
Austausch der inhaftierten Shelter Now-Entwicklungshelfer für möglich.

```
Pressemeldung (Reuters) 09.09.2001
```
Afghanistans Taliban-Reigerung könnte nach den Worten ihres
Außenministers Waki Ahmad Muttawakil einen Austausch der
inhaftierten ausländischen Entwicklungshelfer doch in Erwä-
gung ziehen. Zunächst müsse das Oberste Gericht aber sein
Urteil sprechen, sagte Muttawakil der Zeitung »Schariat« am
Sonntag. Bislang hatte er einen Austausch der Entwicklungs-
helfer gegen den in den USA inhaftierten Scheich Omar Abdel-
Rahman ausgeschlossen. Der blinde Omar wurde wegen der
Planung von Anschlägen, darunter einer auf das World Trade
Center in New York, 1995 zu lebenslanger Haft verurteilt. Die
Behörden und die Verantwortlichen in Afghanistan würden in-
tensiv über einen solchen Austausch beraten, sagte Muttawakil.
Nach eingehender Prüfung werde eine Entscheidung fallen.

## Tag 38: 09. September 2001

Der Milizenführer Ahmed Schah Massud kommt bei einem Attentat
durch El Kaida-Terroristen ums Leben. Durch den Tod des hoch geachteten Führers wird der afghanischen Nordallianz im Widerstand gegen
die Taliban ein schwerer Schaden zugefügt.

```
Pressemeldung (Die Welt) 12.09.2001
```
Paris – Über das Schicksal des afghanischen Milizenführers
Ahmed Schah Massud besteht weiterhin Unklarheit. Von westlichen Diplomaten in Paris hieß es übereinstimmend, Massud
sei bei dem gegen ihn gerichteten Attentat ums Leben gekommen.
Gegen Massud war am vergangenen Sonntag ein Anschlag
verübt worden. Zwei Männer hatten sich als Journalisten aus-
gegeben und sich so Zugang zu Massuds Residenz im Norden
Afghanistans verschafft. Der in einer Kamera versteckte Spreng-
satz explodierte bei dem fingierten Interview. Dabei kamen die
beiden Attentäter und einer von Massuds Leibwächtern ums
Leben.

»Die Explosion war sehr stark und Kommandant Massud ist tot«, hieß es aus dem Umfeld westlicher Diplomaten. Die Anhänger Massuds, einer der Symbolfiguren des Widerstands gegen die radikalislamischen Taliban, kontrollieren etwa zehn Prozent des Landes.

### Tag 40: 11. September 2001

Terroranschlag auf das World Trade Center in New York. Die Situation der acht Inhaftierten ändert sich dramatisch. Die Hoffnung auf eine baldige Freisprechung schwindet. Mit jedem Tag, der verstreicht, ohne dass es gelingt, die Gefangenen zu befreien, sinkt die Wahrscheinlichkeit, sie lebend wieder zu sehen. Plötzlich sind sie zu Geiseln geworden.

### Tag 42: 13. September 2001

Diplomaten, UNO-Beamte und Mitarbeiter von Hilfswerken sowie die Verwandten der zwei US-Bürgerinnen verlassen Kabul. Die acht Inhaftierten scheinen die einzigen Ausländer in Afghanistan zu sein.

### Pressemeldung (Die Welt) 21.09.2001

Und dann kommt der 11. September und die Rolle der Inhaftierten wandelt sich. Sie sind nicht länger »Ungläubige«, an denen die Steinzeit-Islamisten der Taliban ein Exempel statuieren können, um ein bisschen mit ihren Muskeln zu spielen. Plötzlich werden sie wertvolle Geiseln. Angesichts eines drohenden Vergeltungsschlages der USA sind die acht Entwicklungshelfer der letzte Trumpf in der Hand der Taliban. Mit allen anderen Ausländern müssen nun auch Diplomaten und Angehörige das Land verlassen. Der Kontakt ist völlig abgerissen, doch den acht Ausländern soll es gut gehen – den Umständen entsprechend. »Die Lage ist ernst«, sagt Bundesaußenminister Fischer in Washington, aber es werde alles getan, die Gefangenen freizubekommen.

Doch die Stimmung in Afghanistan wird immer geladener, der Hass auf den Westen brennt lichterloh. Und jeder, der westlich aussieht, kann seines Lebens unter den radikalen Islamisten nicht mehr sicher sein. Die Taliban haben zwar versprochen, die Inhaftierten zu beschützen, doch können sie wirklich einen wütenden Mob davon abhalten, das Gefängnis zu stürmen? Und wollen sie es? Oder wollen sie eben doch die acht als menschliche Schutzschilde nutzen, die wohl infamste Art der Geiselhaft?

### Tag 46: 17. September 2001

Ein islamischer Rechtsgelehrter, Anwalt Atif Ali Khan, aus dem pakistanischen Grenzort Peschawar wird mit der Vertretung der Shelter-Now-Entwicklungshelfer beauftragt. Er ist Experte für das islamische Scharia-Recht.

Die acht Gefangenen werden überraschend und ohne Begründung in ein anderes Gefängnis verlegt.

### Tag 59: 30. September 2001

Die Gefangenen erscheinen mit ihrem Anwalt Atif Ali Khan erneut vor Gericht. Die Anklageschrift wird verlesen, allerdings in Dari, sodass weder der Anwalt noch die Angeklagten verstehen können, was ihnen vorgeworfen wird.

### Tag 63: 04. Oktober 2001

Die Anklageschrift wird der Öffentlichkeit bekannt gegeben. Der Anwalt beginnt unverzüglich mit der Erarbeitung seiner Verteidigungsschrift.

### Tag 65: 06. Oktober 2001

Die Taliban bieten an, die acht Inhaftierten freizulassen, wenn die USA ihre Drohung mit einer Militäraktion fallen lassen und Verhandlungen aufnehmen. US-Präsident George W. Bush lehnt das Angebot ab.

## Pressemeldung (Die Welt) 07.10.2001

Die Taliban verwenden die acht inhaftierten Mitarbeiter der
Hilfsorganisation Shelter Now jetzt als menschliche Schutz-
schilde, um einen amerikanischen Militärschlag zu verhindern.
Am Samstag bot Taliban-»Außenminister« Wakil Achmed
Mutawakel an, die Gefangenen freizulassen, wenn die USA ihre
»massiven Drohungen« gegen Afghanistan stoppten.
Die Bundesregierung reagierte darauf drohend: »Die von den
Taliban erhobenen grundlosen Vorwürfe stehen nach deren
eigener Aussage nicht im Zusammenhang mit der aktuellen
Entwicklung. Die Bundesregierung erwartet deshalb, dass den
Shelter Now-Mitarbeitern ohne Bedingungen die Ausreise
ermöglicht wird«, sagte der Sprecher des Auswärtigen Amtes,
Andreas Michaelis, der WELT am SONNTAG.
Der innenpolitische Sprecher der SPD-Fraktion, Dieter Wiefels-
pütz, nennt das Vorgehen »ein finsteres Erpressungsmanöver,
das zeigt, wes Ungeistes Kind die Taliban sind. Das ist eine bös-
artige Geiselnahme!«
Auch der Außenpolitiker und SPD-Fraktionsvize Gernot Erler
kritisierte das Vorgehen der Taliban: »Dass die Geiseln jetzt als
Handelsobjekt benutzt werden sollen, um die Verfolgung von
Terroristen abzuwenden, widerspricht jedem Völkerrecht.«

## Tag 66: 07. Oktober 2001

Die USA beginnen mit Bombenangriffen auf Afghanistan. Die Gefangenen geraten in große Gefahr, von fehlgeleiteten Geschossen getroffen
zu werden und von El Kaida-Söldnern entführt oder gelyncht zu werden.

## Tag 72: 13. Oktober 2001

Der islamische Anwalt der Shelter-Entwicklungshelfer reicht seine Verteidigungsschrift beim Supreme Court ein.

**Tag 80: 21. Oktober 2001**
Die Gefangenen werden während der Nacht in unregelmäßigen Abständen in ein anderes Gefängnis verlegt, in das berüchtigte »Riasat 3« des afghanischen Geheimdienstes. Angeblich aus Sicherheitsgründen.

**Tag 81: 22. Oktober 2001**
Der Anwalt Atif Ali Khan erhält keine Reaktion auf seine Verteidigungsschrift und wird vom Gericht abgewiesen. »Das hohe Gericht hat jetzt Wichtigeres zu tun, als sich um die Angeklagten zu kümmern«, erwidert Richter Nur Mohammed Sakib.

**Tag 84: 25. Oktober 2001**
Der Kontakt der Shelter-Entwicklungshelfer zu ihrem Anwalt und zu den ausländischen Botschaften in Islamabad bricht ab. Die Gefangenen sind vollkommen isoliert. Ihre Angehörigen und die Mitarbeiter im deutschen Shelter Büro in Braunschweig wissen nichts über ihr Wohlbefinden und müssen das Schlimmste befürchten.

**Tag 102: 12. November 2001**
Das Gericht vertagt den Prozess auf unbestimmte Zeit. Kabul erleidet starke Bombardierungen. Die Truppen der Nordallianz stehen kurz vor der Eroberung Kabuls. Die Geiseln werden aus dem Gefängnis entführt mit der Absicht, sie in der Taliban-Hochburg Kandahar zu verstecken.

**Tag 103: 13. November 2001**
Bei einem Zwischenstopp werden die Geiseln in einem Gefängnis in Ghasni untergebracht. Auf Grund eines plötzlichen Aufstandes der Einwohner dieser Stadt gegen die Taliban müssen diese überstürzt flüchten, ohne ihre Gefangenen mitnehmen zu können.

Die Shelter-Entwicklungshelfer werden von den gegnerischen Kämpfern befreit und können mit Hilfe des Internationalen Roten Kreuzes über Satellitentelefon mit den Botschaften in Islamabad in Kontakt treten.

## Tag 105: 15. November 2001

Die Shelter-Entwicklungshelfer werden in einer dramatischen Aktion durch Hubschrauber der Spezialkräfte der USA befreit und nach Islamabad geflogen.

---

**Pressemeldung (dpa) 15.11.2001**

Mehr als drei Monate waren sie in der Hand der Taliban – nun sind die acht ausländischen Shelter Now-Mitarbeiter wieder frei. Die Nachricht von ihrer dramatischen Rettung aus Afghanistan löste am Donnerstag bei Politikern und Angehörigen Freude und große Erleichterung aus.

Die Shelter-Mitarbeiter waren in der Nacht freigekommen und mit einem US-Militärhubschrauber nach Pakistan ausgeflogen worden. »Das ist ein Wunder, dass wir da unverletzt herausgekommen sind«, sagte der deutsche Projektleiter Georg Taubmann am Morgen bei seiner Ankunft in der pakistanischen Hauptstadt Islamabad.

Nach Angaben der deutschen Hilfsorganisation sind inzwischen auch die 16 afghanischen Shelter-Helfer frei. »Alle wurden von der Nordallianz befreit«, sagte der Anwalt der Freigekommenen, Atif Ali Khan, in Pakistan. Den afghanischen Mitarbeitern der Organisation drohte die Todesstrafe, weil die Taliban ihnen fälschlicherweise vorgeworfen hatten, zum Christentum übergetreten zu sein.

US-Präsident George W. Bush und Bundesaußenminister Joschka Fischer zeigten sich erleichtert. Mit der Freilassung gehe »eine bedrückende Zeit der Haft unter schwierigsten Bedingungen zu Ende«, sagte Fischer. Bush sprach auf seiner Ranch im texanischen Crawford von einer »unglaublich guten Nachricht«. Er sei besonders denjenigen innerhalb Afghanistans dankbar, die dabei geholfen hätten, sagte er.

Der Vorsitzende von »Shelter Now Germany«, Udo Stolte, sagte in Köln, die Freigelassenen seien alle in einem »guten Zustand«, aber völlig erschöpft und gestresst. Nach seinen Worten könnten sie bereits in einigen Tagen wieder in ihre Heimat zurückkehren. In einem geheim gehaltenen Land sollen sie ein gut einwöchiges psychologisches Betreuungsprogramm absolvieren.

Die Hilfsorganisation »Shelter Now« will nach der Freilassung ihrer Mitarbeiter ihre Arbeit in Afghanistan möglichst bald wieder fortsetzen. Erste Vorbereitungen liefen bereits, sagte der 2. Vorsitzende Joachim Jäger. »Das bedeutet aber nicht, dass wir schon morgen wieder in Afghanistan sind.« Noch sei die Lage in der Region unübersichtlich.

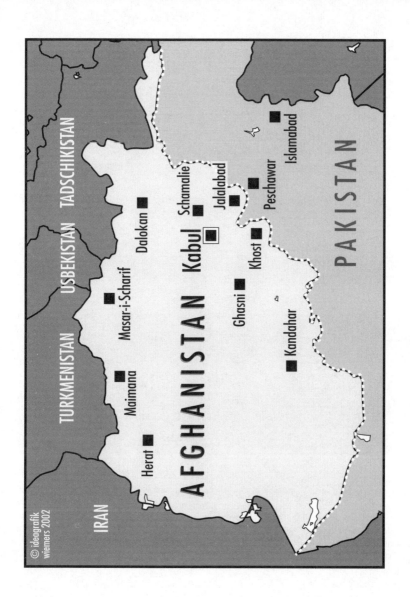

Shelter ist seit Ende der 70er Jahre in Pakistan und seit 1988 in Afghanistan tätig.

Tausende von Menschen konnten bisher durch Essensprojekte vor dem Hungertod gerettet werden. Hinzu kommt die Verteilung von 50.000 l Trinkwasser pro Tag.

In Afghanistan arbeitet Shelter außer im humanitären Bereich am Wiederaufbau des Landes mit. Shelter hilft durch den Bau von Kliniken, Schulen, Straßen und Brunnen sowie die Verteilung von Nahrungsmitteln und Hilfsgütern.

## Straßenkinder in Kabul
liegen uns besonders am Herzen. In Kabul wurde ein Haus für Straßenkinder eingerichtet, wo sie täglich eine warme Mahlzeit bekommen und sich durch verschiedene Projekte ein Taschengeld verdienen können.

## "Dörfer der Hoffnung"
sollen Menschen in Afghanistan, die alles verloren haben, zu einer neuen Existenz verhelfen.

Shelter Germany e.V.
Am Alten Bahnhof 15
38122 Braunschweig
fon 0531 88 53 95 7
fax 0531 88 53 95 9
info@shelter.de
www.shelter.de

Bankverbindung
Nord LB Braunschweig
Konto-Nr.   25 230 58
BLZ         250 500 00

Europakontonummer
SWIFT-BIC: NOLADE2H
International Bank Account Number
IBAN: DE65 2505 0000 0002 5230 58